I volti della storia

361

Titolo originale: *Finding Rebecca*

Traduzione dall'inglese di Valentina De Rossi
Prima edizione: aprile 2016

Roma, Casella postale 6214

ISBN 978-88-541-9088-7

www.newtoncompton.com

Realizzazione a cura di The Bookmakers - Studio editoriale
Stampato nell'aprile 2016 presso Puntoweb s.r.l., Ariccia (Roma)
su carta prodotta con cellulose senza cloro gas provenienti
da foreste controllate, nel rispetto delle normative ambientali vigenti

Eoin Dempsey

I fiori non crescevano ad Auschwitz

Una storia di amore e di coraggio
che va oltre qualsiasi convenzione

Newton Compton editori

L'isola di Jersey.

Questo libro è per mia moglie, Jill

CAPITOLO 1

Auschwitz-Birkenau, settembre 1943

La macchina accostò davanti a una schiera di trenta capannoni disposti su tre file, ognuno largo una quindicina di metri e lungo circa sessanta. L'autista aprì la portiera per il Rapportführer Friedrich, e Christopher scese subito dopo di lui.

«È qui che svolgerà gran parte del suo lavoro», disse Friedrich. Sfilò il registro da sotto il braccio e sollevò il primo foglio per leggere sotto. «Vedo che è stato scelto per questa posizione grazie alla sua esperienza come contabile».

Christopher annuì. La recinzione di filo spinato si ergeva in fondo alla schiera di capannoni e oltre. «Sono lieto che avremo l'aiuto di un professionista. Io stesso lavoravo come avvocato a Francoforte, prima della guerra. Qui c'è scritto che lei è tedesco ma viene dai territori occupati».

«Sì, vivevo a Jersey prima che fosse liberata».

«Gran giorno, immagino». Friedrich lasciò ricadere il foglio sul registro, che passò poi all'autista. «In quanto ufficiale delle SS, sono certo che sarà più che consapevole dell'importanza del nostro lavoro qui».

«Naturalmente, Herr Rapportführer».

«Che strano accento».

Era una calda giornata di settembre e Christopher sentì una goccia di sudore scivolargli lungo la schiena. La sua uniforme nuova era dolorosamente stretta sulle spalle. Da qualche parte, lì intorno, suonava l'orchestra del campo. Sentiva le note del *Canone in re maggiore* di Pachelbel svanire nel vento.

«Ci sono troppe tribù in Europa, troppe differenze, troppe possibili fonti di conflitto e di guerre. Basta guardare alla storia dell'Europa per vedere quali effetti abbia avuto tutto questo. Conosce la storia? Certo che sì. Sono certo che è per questo che ha richiesto di essere assegnato qui, per essere nel cuore pulsante della storia, non è così? È quello che provo anch'io. Abbiamo molte cose in comune».

«Sì, Herr Friedrich».

«E la peggiore di queste tribù è sempre stata quella degli ebrei. Si deve a loro questa guerra. Strutture come questa sono state costruite per far sì che simili guerre non scoppino mai più. Lo capisce, vero, Herr Seeler?»

«Sì, Herr Rapportführer, certamente». Un enorme edificio di cemento si ergeva a centocinquanta metri da loro, il suo imponente camino si allungava per altri dieci metri nel cielo, vomitando il suo fumo nero e denso. Friedrich riprese a parlare.

«L'aspetto su cui vorrei attirare la sua attenzione è che dobbiamo essere duri come il granito. Lo dico a tutti i miei nuovi ufficiali. Il nostro lavoro è troppo importante per essere macchiato da qualsiasi forma di comprensione o pietà per i prigionieri», disse pieno di disprezzo. «Non sarà tollerata alcuna forma di debolezza, soprattutto nei confronti dei prigionieri. Voglio solo ufficiali delle SS temprati e devoti alla causa. Mi capisce, Herr Obersturmführer?»

«Naturalmente, Herr Rapportführer, alla perfezione».

«Come tutti i parassiti, anche gli ebrei hanno imparato a adattarsi, e con ottimi risultati. Sanno leggere le nostre emozioni, sfruttare le nostre paure. Ecco perché questo lavoro può essere svolto solo da un uomo forte, un uomo che non si lasci influenzare dai vili sforzi degli ebrei di minare quanto c'è di buono a questo mondo. Bisogna sempre ricordare che ogni ordine viene impartito per il bene del Reich e quindi non può essere mai messo in discussione».

«Sono onorato di ricevere questo incarico, Herr Rapportführer».

«Bene, bene, immaginavo che l'avrebbe detto. Il suo è un incarico molto importante. Ora che le attività del campo hanno subìto un'espansione, abbiamo bisogno di un ufficiale zelante che si occupi di ridistribuire le risorse al Reich». S'incamminarono lungo la schiera di capannoni. La porta di quello davanti a loro era aperta. All'interno c'erano una ventina di donne che sembravano relativamente in salute, intente a frugare dentro valigie siglate con scarabocchi fatti col gesso. Nessuna alzò lo sguardo quando si avvicinarono alla porta. Ogni minuto una di loro si staccava dal gruppo per lanciare un mucchio di vestiti su un enorme cumulo, o per posare dei gioielli su un lungo tavolo sorvegliato da ss armate.

«Lei dovrà supervisionare i Sonderkommando, la nostra forza lavoro ebrea, nel loro compito di smistamento dei beni e degli oggetti di valore che potremo riutilizzare. Lei a sua volta dovrà classificarli e rispedirli al Reich. Starà a lei assicurarsi che il transito vada a buon fine. Riconosco che le ci vorrà un po' di tempo per organizzarsi in modo opportuno, ma mi appello alla sua sollecitudine. Le esigenze del campo sono tali da richiedere la massima rapidità ed efficienza».

Friedrich fece cenno a Christopher di seguirlo, ed entrambi indietreggiarono di qualche passo. «Lei si occuperà di questi». Friedrich indicò con un ampio gesto della mano i capannoni di fronte a loro. «Ora, inutile dire che la corruzione non è tollerata. Stia attento a sé e agli altri. La Sezione politica tiene sempre gli occhi ben aperti. Come sa, ha l'autorità di perquisire chiunque in qualsiasi momento, e sorveglia costantemente ogni contatto non autorizzato con i prigionieri. Qualsiasi furto, o appropriazione indebita, come amate chiamarla voi contabili, sarà immediatamente punita con estrema durezza, ma sono sicuro che non sarà il suo caso».

«Certo che no, Herr Rapportführer».

«Mi tolga una curiosità, Herr Seeler. Lei ha fatto carriera molto rapidamente. È abbastanza insolito per una nuova recluta venire qui con il grado di Obersturmführer».

«Sono un contabile, Herr Rapportführer. Questo grado mi è stato conferito perché gli altri contabili accettassero la mia autorità».

«Ciononostante, mi ero convinto che il suo incarico sarebbe stato affidato a un veterano ferito. Fatico a credere che un giovane del Regno Unito idoneo al servizio abbia avuto la possibilità di unirsi alle ss e guadagnarsi una posizione qui così rapidamente».

«Le perdite subite dai nostri valorosi soldati hanno permesso a un uomo come me, che viveva in un Paese straniero, di unirsi alle ss più facilmente. Ora hanno tutti la possibilità di servire nel corpo d'élite di

Hitler, tedeschi o stranieri che siano. È stato un sollievo per me avere la possibilità di realizzare il mio sogno e diventare un soldato delle ss. Dopotutto, sono nato a Berlino, Herr Friedrich».

Christopher non accennò alle ricche tangenti che suo zio aveva sborsato per assicurargli quella posizione all'interno del campo, né al vero motivo per cui si trovava lì, naturalmente. Ormai gli riusciva facile mentire, e Friedrich sembrava soddisfatto della sua risposta.

«Venga con me». Friedrich s'incamminò tra due capannoni e Christopher affrettò il passo per stargli dietro. C'era uno strano silenzio. Christopher si chiese dove fossero tutti i prigionieri. Aveva sentito dire che ce n'erano migliaia. «Quindi aveva sentito parlare della nostra struttura prima di essere assegnato qui?»

«Sì. Me ne aveva parlato mio zio. È un ufficiale della Wehrmacht, di stanza sul Fronte orientale».

«E lui come ha saputo del campo?»

«Mio zio sapeva che desideravo servire il Reich e ha fatto qualche ricerca per capire dove avrei potuto essere assegnato».

«Il nostro lavoro qui, sebbene di vitale importanza, non può essere pubblicizzato. Non ho bisogno di ricordarle il giuramento di lealtà».

«Lo ricordo a me stesso ogni giorno, Herr Rapportführer».

«Buono a sapersi, giovane Herr Seeler. Grazie a uomini come lei renderemo orgoglioso il nostro Führer». Riemersero dalla terza fila di capannoni davanti a un grande edificio di mattoni. Sembrava un'imponente fattoria, che si allungava per decine e decine di metri. «Questi edifici sono nuovi, li abbiamo costruiti appena due mesi fa. È qui che raccoglierete i beni e gli effetti personali. Questo è un buon momento. È sempre meglio mostrarlo ai nuovi arrivati quando è vuoto. Quando arriva un nuovo carico, le cose si fanno un po' movimentate».

Friedrich lo condusse verso l'entrata dell'edificio e accanto a numerosi prigionieri. Sembravano in salute e ben nutriti. Ogni prigioniero teneva in mano un attrezzo o spingeva un carrello vuoto. Attraversarono una piccola anticamera, che precedeva un ampio spogliatoio con panche allineate lungo le pareti e in mezzo alla stanza. C'erano anche ganci appendiabiti a pochi centimetri di distanza gli uni dagli altri. Ogni gancio era numerato. La stanza era completamente vuota, senza finestre, e l'aria era pesante. Christopher avrebbe voluto andarsene nell'istante stesso in cui era entrato.

«Lei organizzerà la raccolta degli abiti e degli oggetti di valore degli indesiderabili che saranno liquidati qui». La parola "liquidati" riecheggiò dentro di lui, e pensò a Rebecca. Sentì le gambe cedere sotto il suo peso e immediatamente si sedette sulla panca più vicina. «Non è il momento di fermarsi a riposare. C'è troppo lavoro da fare». Seguì di nuovo Friedrich nell'anticamera, passando accanto a una massiccia porta d'acciaio con uno spioncino e un cartello che recitava: "Gas tossici! Chi entra rischia la vita".

Christopher si riempì i polmoni di aria fresca, una volta fuori. Friedrich già camminava spedito davanti a lui. Christopher allungò il passo per raggiungerlo cercando di controllare il respiro, di rallentare i battiti del cuore. «Sono certo che possa capire la natura del nostro lavoro qui e perché sia così delicato».

Christopher esitò qualche secondo prima di rispondere, ma poi si riprese. «Sì, Herr Rapportführer, delicato e importante in ugual misura».

«Sì, proprio così. Questo è uno dei crematori da cui ricaverà i beni da rimpatriare. Ce ne sono altri tre, e presto ce ne saranno altri, probabilmente. Sembra che il nostro lavoro non finisca mai». Friedrich condusse Christopher di nuovo alla macchina. «Il suo ufficio è l'ultimo in fondo a questa fila, ma potrebbe cambiare nel corso del tempo». L'autista fece il saluto nazista appena Friedrich si avvicinò e tenne la portiera aperta per entrambi gli uomini. Christopher si accorse che gli stavano tremando le mani e se le infilò in tasca. Il cuore gli martellava nel petto e sbatté la testa contro il tettuccio mentre saliva in macchina. Friedrich parve non accorgersene. Ci misero solo pochi secondi ad arrivare in fondo alla fila di capannoni e Friedrich parlò per tutto il tragitto – di responsabilità e onore, o qualcosa del genere – ma Christopher non lo ascoltava più.

La macchina si fermò accanto all'ultimo capannone. Ci avrebbero messo meno a piedi. Friedrich s'incamminò a grandi passi verso una porta di legno con una grande finestra, continuando a parlare. Christopher l'aprì per lasciarlo entrare. C'erano altri tre uomini, che alzarono lo sguardo appena li videro. Friedrich lo condusse attraverso la stanza fino alla porta di un ufficio privato. Scaffali pieni di fascicoli e registri ricoprivano le pareti, e una finestra si apriva su un tetro cortile. C'era anche una scrivania di legno, vuota se non per un telefono e una pila di fogli in un angolo, con una grande cassaforte alle spalle. «Questo sarà il suo ufficio, anche se mi aspetto che passerà la maggior parte del tempo nei capannoni e nei crematori». Tornarono nella stanza dove sedevano gli altri uomini. «Lasci che le presenti il suo personale di supporto». Gli altri tre uomini si alzarono. «In primo luogo, Karl Flick». Un uomo corpulento con gli occhiali fece un passo avanti e strinse la mano di Christopher con il suo palmo freddo e sudaticcio. «Wolfgang Breitner». Breitner si fece avanti, un uomo piccolo con un grande naso, che sorrise mentre salutava Christopher. «E infine, Toni Müller». Un uomo alto, dall'aspetto austero, gli strinse la mano.

«Benvenuto, Herr Obersturmführer. Siamo ansiosi di lavorare con lei», disse Müller. «Sono certo che abbia grandi idee per la riorganizzazione delle procedure contabili».

«Sì, è così», rispose Christopher, sollevato dal fatto di non sentire alcun tremore nella propria voce. «Sembra una giornata tranquilla, dovremo approfittarne per prepararci al prossimo carico in arrivo. Per quando è previsto, Herr Rapportführer?»

«Domani, credo», disse Friedrich, guardando l'orologio. «Ora devo andare. I suoi uomini le mostreranno gli alloggi alla fine della giornata di lavoro. Benvenuto ad Auschwitz, Herr Seeler».

Friedrich si chiuse la porta alle spalle e Christopher scrutò i suoi nuovi colleghi, i suoi subordinati. Avevano di nuovo preso posto dietro le scrivanie ed esaminavano incartamenti e registri. Christopher si congedò, si avviò verso il bagno in fondo al corridoio e si chiuse nell'ultimo gabinetto. Rimase seduto sulla tavoletta più che poté, con le gambe rannicchiate al petto.

Aspettò dieci minuti prima di tornare nel suo ufficio. Sfogliò i documenti all'angolo della sua scrivania e li dispose davanti a sé per leggerli. Le cifre mostravano la quantità enorme di persone che arrivava al campo. Molte migliaia a settimana, ma solo trentamila lavoratori, o giù di lì, erano impiegati nelle fabbriche locali. Le baracche del campo principale potevano ospitare non più di poche migliaia di lavoratori. Non riusciva a capacitarsene. I numeri non salivano. Nei cassetti della scrivania c'erano registri che riportavano quanti prigionieri erano stati "rimpatriati" nel Reich, registri su cui erano annotate cifre in reichsmark, dollari, sterline, lire, pesete, franchi, rubli russi, e ogni valuta a lui nota. Per il campo passava un fiume di soldi, un fiume il cui corso sarebbe stato controllato da lui.

I suoi colleghi lo accompagnarono al refettorio, dopo il lavoro. Le porzioni erano abbondanti e, a differenza del campo di addestramento delle ss, il cibo era decisamente buono. Avrebbe condiviso l'alloggio con un altro giovane ufficiale della guardia del campo, Franz Lahm, un socievole Untersturmführer di Regensburg. Lahm provò a convincerlo a uscire, a incontrare le altre ss, ad andare al cinema, a teatro, o magari al bordello a disposizione delle guardie.

«Oh, forza. Vieni a bere qualcosa. Se andrai a letto presto ogni volta che c'è un nuovo carico, non riuscirai mai a stare un po' con noi».

«Vai tu. È il mio primo giorno. Conoscerò tutti domani sera, promesso».

Lahm tornò alle tre del mattino, inciampò contro il tavolo in mezzo alla stanza e sprofondò nel sonno là dove era crollato. Nel giro di pochi secondi, il suo respiro pesante riempì la stanza. Christopher non reagì. Era rimasto sveglio, al buio, a chiedersi come sarebbe riuscito a trovare Rebecca in quell'accozzaglia di caos e morte.

Capitolo 2

«Herr Seeler, è ora di alzarsi. Il carico arriverà a breve. Dobbiamo essere alla stazione tra mezz'ora», disse Flick.

Le palpebre di Christopher erano pesanti per le poche ore di sonno. Lahm era già uscito, la sua uniforme di riserva era appesa all'anta dell'armadio. C'erano delle piccole macchie di sangue sui polsini. Christopher sobbalzò, ma poi sentì gli occhi di Flick puntati su di lui. Si alzò e indossò l'uniforme. Si guardò allo specchio e trasse un profondo respiro, osservando il suo petto gonfiarsi e contrarsi. Si sistemò il colletto e uscì nel corridoio. Flick lo stava aspettando e gli fece un breve cenno d'assenso con il capo prima di condurlo fuori, nella fosca luce del mattino. Passò a Christopher un registro. La prima pagina riportava in nero il numero di prigionieri previsto per la giornata. Il carico proveniva da Lodz. Le cifre sul registro dicevano 1200.

«Polacchi», disse Flick. «Dovrebbero essere in buone condizioni. Il viaggio è breve. Ha già assistito a una selezione, prima di oggi?»

«Non di questo tipo».

«Dobbiamo solo restare dietro e assicurarci che i bagagli siano presi in consegna. I Sonderkommando saranno lì per fare il lavoro pesante. È facile». Flick guardò Christopher attraverso le lenti spesse degli occhiali. «Non si preoccupi. Sanno che è il suo primo giorno. Questa fase sarà molto semplice. Il nostro lavoro verrà dopo».

«Grazie, ma sono certo che sarò in grado di gestire la situazione». Portò le mani dietro la schiena, dopo aver passato il registro a Flick.

La stazione sembrava come tutte le altre, con segnali e il tabellone degli arrivi e delle partenze appeso al muro sopra la banchina. La guardiola era buia e la porta chiusa a chiave. Altre ss si radunarono lungo la banchina, in mezzo a loro ce n'erano diverse in cappotto bianco. Prigionieri emaciati, molto più magri e provati di quelli che aveva visto il giorno prima, si affrettarono lungo il binario, per disporre rampe e carrelli al loro posto. Un uomo era così curvo che il petto sfiorava il carrello che stava spingendo. Christopher non riusciva a credere che quei prigionieri riuscissero a muoversi tanto rapidamente. Le ss erano ovunque. Molte di loro sbraitavano contro i prigionieri, e i loro latrati cacofonici si mescolavano a quelli dei cani che tentavano di divincolarsi dai guinzagli che a stento li trattenevano. Il treno arrivò, muovendosi lentamente lungo la banchina. Christopher contò i vagoni. Le cifre che aveva dovevano essere sbagliate. *Com'era possibile che ci fossero milleduecento persone in quel convoglio così piccolo, pensato per il trasporto del bestiame?* Quando il treno si fermò, i portelloni furono aperti e subito le grida delle ss aumentarono d'intensità, sovrastando ogni altro suono tranne i latrati dei cani. I prigionieri ebrei corsero verso il carro bestiame aperto e aiutarono le persone a scendere dal treno. Donne e uomini sbigottiti uscirono dal vagone guardandosi intorno prima di affrettarsi da una parte o dall'altra. I loro volti erano segnati e sottili, le bocche serrate. Le ss gli si scagliarono subito contro. Bambini e anziani furono ammassati sulla ghiaia della stazione. Un vecchio fu portato fuori in spalla. Molte donne stringevano bambini tra le braccia. Le persone venivano spintonate e separate appena scendevano dai carri, uomini in fila da una parte, donne e bambini dall'altra.

I carri rigurgitarono il loro carico umano nel giro di pochi minuti. Era impossibile ignorare le urla delle donne cui venivano strappati i figli, i versi terrificanti dei cani e le grida incessanti delle ss in tedesco e in polacco. Christopher trasse un profondo respiro, per resistere alla tentazione di coprirsi il volto con le mani. Flick era ancora accanto a lui. Sembrava annoiato. Le ss entrarono nel vagone, con le armi in pugno. I cadaveri furono lanciati fuori dal carro. Atterrarono come sacchi di ramoscelli mezzi vuoti, le ossa si spezzarono appena toccarono terra, il sangue che usciva dalle ferite intrise la terra marrone. Si sentì riecheggiare uno sparo e il corpo di una ragazzina fu gettato a terra. Il sangue gli si gelò nelle vene e un irrefrenabile terrore si impossessò di Christopher. Le guardie delle SS stavano ancora urlando alle file di persone, nonostante la selezione fosse finita. C'erano due nuove schiere, una di uomini più giovani e in salute, e una di anziani e bambini. La fila di giovani sarà stata composta da cento persone, duecento al massimo, e fu fatta marciare via, verso Auschwitz. Tutti gli altri, non meno di mille, si strinsero in gruppo e le urla delle SS cominciarono a scemare.

Christopher si voltò verso Flick. «Con quale frequenza arrivano carichi del genere?»

«Dipende. A volte ne riceviamo parecchi a settimana, altre diversi al giorno. È in questi casi che il lavoro si fa davvero pesante. Un giorno...».

Christopher non lo ascoltava più. Non riusciva a fissare lo sguardo su nessuno, in quella calca. Provò ad avvicinarsi, ignorando completamente Flick, ignorando tutto, eccetto quella folla di persone ammassate, che aspettava di essere portata via. Vide una donna di mezza età, con un fazzoletto azzurro in testa, sembrava non avesse nulla a che fare con quel posto. Stringeva al petto il suo bambino. Piangeva, mentre il bambino era silenzioso. Breitner e Müller stavano passando in rassegna alcune valigie rimaste indietro mentre i Sonderkommando le stavano spostando dai loro carrelli ai pianali dei furgoni. Christopher si mosse verso Flick prima di raggiungere Müller e Breitner. Le SS erano molto più calme ora, mentre affiancavano la colonna di persone che attendeva di essere trasferita. Il terrore negli occhi di quegli individui, tuttavia, era immutato, e i cani continuavano a balzare in avanti appena uno di loro si scostava dalla fila. La colonna cominciò a marciare verso Birkenau.

Un altro sparo risuonò alle sue spalle e Christopher si girò di scatto. Diverse SS stavano esaminando il mucchio di vestiti lasciati sulla banchina. «Ah, eccolo qui, ce n'è sempre almeno uno», disse un soldato mentre sollevava un cappotto per rivelare il corpicino tremante di un bambino che piangeva invocando la madre. Christopher si incamminò verso di lui per condurlo nella fila. L'SS alzò il fucile e sparò in faccia al bambino. Christopher si fermò, impietrito. L'SS si rimise il fucile in spalla, trascinò via il piccolo corpo inerte dal mucchio di vestiti e lo scaraventò davanti ai vagoni insieme agli altri. Christopher si voltò verso le altre guardie, con gli occhi spalancati, aspettando una reazione. Si comportavano tutti come se niente fosse. Si girò di nuovo per avviarsi verso Müller e Breitner. Si tenne a circa tre metri da loro, una distanza di sicurezza che non gli avrebbe permesso di scorgere, nei suoi occhi, i sentimenti che lo attraversavano. Lo salutarono con un'occhiata appena li superò.

Si aspettano un ordine, si disse, *quindi dagliene uno*. «Voglio che tutte queste valigie siano caricate entro dieci minuti, e anche i vestiti. È tutto in ordine? Gli altri prigionieri porteranno le loro cose al campo di lavoro?». Müller guardò Breitner con la coda dell'occhio e poi di nuovo Christopher. «No, tutte le valigie restano qui, raduneremo tutti gli altri averi dei prigionieri una volta che si saranno cambiati per le procedure di disinfezione». Christopher tentò di far rallentare i battiti del cuore, di calmarsi. Gli ultimi prigionieri si stavano allontanando. «Herr Obersturmführer, probabilmente dovrà andare negli spogliatoi. Sono al numero tre, credo», disse Müller.

«Sì, certo. Herr Breitner, venga con me, prego. Herr Müller, confido di poter lasciare a lei l'acquisizione e la pulizia di ciò che rimane».

«Herr Obersturmführer, sarà fatto in un'ora».

Christopher non rispose. Breitner si mosse verso la macchina a loro disposizione. Christopher si sedette sul sedile passeggeri, con Breitner alla guida. Breitner seguì la colonna di persone che si incamminava verso il campo di Birkenau. Christopher intravide ancora la donna con il fazzoletto azzurro per qualche secondo prima che si mescolasse tra la folla.

Le ss rimasero con i Sonderkommando, anche loro prigionieri e allineati su un lato del cortile. L'edificio che Friedrich gli aveva mostrato il giorno prima incombeva sulla folla. Le ss brandivano i manganelli. Dietro di loro, appostati in disparte, c'erano gli ufficiali, compreso Friedrich. I deportati raggiunsero la terra dura del cortile. La maggior parte di loro indossava abiti scuri, e tutti erano indentificati da una Stella di David gialla. Le guardie sulle torrette di controllo puntarono le mitragliatrici sulla folla.

«Herr Obersturmführer, deve incontrare il capo dei Sonderkommando. Eseguiranno prontamente i suoi ordini». Christopher seguì Breitner attraverso il campo dove la folla di persone si era radunata in un enorme gruppo che parlava polacco e yiddish. Ora il loro umore sembrava più sollevato, soprattutto grazie all'atteggiamento delle ss, che erano diventate calme e cortesi appena avevano raggiunto il campo, e li accoglievano con volti sorridenti e persino con qualche chiacchiera e scambio di battute. Una ss diede una pacca sulla schiena a un uomo anziano e lo aiutò a proseguire. Le persone mormoravano tra loro. Erano ancora nervose e circospette. Friedrich e gli altri ufficiali erano scomparsi. Breitner lo accompagnò davanti a una fila composta da una dozzina di Sonderkommando. In testa alla fila c'era un uomo alto, di bell'aspetto. «Lui è Jan Schultz, capo dell'unità di Sonderkommando che lavora nei crematori», spiegò Breitner. Christopher dovette ricordare a se stesso di non porgergli la mano. «Questi uomini esamineranno gli effetti personali dei prigionieri prima di consegnarceli».

«Molto bene», commentò Christopher passando in rassegna quella fila di uomini che tenevano lo sguardo dritto davanti a sé. La maggior parte di loro aveva dei lividi sul volto. «Lavorate sodo, uomini, e sarete ricompensati», aggiunse.

Qualcuno aveva cominciato a rivolgersi alle persone alle sue spalle. Tra la folla piombò il silenzio. Tutti gli occhi erano puntati su Friedrich, che adesso, insieme ad altri due ufficiali, era in piedi sul pianale di uno dei furgoni. «Siete venuti qui, ad Auschwitz-Birkenau, per diventare un ingranaggio vitale della macchina da guerra del Reich», cominciò Friedrich. «Siete venuti qui per lavorare. Il vostro lavoro è importante quasi quanto quello dei valorosi soldati che rischiano ogni giorno la vita sul fronte. Tutti coloro che si mostreranno volenterosi saranno ben nutriti e avranno salva la vita». Friedrich si rivolse alla folla in tedesco e, sebbene molti sembrassero capire le sue parole, c'era un Sonderkommando sotto di lui che traduceva in polacco il discorso.

L'ufficiale a sinistra di Friedrich prese la parola. «Siete giunti fin qui dopo un faticoso viaggio. Siete preziosi per questo campo e per il Reich. Per prima cosa vogliamo assicurarci che siate in salute e disposti a lavorare. A tale scopo esigiamo che facciate una doccia e siate disinfettati. È di fondamentale importanza, perché vi manteniate sani e in buona salute». Le persone radunate davanti a loro sorridevano e abbracciavano stretti i figli, spostandosi da un piede all'altro. I loro volti ripresero colore, il sospetto fu intaccato da un barlume di speranza. L'ufficiale proseguì. «Una volta che avrete fatto la doccia, ci sarà una scodella di zuppa calda ad aspettarvi».

Il terzo ufficiale fece un passo avanti per parlare. «Tu, laggiù, sì, tu, che lavoro fai?». L'uomo era un carpentiere. «Oh, molto bene, abbiamo bisogno di carpentieri», ribatté l'ufficiale. «Sarai molto utile alla causa. E tu?»

«Sono un dottore», rispose l'uomo.

«Eccellente, abbiamo urgente bisogno di dottori nell'ospedale del campo». Si fermò a scrutare la folla. «Se tra voi ci sono altri medici o infermieri, assicuratevi di riferirmelo dopo la doccia, e mi farò carico di assegnarvi al luogo in cui le vostre capacità sono più richieste».

Friedrich si fece di nuovo avanti. «Abbiamo bisogno di dottori, dentisti, infermieri, meccanici, idraulici, elettricisti e artigiani di ogni sorta. Ma abbiamo anche bisogno di lavoratori non specializzati. A tutti sarà assegnato un lavoro ben retribuito. Tutti sono importanti per il Reich e per contrastare la minaccia del bolscevismo. Ora vi prego di avviarvi verso l'ingresso degli spogliatoi appena le guardie vi indicheranno la strada. Una volta dentro, assicuratevi di appendere i vostri vestiti ai ganci numerati e tenete a mente il numero per dopo. Abbiamo un solo spogliatoio, che dovrà essere condiviso da entrambi i sessi. Mi scuso per questo inconveniente, ma stiamo provvedendo a risolvere il problema». Fu con volti sorridenti e rasserenati che le persone si ammassarono verso l'entrata dell'edificio con il tetto piatto e poi nello spogliatoio. Christopher vide di nuovo la donna con il fazzoletto azzurro. Il suo viso era afflitto, rassegnato, diverso dagli altri.

Una volta che furono tutti dentro, i Sonderkommando li seguirono e Christopher con loro. Le persone si spogliarono e ripiegarono accuratamente i vestiti sotto i cappotti, che pendevano dagli appendiabiti numerati. I Sonderkommando ripeterono le istruzioni che gli ufficiali avevano impartito alla folla, stavolta nella loro lingua madre. Le persone eseguirono senza creare problemi né contraddirli. Christopher raggiunse le persone negli spogliatoi e poi uscì, non voleva che i prigionieri si sentissero ancora più in imbarazzo davanti a estranei. Un senso di sollievo attraversò il suo corpo. *La selezione è stata un incubo, l'uccisione di quelle persone al treno un orrore indescrivibile, ma almeno è finita*, pensò mentre tornava nel cortile praticamente deserto.

Christopher rimase da solo nel cortile e sospirò. Poi notò le ss sul tetto piatto dell'edificio. Gli ufficiali se n'erano andati. Altre ss portarono bombole di metallo e indossarono maschere antigas. Gli si gelò il sangue. *Non possono fare una cosa del genere, non ora, non dopo quello che hanno detto*. Combatté l'impulso di correre dentro l'edificio, per avvertire i prigionieri. Non c'era nulla che potesse fare. Non c'era modo di cambiare ciò che stava per accadere. L'orrore s'impossessò di lui. Si guardò intorno per assicurarsi che nessuno potesse vederlo. Le ss continuarono a muoversi con gesti sicuri, dietro quelle maschere sembravano insetti che ronzavano sul tetto con l'efficienza di automi. Tolsero i coperchi dagli stretti comignoli di metallo sopra il crematorio e vi riversarono il contenuto delle bombole. Poi cominciarono le urla – centinaia di voci insieme ma distinte l'una dall'altra – per nulla attenuate dai mattoni e dal cemento. I furgoni tornarono nel cortile. I conducenti diedero gas nel tentativo di coprire le grida che provenivano dall'interno. Ma Christopher poteva ancora sentirle.

Un'ss gli passò accanto con un sorriso. «L'acqua delle docce doveva essere troppo calda», osservò. «Agli ebrei non piace».

L'ss si allontanò, e fu solo la sua presenza ad aiutare Christopher a restare in piedi. Lo sforzo di non crollare a terra gli intorpidì ogni muscolo del corpo. Gli sembrava che l'uniforme gli si fosse appiccicata addosso come una seconda pelle e si passò i palmi aperti sulle maniche. Il cappello gli cadde a terra quando chinò la testa contro il petto. Le urla si sentivano ancora, più flebili adesso. Provò a pensare a Jersey, a Rebecca, a quando si erano conosciuti, a tutto tranne che a quello. Si chiese se non fosse arrivato troppo tardi, se non fosse capitato anche a lei di soccombere come quelle persone. Se era morta, cos'altro gli restava da fare, ormai, in quel posto?

Capitolo 3

Isola di Jersey, giugno 1924

Poteva essere la sua prima settimana sull'isola come il primo giorno, quando la conobbe. Christopher lasciò suo padre a casa insieme allo zio Uli, che era venuto con loro dalla Germania per aiutarli con il trasloco. Alexandra dormiva al piano di sopra. Christopher aprì la porta d'ingresso e corse sulla stradina sterrata, che si allungava per cinquecento metri fino alla spiaggia e al mare. Raccolse una pietra grigia liscia e la scagliò più lontano che poté nell'acqua azzurra, poi ne raccolse un'altra e corse verso i gabbiani che riposavano sulla riva. Gli lanciò la pietra appena spiccarono il volo e li guardò librarsi nel cielo. Si sedette sulla roccia dove prima c'erano gli uccelli, e si passò dei sassolini da una mano all'altra ascoltando il suono che facevano quando si scontravano. Il sole era di nuovo caldo, quel giorno, e i pantaloncini di flanella che gli coprivano le gambe erano pesanti. Si sfilò subito scarpe e calzini, ed entrò nell'acqua bassa a pochi metri dalla battigia. Suo padre gli aveva proibito di fare il bagno da solo, e anche se non riusciva a pensare a niente di più bello che nuotare nell'acqua profonda, Christopher obbedì. Si fissò le dita dei piedi attraverso la spuma delle onde e sentì l'acqua fredda lambirgli le caviglie. La sconfinata striscia di terra distesa sulle acque blu era la Francia, a meno di trecentocinquanta chilometri da loro. Gliel'aveva detto suo padre.

All'inizio non capì che rumore fosse, sembrava venire dall'altra parte della staccionata subito oltre la strada che correva lungo la spiaggia. Si infilò i calzini sui piedi bagnati e si rimise le scarpe. Corse sulla spiaggia verso quella specie di lamento. Più si avvicinava, più era convinto si trattasse di un gattino, e si chiese se il padre gliel'avrebbe fatto tenere. La strada grigia che correva lungo la spiaggia era irregolare e accidentata. C'era una piccola siepe che costeggiava la strada. Christopher si guardò a destra e a sinistra per assicurarsi che non passassero macchine. Aspettò qualche secondo per esserne certo e poi attraversò di corsa, per seguire quel lamento lungo la siepe. Disse qualcosa, in tedesco, poi si ricordò. Il padre gli aveva detto di parlare in inglese, la lingua di sua madre, che era cresciuta lì. Ma in realtà le sue prime parole erano venute fuori in un sussurro che a stento aveva sentito persino lui. Il lamento si placò. Lanciò una voce, e udì un fruscio nel cespuglio davanti a sé. Era troppo alto perché potesse vedere dall'altra parte, così ci si arrampicò sopra e cadde sull'erba ai suoi piedi.

Non era un gattino, ma il pianto di una bambina. La testa sussultava tra le ginocchia. Sulla guancia aveva un ampio livido. Elaborò la frase prima nella sua testa, sentendo la voce di sua madre. «Io sono Christopher. Ho sei anni. Tu quanti anni hai?»

«Sei anch'io», rispose un'esile voce tra le braccia incrociate e una cascata di capelli biondo cenere. «Mi chiamo Rebecca».

«Perché sei qui da sola?».

«Vuoi scappare con me?»

«Non lo so. Forse...».

Le bastò questo, e Rebecca si alzò prendendolo per mano. C'era una piccola casa a un centinaio di metri da lì. Fece qualche passo in quella direzione, poi si fermò.

«Dove possiamo andare?», chiese. Christopher cercò di pensare a un posto, mentre si voltava verso di lei che lo guardava. Conosceva solo casa sua e la spiaggia, così condusse Rebecca attraverso un'apertura nella siepe e dall'altra parte della strada, assicurandosi che non ci fosse nessuno in giro. Corsero verso il mare. Rebecca gli chiese dove stessero andando. Non rispose, e continuò a correre, stringendo forte la mano della bambina. Raggiunsero la battigia e Christopher si girò verso di lei.

«Cosa è successo alla tua faccia?», chiese. La bambina non rispose. Raccolse una pietra e la scagliò nel mare. Lui cominciò a cercare sassi piatti da far rimbalzare sull'acqua, come gli aveva insegnato lo zio Uli.

Ne raccolse alcuni, passò le dita sulla superficie liscia, li immaginò scivolare sul mare.

«Hai mai fatto rimbalzare i sassi?»

«No. Non credo».

«Tieni», disse mettendogliene uno in mano, parallelo all'acqua di fronte a loro. «Cerca di lanciarlo sul pelo dell'acqua, così farà tanti rimbalzi».

Rebecca portò indietro il braccio. Il sasso volò per circa un metro, atterrando a malapena nelle increspature bianche delle onde che lambivano la spiaggia. Christopher le posò un altro sasso sul palmo. Lei lo lanciò e accadde la stessa cosa. Christopher le diede un altro sasso, imperterrito, e un altro ancora, e poi andò a cercarne altri, finché Rebecca non gettò una trentina di sassi nella spuma ai loro piedi. «Non è divertente?», disse lei.

Giocarono sulla spiaggia per un'ora o poco più, finché Christopher non sentì il padre. Le disse di nascondersi, che sarebbe tornato da lei entro pochi minuti, e lei corse dietro una roccia e rimase lì. La voce si avvicinò, e gli apparve la familiare silhouette del padre. Lo richiamò a casa per cena e si voltò subito per tornare indietro. Una volta, lo avrebbe rincorso per la spiaggia e lo avrebbe riportato a casa a cavalcioni sulle spalle, ma non lo aveva più fatto, non da quando la madre di Christopher era morta. Rebecca si sporse dal suo nascondiglio per guardare Christopher. Lo vide seguire lentamente il padre, restando sempre più indietro a ogni passo. Appena suo padre fu abbastanza distante, Christopher tornò di corsa da Rebecca.

«Vieni con me». Le porse la mano. «Non ti preoccupare, sarai al sicuro».

I piatti erano già in tavola quando arrivò a casa. Lo zio Uli lo sollevò e lo fece sedere tra lui e Alexandra. Il padre non lo guardò, si limitò a fissare il piatto. Parlavano in tedesco durante la cena, nonostante il padre avesse deciso che avrebbero dovuto cominciare a usare sempre l'inglese.

«Com'è andata giù alla spiaggia?», chiese lo zio Uli. «Sei stato via a lungo».

«È andata bene».

«Abbiamo fatto un gran bel lavoro, oggi, nel ridipingere la casa, vero, Stefan?»

«Sì, vero», rispose il padre. Lo zio Uli allungò una mano verso Alexandra e le diede un buffetto sulla guancia, ma nessuno disse altro. Mangiarono in silenzio per qualche secondo prima di sentire uno schianto al piano di sopra.

«Cos'era?», disse il padre di Christopher. «Tu lo sai, Christopher?»

«No, non lo so». Si strinse nelle spalle, con la testa sul piatto. Dalle assi di legno sopra le loro teste giunse un altro tonfo, seguito da uno scalpiccio delicato.

«Christopher, devi dirci qualcosa?», chiese lo zio Uli. «Hai portato un gatto a casa? Tuo padre è stato molto chiaro l'ultima volta che l'hai fatto».

«No, no. Non c'è niente lassù. Dev'essere stato il vento».

«Staremo a vedere», disse il padre spingendo indietro la sedia. «Vieni. Ti conviene sperare che sia stato davvero il vento, dopo tutti i problemi che mi stai dando negli ultimi tempi».

«No, papà, no. Non c'è niente lassù. Non possiamo finire di mangiare?».

Il padre di Christopher lo afferrò per un braccio e lo trascinò giù dalla sedia. Uli disse qualcosa, ma il fratello lo ignorò. Alexandra li seguì fuori dalla cucina, sui pavimenti spogli e sulle scale appena carteggiate. Un altro tonfo risuonò al piano di sopra e Alexandra rise. Christopher provò a divincolarsi, ma la stretta del padre era troppo forte. Lo spinse a forza sulle scale e verso la porta della sua camera, che aprì con uno schianto.

Rebecca sedeva per terra, al centro della stanza, con le perle della madre di Christopher intorno al collo e uno dei suoi cappelli che le copriva quasi completamente gli occhi. Christopher fece una smorfia appena la vide. Le aveva detto di restare nell'armadio finché non fosse risalito. Ma lei era uscita e aveva fatto cadere la caraffa d'acqua sul comodino. Lo zio Uli rideva alle loro spalle, ma suo padre no.

«Lei chi è, Christopher?», disse in inglese.

«È la mia amica Rebecca».

«E dove vive Rebecca?»

«Non lo so».

Il padre lasciò il braccio del figlio e si accovacciò davanti alla bambina seduta sul pavimento con le perle e il cappello della moglie morta. «Ti sei fatta male?», le chiese allungando una mano verso il livido violaceo sul suo volto. Lei non parlò. «Dove vivi, Rebecca?». Lei si tolse il cappello e indicò fuori dalla finestra.

Il padre di Christopher prese il cappello e l'aiutò a togliersi le perle. «Abiti laggiù, vero? È lontano?». La bambina scosse lentamente la testa e si alzò. «I tuoi genitori sanno che sei qui?». Di nuovo la bambina scosse la testa. «Be', non credi che saranno preoccupati?»

«No».

«Certo che lo saranno», disse il padre di Christopher passandosi una mano tra i capelli, ma lei si alzò e si avvicinò alla finestra. Christopher sapeva che non l'avrebbe passata liscia, non importava quanto si fosse rivelata adorabile quella bambina. «Hai fame?», chiese dopo qualche secondo. «Vuoi qualcosa da mangiare?».

Rebecca annuì, con un'espressione triste sul volto.

Non poteva restare nell'armadio? Non ha senso essere triste adesso. Tanti saluti ai piani di fuga.

Lo zio Uli condusse tutti al piano di sotto. Il padre di Christopher cercò di capire dove vivesse e con chi, ma lei non disse nulla. Aggiunse una sedia per lei al tavolo, e tutti si sedettero di nuovo a cena.

Lo zio Uli fu il primo a parlare, ancora con il sorriso sulle labbra. «Christopher, dove hai incontrato la tua nuova amica? Come mai è venuta a farci visita?».

Christopher giocherellava con le patate nel piatto. Come poteva spiegare che Rebecca tentava di scappare e che lui stava solo cercando di aiutarla? «L'ho incontrata vicino alla spiaggia. Stava piangendo, così ho pensato che avesse bisogno di aiuto».

«Portarla a casa e chiuderla nel tuo armadio non l'aiuterà», disse il padre. Lo zio Uli rise di nuovo. «Uli, per favore, sto cercando di parlare con mio figlio». Lanciò un'occhiataccia al fratello minore. Uli continuò a ridere ma sollevò una mano per coprirsi la bocca. Il padre di Christopher scosse la testa e rivolse di nuovo la sua attenzione al figlio, che sembrava stesse tentando di scivolare sotto il tavolo. «Dove vive questa bambina? Cos'è successo alla sua faccia?»

«Non lo so. L'ho sentita piangere vicino alla spiaggia. Ho pensato che potesse stare qui per un po'». Sperò che Rebecca non parlasse tedesco e non potesse capirli.

«Oh, davvero? Volevi nasconderla nella tua stanza, vero? E per quanto tempo pensavi di tenerla lì?».

Christopher fissò il piatto, ormai all'altezza dei suoi occhi. «Non lo so, non ci avevo pensato».

«Che sorpresa», disse il padre. «Tu non pensi mai, vero?».

Rebecca aveva smesso di mangiare.

Nonostante il sole fosse ancora alto nel cielo d'estate, erano già le sette di sera e per Alexandra era giunto il momento di andare a dormire. Non poteva restare alzata quanto Christopher, perché aveva due anni meno di lui, non ne aveva ancora compiuti quattro. Uli la prese in braccio e la portò da suo padre perché gli desse un bacio. Lui la baciò su una guancia e Alexandra salutò con la mano Rebecca, che le rivolse un timido sorriso. Uli la portò al piano di sopra, sempre ridendo.

«Rebecca», disse il padre di Christopher con voce profonda, «devi dirci dove abiti. So che se Christopher o Alexandra non fossero a casa a quest'ora sarei molto preoccupato. Ora, tu non vuoi che qualcuno sia preoccupato per te, vero?».

Rebecca scosse la testa. Il padre di Christopher stava aprendo bocca per parlare di nuovo quando lei rispose: «Vivo a due case da qui. Ho rovesciato il mio tè e mia madre mi ha picchiato. È caduta e io sono scappata».

Il padre si alzò dal tavolo. «Credo di dover incontrare i tuoi genitori, Rebecca. È ora di tornare a casa». Quando tentò di divincolarsi, lui la prese in braccio e si avviò verso la porta. «Uli, l'accompagno a casa», esclamò. Christopher corse fuori dietro al padre. «Quando rivedrai i tuoi genitori starai meglio», commentò il padre appena si accorse di lui. «Saranno terribilmente preoccupati». Mise giù Rebecca appena raggiunsero la strada. «Ora promettimi di fare la brava e dammi la mano». Rebecca guardò Christopher con occhi imploranti ma obbedì. Quando si avviarono lungo la strada, Christopher rimase indietro di qualche passo. «Gran bel modo di conoscere i vicini», mugugnò il padre.

Camminarono lentamente, in silenzio, per qualche minuto, poi Rebecca disse: «È quella». Indicò una casetta a pochi metri dalla strada, maltenuta e logorata dalle intemperie, come la loro prima che arrivassero e cominciassero a ridipingerla. Rebecca aveva iniziato a rallentare a ogni passo e il padre di Christopher dovette quasi trascinarla sul vialetto. Christopher si affrettò per raggiungerli e le strinse l'altra mano mentre camminavano verso la casa. Lacrime mute le rigavano le guance arrossate. Il padre di Christopher si avvicinò alla porta scheggiata, con la vernice marrone tutta scrostata. La finestra accanto alla porta era grigia e sporca, ricoperta di ragnatele. *Non possiamo tornare a casa?*, pensò Christopher. Non si sentì alcun suono provenire dall'interno. Il padre guardò Rebecca mentre bussava un'altra volta.

«I tuoi genitori devono essersi addormentati», disse, più a se stesso che a Rebecca. «Hai fratelli o sorelle?»

«No».

Bussò più forte, stavolta, e la porta si schiuse. «C'è nessuno in casa? Ehilà?». Nessuna risposta, così spinse la porta ed entrò.

La casa era vecchia e odorava di muffa. Entrarono in un corridoio alla cui sinistra si apriva la cucina. Il tappeto era logoro, e Christopher sentì un chiodo trafiggergli il piede sotto la suola, ma non disse nulla. Nessuno lo fece. Un raggio di luce che penetrava da una finestra aperta li condusse in fondo al corridoio e in un soggiorno alle cui pareti erano appesi quadri che raffiguravano paesaggi del posto. C'era una bottiglia rotta sul pavimento, ma non c'era nessuno. Poi sentirono una voce alle loro spalle, roca e incerta.

«Dove diavolo ti eri cacciata?». Si girarono tutti, e Rebecca si nascose dietro le gambe del padre di Christopher. Sulla soglia c'era un uomo con un abito sbiadito. Sembrava più vecchio del padre, ma Christopher non riuscì a capire di quanto – i suoi capelli castani lasciavano pensare che fosse un uomo molto più giovane, rispetto alle linee che gli solcavano il viso. I suoi occhi scuri si guardavano intorno freneti-ci. «Chi siete? Che ci fate in casa mia? Perché mia figlia è con voi?».

Il padre di Christopher fece un passo avanti e gli porse la mano. L'uomo la strinse, senza dire nulla. «Mi chiamo Stefan Seeler», disse il padre. Parlò lentamente, con un tono cauto. «Mio figlio ha trovato Rebecca sulla spiaggia, oggi pomeriggio. Pare che fosse in difficoltà». L'espressione sul volto dell'uomo cambiò appena sentì lo spiccato accento tedesco di suo padre. Strabuzzò gli occhi.

«Lei è tedesco». L'accento dell'uomo era francese. Il padre di Christopher annuì. L'uomo proseguì. «Si ficca sempre nei guai, imbranata com'è... Sa come sono i bambini di oggi». L'uomo barcollava leggermente all'indietro mentre parlava. Christopher guardò suo padre, mentre ascoltava, vide la sua mascella contrarsi.

«Christopher, potresti portare Rebecca fuori per un istante, per favore?».

«Non sarà necessario. Grazie per avermi riportato mia figlia, ma adesso dovete andarvene, prima che mia moglie torni a casa».

Il padre di Christopher abbassò lo sguardo sulla bambina aggrappata alla gamba dei suoi pantaloni, e poi sul figlio. «Vieni, Christopher, andiamo». Si piegò verso Rebecca. «Adesso dobbiamo andare, ma sappi che potrai sempre...».

«Arrivederci, Mr Seeler». Il padre di Rebecca si avvicinò, afferrando la figlia per un braccio. La condusse in una stanza sul retro, e Christopher e suo padre rimasero soli.

Capitolo 4

Rebecca tornò da loro la mattina dopo. Sedeva nella casa sull'albero che lo zio Uli aveva costruito nel giardino sul retro. Sorrise appena vide Christopher correre verso di lei. Alex uscì di casa e corse anche lei.

«Rebecca. Sei tornata». Lei si limitò ad annuire.

«Come sapevi della casa sull'albero?»

«L'ho trovata». Aveva portato con sé una vecchia bambola e, sebbene le mancasse un occhio e fosse logora e piena di graffi, i capelli avevano una pettinatura perfetta. Stringeva la bambola al petto. «Lei è Susan».

«Anche Alexandra ha delle bambole, vero, Alex?», chiese appena arrivò suo padre.

«Bambini, vorrei parlare un istante con Rebecca».

«Salve, Mr Seeler».

«Ciao, piccolina». Sorrise. «Rebecca, hai chiesto ai tuoi genitori se potevi venire qui a giocare?».

Lei si mise a giocherellare con la bambola senza rispondere.

«Almeno sanno che sei qui?»

«Erano ancora a letto».

«Erano ancora a letto quando sei uscita di casa stamattina? Non hai pensato che avresti dovuto dire dove stavi andando?»

«Non lo so. Sono rimasti svegli fino a tardi, stanotte. Li sentivo parlare».

«Ti mancano i tuoi genitori quando non sono con te?».

Rebecca si strinse nelle spalle.

«Papà, Rebecca può restare con noi?», chiese Christopher. L'occhiata che gli lanciò il padre lo mise subito a tacere. Allungò una mano verso quella di Rebecca e sentì le dita della bambina stringersi intorno alle sue.

«Va bene, puoi restare qui per qualche ora, Rebecca. Lo zio Uli baderà a voi. Tornerò presto, e vedremo di capire se puoi venire qui a giocare».

Giocarono nella casa sull'albero per un po', poi Uli li portò alle pozze tra le rocce giù in spiaggia, e camminarono nell'acqua fredda con le scarpe e i calzini in mano e il sole caldo sul volto. Avrebbero voluto fare una nuotata, ma avevano dimenticato i costumi. Così rimasero alle pozze e si misero a lanciare sassi. Uli gli insegnò come lanciarli perché potessero rimbalzare più lontano, e guardarono l'acqua incresparsi quando i sassi planavano sulla superficie. Rimasero lì per tutta la mattina. Quando Uli li riaccompagnò a casa, il padre di Christopher li stava aspettando.

«Ciao, bambini, vi siete divertiti giù alla spiaggia con lo zio Uli?». Annuirono tutti. «Uli, puoi portare Alexandra alla casa sull'albero per un momento?»

«Certo, vieni, principessina». Uli la prese in braccio e la portò fuori in giardino.

«Sedetevi al tavolo, bambini», cominciò il padre di Christopher. «Rebecca, ti piace venire qui, vero?»

«Sì, vorrei poter stare qui tutto il tempo». Christopher sentì battere forte il cuore, quando rispose.

«Ho parlato con i tuoi genitori, entrambi i tuoi genitori». Rebecca impallidì. «Dopo averli incontrati, sono andato alla stazione di polizia e ho parlato con questo simpatico poliziotto, il sergente Higgins. Conosce davvero tutti, da queste parti. Devo dirtelo, Rebecca, tuo padre non vuole che tu venga qui a giocare. Non vuole che giochi nella casa sull'albero, né con Christopher e Alexandra».

«Ma, papà...».

«Fa' silenzio, Christopher. Lasciami finire». Christopher non lo aveva mai visto così. «Ma ho parlato con tua madre, e ho deciso di lasciarti giocare qui».

Rebecca spalancò la bocca, senza fiato. Christopher saltellò su e giù battendo le mani.

«Ci ho pensato a lungo, e davvero non vorrei contraddire i desideri di tuo padre, ma penso che sia la cosa migliore».

«Oh, grazie, Mr Seeler».

«Ma se ti metti nei guai, andrò subito da tua madre e glielo dirò, e non potrai più tornare in questa casa. Ci siamo capiti?»

«Oh, sì, certo. Farò davvero la brava».

Rebecca rimase quel pomeriggio. Il padre di Christopher lasciò che restasse anche a cena. Tornò anche il giorno dopo, e il giorno dopo ancora, fino alla fine dell'estate. Decorarono la casa sull'albero con disegni fatti da loro, e stesero una tovaglia sulla piattaforma. Ogni giorno era uno spasso. C'era sempre qualcosa di diverso da fare. Christopher aveva avuto amici, ma mai come Rebecca. Non aveva mai conosciuto nessuno che riuscisse a trasformare tutto in un'avventura, che sapesse trovare gioia anche nelle cose più banali.

Uli tornò a casa alla fine dell'estate. Christopher, Alex e Rebecca avrebbero voluto che rimanesse per sempre, ma non poteva. I bambini piansero quando lo videro prendere il traghetto a Saint Helier. Il padre di Christopher lo abbracciò con una tale forza che Christopher pensò stesse cercando di soffocarlo.

La scuola ricominciò. Rebecca andava in un istituto femminile a Les Croix, ma non aveva importanza che frequentassero due scuole differenti, perché Rebecca andava a trovarli quasi ogni giorno. Sua madre cucinava raramente e quando lo faceva, Rebecca disse che riusciva a malapena ad assaggiare. Così cominciò a restare da loro anche a cena. Spesso le capitava di chiedere se poteva restare a dormire, ma il padre di Christopher non lo permise mai. Christopher la riaccompagnava a casa ogni sera, lungo la strada, fino al cespuglio dietro al quale s'intravedeva la casa di Rebecca.

Crescendo, le lettere che si scrivevano divennero il loro modo per mettersi d'accordo su come e quando vedersi, un sistema che il padre di lei non avrebbe mai compreso perché usavano una lingua tutta loro. Sentivano parlare tante lingue. A dodici anni, Christopher si esprimeva senza difficoltà in tedesco e inglese, e riusciva a seguire intere conversazioni in francese e persino *jèrriais*. Rebecca, invece, compensava con il francese la sua scarsa conoscenza del tedesco. Ma la loro lingua era differente da tutte le altre. "*Gunde de viznay bin Lion's Mane reiv*", ad esempio, significava che si sarebbero incontrati alla Lion's Mane, la "Criniera del Leone", alle quattro, il numero alla fine era in tedesco, ma scritto alla rovescia. Era una lingua che conoscevano solo loro, e solo Alexandra sapeva della sua esistenza. Avevano dato un nome a tutte le rocce sporgenti e i promontori sferzati dalle onde d'inverno e infuocati dal sole in estate. Si accordavano per incontrarsi lì, alla Criniera del Leone, alla Tavola della Farfalla, o al Cavallo Imbizzarrito. Quando si vedevano, si scambiavano frasi senza senso in questa sorta di *gramelot*, come se la loro fosse una lingua vera e propria, e scoppiavano a ridere quando sentivano i suoni ridicoli che uscivano dalle loro labbra o vedevano le facce interdette di chiunque fosse con loro, che fosse Alexandra, Percy Howard o suo fratello Tom. C'erano sempre bambini con cui giocare.

Capitolo 5

Era il 1934. Christopher aveva quindici anni. Rebecca sedeva al tavolo della cucina quando tornò da scuola. Non era strano trovarla lì. Ma quella volta era diverso. Un grande livido le copriva la guancia sinistra, e stava piangendo. Il padre di Christopher sedeva accanto a lei, il suo volto era teso e cupo di rabbia. La stessa rabbia che provava anche Christopher ogni volta che il padre di Rebecca la picchiava. Si sedette vicino a lei. Voleva essere lui a confortarla. Aveva avvertito una fitta di gelosia nel vedere che il padre era arrivato per primo.

«È arrivata da una mezz'ora», sussurrò il padre di Christopher in inglese. «Ne abbiamo parlato un po', ma è ancora sconvolta. Non ha detto molto».

«Non ce la faccio più a stare lì», disse lei. «Me ne vado, non posso vivere lì un minuto di più».

«Che stai dicendo?», replicò Christopher. «Non puoi andartene. Dove andresti?»

«Non posso vivere lì, non con lui, non con loro». La sua testa crollò sulle braccia incrociate sul tavolo.

«Aspetta, andiamo con ordine. Cos'è successo ieri sera? Com'è cominciata?», intervenne il padre di Christopher posando la mano sulla cascata di capelli di Rebecca.

«Cos'ha fatto stavolta?», chiese Christopher.

Lei sollevò la testa, con gli occhi arrossati. Si scostò i capelli dal volto e si appoggiò allo schienale. «Posso avere un bicchiere d'acqua?»

«Certo. Per favore, Alex, prendile un bicchiere d'acqua».

«Sì, papà», rispose Alexandra. Rebecca prese il bicchiere e bevve un piccolo sorso.

«Mio padre vuole che lasci la scuola. Che mi trovi un lavoro». Stringeva il bicchiere con entrambe le mani e lo portò di nuovo alle labbra.

«Cos'ha detto tua madre?», domandò Christopher.

«Era d'accordo con lui. Dice che abbiamo bisogno di soldi».

«Magari dovrebbe trovarselo lei, un lavoro...», commentò Christopher.

«Non ha più lavorato da quando la fabbrica tessile ha chiuso». La voce di Rebecca divenne un sussurro. «Negli ultimi tempi esce di casa sempre più raramente».

«Ha provato a fermare tuo padre mentre ti picchiava?», chiese Christopher.

«Sì, all'inizio. Ma poi lui le ha detto che era per il mio bene».

«Ti fa male?», domandò Alex.

«No, ormai i lividi non li sento quasi più».

Rimasero in silenzio per qualche secondo. A quanto sembrava, nessuno sapeva cosa dire.

«Ti stanno bene i capelli così», disse Alex.

«Me li ha tagliati mia madre, come quando ero piccola, anche se non ha fatto per niente un bel lavoro. Ho dovuto aggiustarli da me, dopo che l'ho sentita entrare in bagno e crollare a terra».

«Cos'è successo? Era di nuovo ubriaca?».

Rebecca annuì. «Volevo solo scappare via da quella casa e venire a stare qui, o da qualsiasi altra parte. Non volevo, ma ho dovuto aiutarla. È mia madre».

«Certo», disse il padre di Christopher.

Christopher tentò di ricordare il volto di sua madre. Ci riusciva a stento. «Stava bene?»

«Sì, aveva solo qualche livido e taglietto. L'ho sollevata, l'ho lavata e l'ho messa a letto. Mio padre è arrivato più tardi. Ha incolpato me per quello che era successo». S'interruppe. Nella stanza calò il silenzio, prima che riprendesse a parlare. «Non l'avevo mai visto così arrabbiato. Ha afferrato l'attizzatoio accanto al caminetto ed è corso verso di me».

«Cosa... cosa ha ...?»

«Lasciala parlare, Christopher», lo interruppe il padre.

«Mi ha colpito a un braccio e sono caduta a terra. Era sopra di me, pronto a picchiarmi di nuovo con l'attizzatoio, così ho preso un pezzo di carbone e gliel'ho tirato in testa».

Christopher le strinse la mano. Alex piangeva, i suoi singhiozzi riempivano l'assoluto silenzio in cui era avvolta la casa.

Rebecca sembrò ignorarli. «Ha sollevato l'attizzatoio e ha detto che mi avrebbe dato una lezione che non avrei mai dimenticato, poi ho visto mia madre dietro di lui, con il fucile di mio padre in mano. Ha detto che se mi avesse toccato sarebbe stata l'ultima cosa che faceva».

«E lui si è tirato indietro?», chiese Christopher. Rebecca annuì lentamente. Si portò le mani alle tempie, come fossero paraocchi.

Il padre di Christopher emise un profondo sospiro e si alzò. Alexandra si avvicinò a lui e lo abbracciò, affondando la testa contro il suo petto mentre la stringeva.

«Va tutto bene, papà», disse Alexandra. «Ci prenderemo cura di lei». La bocca del padre non si mosse, quasi volesse replicare qualcosa ma non trovasse le parole. Si versò un bicchiere d'acqua e tornò verso la sedia.

«Mi dispiace, Rebecca, ti prego, continua», disse.

«Questa è l'ultima volta che mi mette le mani addosso. Gliel'ho detto. Gli ho detto che me ne sarei andata e che non avrebbe potuto fare nulla per fermarmi».

«Te ne andrai davvero?», chiese, ma Rebecca lo ignorò.

«Ieri sera ho raccolto le mie cose. Non li ho nemmeno salutati, neanche mia madre».

«Dove sei andata?», chiese Alex.

«Sono stata dalla mia amica Sarah Smart. Non ha detto alla sua famiglia che ero scappata di casa».

«Conosco la famiglia Smart, sono brave persone», aggiunse il padre di Christopher.

«Sono tornata a trovare i miei genitori, stamattina. Mio padre si è infuriato e ha detto che era colpa mia se mia madre gli si era rivoltata contro. Ha detto che ho distrutto la nostra famiglia». Le sue ultime parole si udirono appena, quasi fosse a chilometri di distanza, e non a pochi centimetri da loro, seduta allo stesso tavolo.

«Dove dormirai stanotte?», chiese Christopher.

«Dai miei. Mia madre l'ha convinto a lasciarmi tornare».

Restarono seduti lì per un po'. Christopher sentì il terrore invadere il suo corpo al pensiero di una vita senza Rebecca. Come poteva lasciarlo? Erano fatti per restare l'uno accanto all'altra, sempre. Non riusciva neanche a guardarla. I suoi occhi erano rivolti verso la finestra. Il suo respiro era irregolare, tutto il corpo contratto era pervaso dalla rabbia nei confronti dei suoi genitori. Sembrava che il padre di Christopher non sapesse cosa dire. «Sono orgoglioso di te, Rebecca», sussurrò infine. Si alzò per avvicinarsi al bancone, dove gli ingredienti per la cena di quella sera erano intatti. Prese il coltello, lo posò sulle carote e affondò la lama, che colpì il tagliere di legno con uno schiocco fragoroso.

«Posso restare per cena, Mr Seeler?»

«Certo che puoi, Rebecca, certo che puoi». La sua voce era tenue come il crepuscolo fuori dalle loro finestre. «Christopher, perché non porti Rebecca e Alex a fare una passeggiata sulla spiaggia, prima di cena?».

Lo lasciarono lì, i colpi del coltello sul tagliere risuonavano nelle loro orecchie mentre aprivano la porta d'ingresso, e persino quando uscirono in giardino. Rebecca smise di parlare appena lasciarono la casa. La conversazione languì appena i tre ragazzi si avvicinarono alla casa di Rebecca, mentre scendevano in spiaggia. Christopher sapeva che non sarebbe dovuto passare davanti alla loro casa insieme a Rebecca. Ma per qualche motivo sembrava non preoccuparsene più. Nessuno di loro fece commenti quando violarono quella regola fondamentale. Proseguirono verso il lungomare, attraverso la spiaggia e lungo la costa, dove si sedettero l'uno accanto all'altro, con Rebecca in mezzo, a guardare le onde grigie che s'infrangevano sulle rocce sotto di loro.

Christopher ripensò a ciò che aveva detto Rebecca, che se ne sarebbe andata, ma non vi accennò mai ad alta voce. Era come un nervo troppo scoperto perché potesse già parlarne. Non c'erano parole adatte a esprimere ciò che avrebbe potuto dire. Tornarono di nuovo su quanto era successo la notte prima, ma nessuno aveva altro da aggiungere. Avevano già detto tutto. Guardarono le onde distendersi e ritrarsi, coprire le rocce come una tovaglia bianca che si spiegava e scivolava di nuovo via. Rimasero lì in silenzio per venti minuti, o forse più, finché la fredda aria della sera non li costrinse a tornare a casa, dove trovarono la cena in tavola. Rebecca si sedette al posto di sempre. Il padre di Christopher le permise di restare più del solito, ben oltre le dieci.

La abbracciò quando si alzò per andarsene. «Christopher ti accompagnerà a casa», disse. «Prenditi cura di lei, Christopher».

«Certo, papà», disse mentre uscivano.

La fredda aria di marzo lo avvolse in una morsa pungente, e alzò il bavero del cappotto. La luce del giorno era svanita. Non vedevano altro che il profilo della casa, la luna che illuminava il mare oltre questa e un miliardo di stelle che brillavano sopra le loro teste. La luce perlacea illuminava la pelle di Rebecca e proiettava ombre grigie che dai suoi zigomi si allungavano sul livido sul volto. I suoi capelli castani erano scossi dolcemente dal vento. «Non voglio tornare lì», disse, ma continuò a camminare.

«Lo so. Io... Vorrei poter fare qualcosa. Vorrei trovare un lavoro e portarti via da lì... e...».

«Avete già fatto così tanto per me».

«Pensi davvero di andartene?»

«Devo farlo. Non posso restare lì un secondo di più».

«Dove andrai?»

«Ho scritto a una mia cugina, Mavis, a Londra. Ha detto che mi terrà con sé».

«Perché non me l'avevi detto?»

«Ci sono cose che non posso dire a nessuno. Neanche a te».

Il cuore di Christopher batteva così forte che gli sembrava potesse balzargli fuori dal petto. Lei sembrò non accorgersene. Christopher allungò una mano per prendere la sua ma la ritrasse prima di poterla toccare. «Quindi pensi che ti trasferirai a Londra per sempre?»

«Non lo so. "Per sempre" è un tempo molto lungo. Devo prendermi cura di me stessa».

«Io mi prendo cura di te, e anche mio padre. Mia sorella si prende cura di te. Lo facciamo tutti». Camminavano lentamente, più del solito.

«Lo so, ma non potete esserci sempre. Spesso è capitato che avrei avuto bisogno di voi, ma non potevate essere lì con me. Devo badare a me stessa». Rebecca lo prese per mano.

«Non so cosa farei senza di te. Non so cosa farei se te ne andassi. Vorrei esserti accanto ogni volta che hai bisogno di me».

«Puoi venire con me».

«Mio padre non me lo permetterebbe mai», rispose senza esitare.

«Magari quando sarai più grande, allora».

Quelle parole turbinarono nella sua mente. Pensò di partire con lei, ma quell'idea svanì con la stessa rapidità con cui era affiorata. «Non voglio che tu parta», disse appena intravidero le luci della casa di Rebecca.

Lei si voltò e gli prese anche l'altra mano. Era di fronte a lui, a pochi centimetri dal suo volto. Gli occhi di Christopher si erano abituati all'oscurità, e poteva vedere ogni linea del suo viso, e il profilo dei lunghi capelli che le ricadevano sulle spalle. «Voglio dirti...». Rebecca s'interruppe e guardò a terra. «Voglio solo ringraziarti. Sei il mio migliore amico, il migliore che avrei mai potuto...». E Christopher si avvicinò e sentì le sue labbra sfiorare quelle di lei, il loro tocco leggero, e fu strano, perfetto, e le posò una mano dietro al collo per trattenerla dolcemente a sé. Rebecca si ritrasse con un sorriso. Il corpo di Christopher era attraversato da scosse elettriche. Non sapeva cosa dire. Lei scostò i piedi e gli lasciò la mano.

«Meglio che entri».

«Va bene».

«Ci sentiamo tra qualche giorno. Devo aspettare che si calmino un po' le acque».

«Ti lascerò un biglietto sotto la roccia sulla spiaggia».

«Va bene. Buonanotte, Christopher». Si piegò in avanti, per dargli un altro rapido bacio sulle labbra.

Cinque giorni dopo Rebecca se n'era andata. Christopher le lasciò un biglietto, e quando lei non si presentò capì che era stata di parola: suo padre non le avrebbe più messo le mani addosso.

Capitolo 6

Era il maggio del 1937 quando Uli tornò, appena in tempo per il diciannovesimo compleanno di Christopher.

Non era cambiato, aveva solo qualche capello bianco in più. Sedevano sulle sdraio nel giardino sul retro, e bevevano birra mentre Alexandra preparava la cena. «È molto che non parli in tedesco?», chiese Uli.

«In realtà no. Cerchiamo di parlarlo, quando siamo a casa. Nostro padre non vuole che dimentichiamo le nostre origini».

«Neanche lui dovrebbe».

«Non riesco a credere che siano passati quattro anni dall'ultima volta che sei stato qui», disse il padre di Christopher. «E sono sei anni che non torno in Germania, dai funerali della mamma, nel 1931. Avrei voluto farlo, ma con quali soldi?».

«I tempi sono stati duri ovunque. In Germania soprattutto». Per un istante calò il silenzio, prima che Uli riprendesse a parlare. «E tu, come stai, Christopher, ti diverti a lavorare per il vecchio? Ti piace fare il contabile? Spero non ti stia spremendo troppo».

«Pensavo che sarebbe stato più facile lavorare per mio padre. Credevo mi avrebbe fatto tornare presto a casa e che sarei diventato un gentiluomo ricco e ozioso».

«Ti lascio tutto il tempo libero che vuoi. Si chiama "fine settimana"». Il padre di Christopher scoppiò a ridere insieme al fratello.

«No, è bello lavorare per lui. Sto imparando molto, e un giorno aprirò uno studio tutto mio».

«Dovresti tornare in Germania, Christopher. Ci sono molte opportunità, adesso».

«Si troverà bene anche qui a Jersey».

«Sto solo dicendo che in questo momento in Germania ci sono un mucchio di prospettive interessanti per un giovane come Christopher...».

«Ne riparleremo un'altra volta», disse Stefan.

«Va bene, fratello, non c'è bisogno che ti innervosisca. Vedo che la vecchia casa sull'albero c'è ancora Vuoi continuare a vivere lì?», chiese Uli.

«Credo che in casa ci sia un po' più di spazio».

«Che ne è di quella dolce bambina? Rebecca? So che si era trasferita in Inghilterra per un po'. È mai tornata?».

«No, non è mai tornata. Non abbiamo sue notizie da allora», disse il padre di Christopher.

«E non ha mai scritto? Eravate così uniti».

«No, non ha mai scritto. Non ci ha neanche dato il suo indirizzo».

«Mi dispiace, Christopher. Dev'essere stata dura perdere un'amica così», commentò Uli. Christopher si passò la bottiglia di birra da una mano all'altra prima di portarla alle labbra.

«L'abbiamo superata. Adesso ha persino una nuova ragazza, vero?»

«No», disse. «Ogni volta che ne nomino una, mio padre pensa subito che sia la mia ragazza».

«Non ti preoccupare. Fa lo stesso anche con me, e ho trentasei anni».

«A proposito, quando ti sposi, Uli? Cos'è successo a quella ragazza, Angela?», chiese il padre di Christopher.

«Faceva troppe domande. Ascolta, fratello, mi sposerò quando ti sposerai anche tu, va bene?»

«Mi sono già sposato».

«Sì, ma sei rimasto solo per quasi tredici anni. Come va la vita sentimentale di vostro padre? Mai trovato strane donne a colazione?»

«Deve farle sgattaiolare via prima che io e Alex ci alziamo». Alexandra uscì e si diresse subito verso Uli.

«Principessa, stai diventando troppo grande per sederti ancora sulle mie gambe. Hai sedici anni».

«Posso ancora provare», disse lei, e si sedette su di lui.

Uli grugnì e sbuffò, facendo finta che lo stesse schiacciando.

«Va bene, Alexandra, basta così», disse il padre. «Siediti lì, per favore». Indicò la sedia in più.

«Stavamo parlando della vita sentimentale di tuo padre, o della sua assenza, in realtà. Che mi dici di te, Alex? Scommetto che una bella ragazza come te ha centinaia di ragazzi che le fanno la corte».

Christopher e il padre si piegarono entrambi in avanti. «Troppi per poterne scegliere uno. Non so decidermi».

«Ne ero certo. Assomigli proprio a tua madre, con quei boccoli biondi e gli occhi azzurro chiaro. Cerca solo di non finire anche tu con un uomo come lui». Il padre di Christopher contrasse le labbra in una smorfia e si stropicciò la nuca fingendosi infastidito.

«È pronta la cena?», chiese.

Entrarono, e la tavola era apparecchiata. Alexandra posò il roast beef con le patate al centro del tavolo. Christopher non pensava più a Rebecca da molto tempo, ma sentirla nominare lo rese taciturno, e rimase in silenzio per tutta la cena, a guardare gli altri parlare. Uli stava chiacchierando con Alexandra dei suoi progetti per l'università quando il padre intervenne. «Christopher, puoi sparecchiare la tavola, per favore?». Prese i piatti, assicurandosi di mettere da parte gli avanzi prima di posarli nel lavello. Uscì in giardino, cercò in tasca il pacchetto di sigarette e ne prese una. «Hai intenzione di fumare qui fuori?», chiese il padre.

«Sì».

«Be', se proprio vuoi concederti questo pessimo vizio, ti prego di andare in fondo al giardino. Almeno non dovremo sentire quella puzza».

Christopher si trascinò sull'erba senza rispondere. Stava calando la notte, e la luce grigia che circondava ogni cosa era così granulosa e fitta che gli sembrò quasi di poterla sentire tra le dita. Camminò verso la casa sull'albero e allungò una mano per toccarla, per passare le dita sulla superficie di legno. La vernice con cui lui e Rebecca avevano dipinto le pareti interne si stava scrostando, ma era ancora di quel rosso sgargiante che Rebecca aveva tanto voluto. Fece un tiro di sigaretta e guardò il fumo grigio levarsi nel cielo e mescolarsi con l'aria della sera. Si chiese che aspetto avesse ora. Ripensò al loro bacio, ma poi lo scacciò subito dalla mente. Erano ragazzini, allora. Non era più un ragazzino.

«Sai che il governo tedesco ha dimostrato che c'è un collegamento tra fumo e cancro? Lo stesso Hitler si è pronunciato apertamente contro il fumo», disse Uli alle sue spalle.

«Davvero?», chiese Christopher.

«Sì, il governo ha intrapreso una campagna nazionale contro il tabacco. Dicono che provochi malattie cardiache e che impedisca alle donne di restare incinte».

«Be', quando cercherò di restare incinta smetterò».

Uli sorrise e la sua mano scivolò lungo la cornice della finestra della casa sull'albero. «Non è stato facile costruirla».

«Ricordo ancora quando la vidi per la prima volta. La sensazione della vernice fresca sulle dita e quanto fu difficile aspettare che si asciugasse. Morivo dalla voglia di entrarci. Poche volte mi è capitato di sentirmi così, da allora».

«Sono felice di sentirtelo dire, ma forse dovresti uscire un po' di più invece di pensare solo al lavoro, eh?». Risero entrambi. Christopher gettò per terra il mozzicone e seguì suo zio in casa.

Le bottiglie di birra erano ammucchiate da una parte sul tavolo e il padre di Christopher aprì la bottiglia di brandy che aveva tenuto da parte. Era la prima volta che Christopher vedeva la sorella bere più di due bicchieri, e gli effetti del vino bianco si videro subito. Appena cominciò a chiedere al padre quando si sarebbe risposato e lo implorò di uscire con qualcuno, lui intervenne.

«Apprezzo la tua preoccupazione, ma credo che tu debba andare a dormire».

«Va bene». Alexandra si alzò. «Papà, mi porti in braccio come facevi sempre quando ero piccola?», disse allungando le braccia verso di lui.

«Credo che ormai sia un po' grandicella, per queste cose, e io sto diventando vecchio». Il padre si grattò la testa. «E penso anche che il vino ti abbia dato un po' alla testa».

«Oh, dài, papà, puoi ancora farcela. Ne sono sicura».

«Hai sentito la ragazza, Stefan, portala su per le scale», disse Uli.

«E va bene, vieni». La prese tra le braccia. Alex augurò a tutti la buonanotte con un cenno della mano e scomparve fuori dalla cucina e su per le scale aggrappata al padre.

Cinque minuti dopo, il padre di Christopher tornò in cucina, facendo finta di asciugarsi una goccia di sudore dalla fronte. «Mi ha chiesto di leggerle una storia prima di metterla a letto, ma a un certo punto ho dovuto darci un taglio». Si sedette e Uli riprese a parlare.

«Hai una bella vita qui. Sì, quest'isola è davvero splendida, un posto meraviglioso. Ma sarete sempre stranieri, vero? Resterete la famiglia tedesca che vive su un'isola inglese», disse Uli.

«Quest'isola non fa parte dell'Inghilterra».

«Oh, andiamo, Stefan, sai che voglio dire».

«Abbiamo avuto qualche problema appena siamo arrivati, ma sono stati pochi, e ormai ne è passato di tempo», rispose il padre di Christopher, fissando l'oscurità della notte. «Ci ho messo un po' per convincere alcune persone che ormai la guerra era finita».

«Me lo ricordo», disse Uli, e sollevò il suo bicchiere di brandy. Fece ruotare quel liquido ambrato nel bicchiere per qualche secondo prima di berne un sorso. «Ti sei mai pentito di esserti trasferito qui?»

«No, non con quello che stava succedendo in Germania quando ce ne siamo andati, e soprattutto con quello che è successo da allora».

«Ma la Germania è cambiata adesso. È un Paese diverso da quello che avete lasciato».

Christopher si chiese se avrebbe dovuto dire qualcosa.

«Diverso come? Migliore o peggiore?», chiese il padre.

«Oh, molto, molto migliore», rispose Uli. «Non leggi i giornali?»

«Sì che lo faccio, fratellino. Li leggo ogni giorno».

«Allora devi aver saputo cosa sta accadendo nel nostro Paese. Questi ultimi anni, da quando Hitler è salito al potere, sono stati i migliori dopo tanto tempo».

«Ho letto che Herr Hitler ha bandito tutti i partiti politici a parte il suo, quello nazista».

«Sì, ma che vantaggi ci ha portato la democrazia, Stefan? Gli anni che hanno preceduto l'avvento di Herr Hitler e dei nazionalsocialisti sono stati i peggiori che la Germania abbia mai conosciuto. Il caos più completo. Ve ne siete andati appena in tempo, ma non siamo stati tutti così fortunati. Sono felice che non ci sia stato, fratello mio. E sono felice che i ragazzi non fossero lì, allora, ma adesso potrebbe essere uno splendido posto in cui crescere».

«Anche Jersey è uno splendido posto in cui crescere».

«Sì, lo era quando erano piccoli, ma guarda tuo figlio, non è più un bambino. Questa è un'isola, una piccola isola. Non può offrire loro tutte le opportunità che avrebbero in Germania».

«Non impedirei mai ai miei figli di fare ciò che vogliono. Sta a loro decidere, non a me».

«Molto bene, allora», disse Uli girandosi verso Christopher. «Che ne pensi dell'idea di tornare in Germania?».

«È la tua vita, Christopher. Non posso dirti cosa fare. Sei un uomo ormai».

Christopher sentiva gli occhi del padre guizzare intorno alla sua testa come girini in un bicchiere. Entrambi gli uomini aspettavano con ansia la risposta. E non era facile sapere cosa dire. L'idea di avere nuove opportunità era bella, intrigante, ma lasciare Jersey? «Sono sicuro che sarebbe una magnifica esperienza. Voglio dire, amo Jersey, ma vivere a Monaco, o a Berlino? Sarebbe incredibile. Ma dove potrei lavorare?»

«Sono certo che troveresti un posto alla banca centrale. Ormai sono quasi sette anni che io lavoro lì», disse Uli.

«Sarebbe fantastico vivere in Germania. Ma non avevo mai valutato seriamente l'idea di lasciare Jersey».

«Sai che altre persone, persone come Rebecca Cassin, non potrebbero mai avere queste le opportunità in Germania?», gli chiese il padre.

«Cosa? Di che stai parlando?», disse Christopher. Uli mandò giù un lungo sorso di birra. «Lei non è tedesca».

«Pensaci, Christopher. Non è perché non è tedesca. È perché è ebrea».

«Non lo sapevo», commentò Uli. «Ma che differenza vuoi che faccia? Ormai non si sentono né si vedono da anni».

Il padre di Christopher si chinò verso il fratello. «Leggo i giornali, Uli. Li leggo ogni giorno, e so che stanno togliendo agli ebrei tutti i diritti, li stanno totalmente escludendo dalla società. Ecco cos'è la nuova Germania, Christopher, una terra di opportunità per un'élite di persone». Si voltò verso il figlio. «Secondo le nuove leggi che hanno approvato, gli ebrei non sono più cittadini tedeschi e non possono sposare persone non ebree, gestire attività in proprio o avere proprietà... Quindi fa' la tua scelta, ma falla saggiamente».

«Non sapevo che Rebecca fosse ebrea. Non che questo sia un problema *per me*», disse Uli.

«Ma in Germania sarebbe un problema per lei, e dovrebbe esserlo anche per te, Christopher».

«Forse allora dovresti proprio tornare in Germania. È il solo modo per toglierti definitivamente dalla testa Rebecca», disse Uli ridendo.

Christopher avrebbe voluto ribattere che con Rebecca aveva già chiuso da tempo – che erano passati tre anni da quando se n'era andata – ma erano riusciti a guardare attraverso la sua anima come fosse la limpida birra nel bicchiere davanti a lui. Ora il ricordo di Rebecca tormentava la sua anima.

«Ormai non vedo Rebecca da tanto tempo», furono le uniche parole che riuscì a trovare.

«Ma se volessi stare con lei, non potresti farlo, non in Germania, comunque. Forse Jersey non può offrirti tutte le opportunità che troveresti in Germania, ma ha i suoi pregi».

«Non approvo le politiche naziste contro gli ebrei, in ogni caso», intervenne Uli. «Ma cosa posso farci? Il governo sostiene che è colpa loro se abbiamo perso la guerra, che sono nemici della Germania e in combutta con i bolscevichi».

«E tu cosa pensi, Uli?»

«Penso solo che mi ricordo di Mrs Rosenbaum, che viveva in fondo alla nostra strada, e mi ricordo il suo sorriso quando da piccoli ci regalava le caramelle. Ci sono così tante dicerie sugli ebrei, di questi tempi. Non le ho mai prese in considerazione. Non pensavo che potesse essere rilevante isolarli dal resto della popolazione».

Il padre di Christopher si alzò e si versò un altro bicchiere di birra prima di tornare a sedersi . «Ho letto cosa dice Hitler della Grande Guerra. Tutta questa storia dei "criminali di novembre" e della cospirazione sionista mi fa ridere, Uli, davvero. La "pugnalata alle spalle", il complotto ebraico, non c'è stato niente di tutto ciò. Alcuni degli uomini migliori che hanno combattuto con me in quel caos dimenticato da Dio e dagli uomini erano ebrei e leali cittadini tedeschi. Ernst Heppner, Hans Buchsbaum, Franz Bachner. Erano tutti ebrei, miei amici, e sono tutti morti».

«I nazisti non sono perfetti, tutt'altro, ma adesso le cose vanno molto meglio. È facile per te stare seduto a Jersey e giudicare quello che succede in Germania. Tu non c'eri quando le cose andavano in malora. Sei andato via».

«Sì, Uli, è facile stare qui seduti a giudicare la Germania e i nazisti, ed è per questo che non tornerò né incoraggerò Christopher o Alexandra a tornare, anche se è la terra in cui sono nati».

Il silenzio calò nella stanza. Christopher avrebbe voluto dire qualcosa per rianimare la conversazione, ma non riusciva a pensare. Si portò il bicchiere alle labbra e bevve un'altra sorsata di birra. Il padre trasse un profondo respiro e guardò l'orologio. «È ora che tu vada a dormire, Christopher», disse. Christopher si aspettava una proroga, ma non arrivò. Erano passati anni dall'ultima volta che l'aveva mandato a letto, ma appena guardò di nuovo suo padre capì, e si alzò da tavola. Anche Uli fece lo stesso e lo abbracciò come se volesse stritolarlo a morte.

«Buonanotte a tutti e due», disse mentre si allontanava. «Cercate di non uccidervi». Sorrisero entrambi. Christopher non disse nulla. Si voltò e camminò con passo deciso lungo il corridoio e su per le scale, sempre più esitante a ogni gradino. Gli sembrava che la sua mente fosse un'esile zattera in un mare in tempesta, e quando giunse in cima alle scale avvertì un senso di nausea che raramente gli era capitato di provare. Varcò a fatica la porta del bagno e si sedette sull'asse del gabinetto, con i pantaloni alzati e la testa tra le mani. Le palpebre si fecero sempre più pesanti e fu sopraffatto dal sonno.

Quando si risvegliò, guardò l'orologio. Erano passate più di due ore, e sentiva le gambe intorpidite. Il volto di Rebecca apparve davanti ai suoi occhi. Aprì il rubinetto dell'acqua fredda e si bagnò il viso. Sentì ancora le loro voci, sempre in cucina, e volle tornare di nuovo al piano di sotto. L'asciugamano era ruvido e freddo, e finì di asciugarsi rapidamente le mani contro la camicia mentre si avvicinava alla porta. Si fermò ad ascoltare i suoni della casa, come faceva sempre a quell'ora della notte. Si sentiva solo il vento che soffiava dolcemente e le voci attutite che trapelavano dalle assi del pavimento. Voleva scendere, fosse solo per augurare la buonanotte, anche se l'aveva già fatto.

Un raggio di luce filtrava su per le scale e lo seguì, a passo lento. Li sentì parlare e si sedette sull'ultimo gradino, perché non voleva interromperli. Li ascoltò. La conversazione si era spostata sulla loro madre, che era morta sei anni prima, sul padre, che era morto prima che Christopher nascesse, e sulla madre di Christopher.

«Tutti morti», disse Uli. Christopher si sporse oltre la ringhiera delle scale. La porta della cucina era aperta quanto bastava per lasciargli vedere Uli, seduto davanti a suo padre, nascosto dal muro. «Non ricordo la prima volta che incontrai Hannah, ero troppo piccolo». Vide Uli aspettare una risposta che non venne. «Era sempre così buona con me, e piaceva persino a nostro padre, persino a lui». La voce di Uli si affievolì e prese il bicchiere davanti a lui per bere un sorso di liquido ambrato.

«Lei era la sola cosa al mondo di cui non ho mai dubitato. Dicono che dovrei andare avanti. Ma non vedo perché».

Tutto il corpo di Christopher s'irrigidì.

«Forse è arrivato il momento di lasciarla andare. Sono passati tredici anni ormai, fratello. Non sei vecchio. Hai ancora una vita davanti».

«Forse, ma forse non voglio viverla senza di lei». Nessuno dei due parlò per alcuni secondi, finché il padre non continuò. «Comunque, non ho mai incontrato nessuno come lei, e portare una donna a casa, dai ragazzi... Non sono più bambini, lo so, ma non ce l'ho fatta. Quando ho conosciuto Hannah non ero molto più grande di quanto non lo fosse Christopher quando ci siamo trasferiti qui. Suo nonno era tedesco. Ma questo lo sai già».

«Sì, lo so».

«Neanch'io ricordo la prima volta che la incontrai. È come se ci fosse sempre stata, da quando sono nato».

«Non ho mai avuto una persona così speciale. Non ho mai avuto ciò che hai avuto tu».

«Puoi ancora averlo. C'è tutto un mondo lì fuori».

«C'è tutto un mondo anche per te».

«Christopher e Alexandra sono tutto ciò che mi serve. Christopher è...». Christopher si spostò per vedere meglio. «Siamo così simili», continuò il padre, «anche troppo, a volte. È per questo che ho preso quella decisione, a proposito di Rebecca. Quando se n'è andata, intendo». Christopher impietrì.

«Riguardo alle lettere?».

Sentì il corpo intorpidirsi, come se fosse stato gettato nell'acqua ghiacciata.

«Sì. Sapevo che i suoi sentimenti per lei lo stavano accecando. A volte mi sento in colpa. Ancora non sa che Christopher non ha mai letto le lettere che gli ha scritto. Le cose che diceva... Lo avrebbero distratto troppo. A volte sa essere una vera testa calda. Chissà cosa avrebbe potuto fare».

«Sono sicuro che hai fatto la cosa giusta. So che non è stato facile».

«Forse un giorno gliele mostrerò, quando sarà pronto». Il padre s'interruppe. La voce sommessa. «L'amavo come fosse figlia mia. Non so cosa darei per rivederla di nuovo qui, un giorno, e con Christopher, certo».

«E se nostro padre ti avesse fatto una cosa del genere? Impedirti di vedere Hannah?»

«Non ha mai avuto motivo di farlo».

«Ma se l'avesse fatto?»

«Non lo so, Uli, non lo so davvero. Credo che avrei trovato un modo per vederla. Credo...».

«Le mandi ancora dei soldi?»

«Non posso più. Si è trasferita, senza lasciare un altro indirizzo. Ho perso i contatti. Le avrò scritto almeno cinque volte, senza ricevere risposta, ma è scomparsa. Vorrei sapere dov'è. Mi sento in colpa per averla lasciata andare. Non sopporto il pensiero di non rivederla più. Spesso alludeva al fatto che sarebbe tornata, ma sapevo che non avrebbe mai potuto farlo. Se avesse avuto la possibilità di tornare, non avrei dovuto nascondergli le lettere».

Stavano ancora parlando, ma Christopher non li ascoltava più, sentiva solo il sangue pulsare nelle orecchie e i battiti del cuore scuotere il suo corpo come una scarica elettrica. Si alzò, risalì barcollando le scale e si chiuse in bagno. Si accovacciò a terra, con le braccia strette intorno al corpo. Pensò a Rebecca, a tutte le volte che aveva avuto bisogno di lui e lui non c'era. A tutte le volte che gli aveva teso la mano e lui non l'aveva afferrata. Christopher sentì bussare alla porta.

«Christopher, sei lì dentro?».

Aspettò qualche secondo, non sapeva cosa dire, ma poi sentì di nuovo la rabbia montare dentro di sé. «Lasciami stare».

«Christopher», disse il padre, la voce era più debole e distante, adesso. «Va tutto bene?».

Christopher balzò in piedi e spalancò la porta. Si ritrovò di fronte il padre. Christopher sembrava sul punto di vomitare. «Dove sono le lettere?», gridò. La testa del padre scattò all'indietro appena gli puntò il dito in faccia. «Dove sono le lettere di Rebecca?».

Il padre sembrava sconvolto. Trasse un respiro e schiuse le labbra ma non articolò alcun suono.

«Dove sono le lettere?». Christopher raddrizzò la schiena davanti a suo padre. Era più alto di lui. Non di molto, ma quanto bastava per guardarlo dall'alto in basso. Uli si precipitò su per le scale. «Ti ho fatto una domanda. Dove sono? Sono mie...». Afferrò il padre per il bavero.

«Non toccarmi», sibilò il padre a denti stretti. Christopher allontanò le mani. Una porta si aprì e Alexandra uscì dalla sua stanza, con gli occhi socchiusi e i capelli arruffati.

«Che succede?», chiese.

«Come hai potuto farlo?», ruggì Christopher. «Come hai potuto nascondermi le lettere di Rebecca? Aveva bisogno di me e io non c'ero. Le avevo promesso che le sarei stato sempre accanto...».

«Non è stato facile... Mi dispiace. Ho pensato che avresti dovuto smettere di pensare a lei e che avremmo dovuto tirare avanti. Te le avrei date quando...».

«Dove sono le lettere, padre? Dove sono le mie lettere?».

«Dammi solo l'opportunità di spiegare. Ho cercato di fare la cosa migliore per entrambi. Sai che l'ho sempre considerata come una figlia. Anch'io non avrei mai voluto perderla».

«Dove sono le lettere?».

«Abbiamo tutti bevuto un po' troppo, e forse sarebbe meglio se...».

«Se gli hai nascosto le sue lettere, dagliele, padre», intervenne Alexandra.

«Stefan, dagli le lettere», disse anche Uli.

Christopher rimase lì, a pochi centimetri dal padre. Non gli aveva mai parlato in quel modo.

«Vieni con me», disse lui, e passò accanto a Uli sulle scale e giù fino allo studio. Vi entrò e si fermò davanti agli scaffali sopra la sua scrivania. Allungò una mano verso una scatola rilegata in pelle dietro la foto della madre di Christopher. Aprì un cassetto, estrasse una chiave e l'aprì. Le lettere erano in cima. «Ho dovuto aprire le lettere per vedere se stava bene, e per trovare il suo indirizzo. Dovevo vedere...».

«Dammi le mie lettere, papà», disse Christopher. La rabbia aveva lasciato spazio a qualcosa di gran lunga peggiore. Gli porse la mano e il padre vi posò una pila di circa cinque lettere.

«Vai a letto, Christopher, è ora di...».

«No, papà, no. Non puoi più dirmi cosa fare».

Lasciò il padre lì nello studio, da solo. Passò accanto a Uli, ancora in piedi in cima alle scale, e proseguì verso la sua camera. Accese la luce, si sedette sul letto e dispose le lettere sulla trapunta. Sentì bussare alla porta.

«Va tutto bene?», chiese Alexandra.

«Sì, sto bene. Non posso dirti nulla adesso, Alex. Ne riparliamo domani». La sentì augurargli debolmente la buonanotte e andar via. Sollevò la prima lettera. Rebecca l'aveva spedita quasi tre anni prima. Estrasse il foglio dalla busta e lesse le prime parole, scorrendo rapidamente le righe in cerca delle informazioni più importanti, l'ansia di arrivare alla fine e passare alla lettera successiva quasi gli impediva di leggere attentamente ciò che diceva. Alcune frasi gli saltarono agli occhi. Lavorava come tata per sua cugina Mavis. Pensava spesso ai suoi genitori, ma non li aveva contattati. Era felice e diceva che non sarebbe mai potuta tornare a Jersey, anche se sperava di poterlo fare. Niente indirizzo. Il timbro postale sulla busta era di Londra.

Posò la lettera sul letto e aprì quella successiva, scritta in tempo per il Natale del 1934. Le diede una rapida occhiata e al centro trovò un indirizzo, un posto di Londra di cui non aveva mai sentito parlare. Le chiedeva di Alexandra e di suo padre. Diceva che gli mancavano entrambi, ma soprattutto lui. Strinse quel foglio delicato nel pugno, le parole che lei gli aveva scritto. Rivolse un ultimo sguardo all'indirizzo prima di passare alla lettera successiva, datata febbraio 1935. Le sue prime parole gli chiedevano perché non le avesse mai scritto. Immaginava fosse molto indaffarato, o che la sua lettera potesse essersi smarrita durante la spedizione. Le scriveva di nuovo il suo indirizzo a caratteri cubitali, decorati tutt'intorno da linee colorate e fiorellini blu. Stava bene e si stava godendo la sua vita a Londra. La lettera era breve. Alla fine gli chiedeva ancora di risponderle e gli diceva che magari quell'estate sarebbe potuto andare a trovarla.

Si abbandonò sul letto, con lo sguardo fisso sul soffitto, e la immaginò mentre scriveva quella lettera. Aprì la busta successiva. Aveva scritto solo poche parole.

12 maggio 1935

Caro Christopher,
ti prego rispondimi. Sono preoccupata. Non posso tornare da te, ma vorrei poterlo fare. Tuo padre mi ha detto che stai cercando di andare avanti, ma ti prego, fammi solo sapere che stai bene, che non mi odi.
Con amore,

Rebecca

Arrivò all'ultima lettera, scritta un anno e mezzo dopo.

13 novembre 1936

Caro Christopher,
non avrei mai pensato di scrivere una lettera del genere, perché finora non avrei mai potuto immaginare una vita senza te. Suppongo di essere stata ingenua a pensare che saresti stato sempre al mio fianco, persino quando ho lasciato Jersey, persino adesso, che sono seduta da sola in questa stanza, a Londra. Sapevo che ti saresti arrabbiato, quando sono partita senza salutarti e ho lasciato passare tanto tempo prima di scriverti, ma non avrei mai pensato che non mi avresti risposto, o che non volessi più vedermi. Ma capisco. Tuo padre mi ha spiegato tutto. So che non dev'essere stato facile avere a che fare con me. Ricordo ancora il giorno in cui ci incontrammo, quando mi trovasti in lacrime tra i cespugli, e credo che se mi guardassi oggi, mi troveresti ancora così, solo in un luogo diverso. Ma starò bene. Mi conosci, sono una combattente, e in questo momento della mia vita non potrei trovarmi altrove se non qui. Un giorno tornerò a Jersey e ci ritroveremo.
Mi manchi. Mi mancherai sempre.
Con amore,

Rebecca

La lettera cadde sul pavimento. Rimase seduto per qualche minuto prima di balzare in piedi. La notte, fuori, era un nulla oscuro.

Capitolo 7

Arrivarono alla Lehrter Stadtbahnhof, la stazione principale di Berlino, in una splendida mattina di aprile del 1938, tre giorni prima del matrimonio cui Christopher non avrebbe mai pensato di assistere. Uli aveva conosciuto un'insegnante di ventiquattro anni, Karolina. Si frequentavano da tre mesi. Erano rimasti tutti esterrefatti dal loro annuncio, tranne il padre di Christopher, il quale disse che ormai il fratello non avrebbe più potuto fare nulla per stupirlo.

Erano trascorsi sette anni dal funerale della nonna, e non tornavano in Germania da allora. Il padre di Christopher non tradì alcuna emozione nel vedere di nuovo la città in cui era nato. «Mi sembra di tornare a casa, davvero», disse Alexandra mentre scendevano dal treno.

«Amo Berlino», commentò il padre di Christopher con un lieve sospiro. «Ma questa non è più la Berlino che conoscevo». Un'orda di scolari li superò sulla banchina, indossavano le uniformi marrone chiaro della Gioventù hitleriana. Si fermarono e li guardarono passare.

Alexandra si strinse nelle spalle. «Non sono diversi dai nostri scout». Stefan non replicò e prese i bagagli. Lo seguirono mentre camminava verso una fermata del tram, che arrivò in una manciata di secondi, e salirono a bordo per raggiungere l'albergo. La nuova bandiera tedesca, la svastica nera al centro di un disco bianco su fondo rosso, era ovunque. Fuori dalla stazione ce n'erano più di una ventina, che ondeggiavano al vento e creavano ampi passaggi lunghi una decina di metri.

Il tram era affollato, e rimasero in piedi con i bagagli fra le gambe, aggrappati alle cinghie che pendevano dai pali sopra le loro teste. «È così eccitante», disse Alex. Christopher studiò i volti inespressivi dei pendolari. Un giovane appoggiato con nonchalance a un finestrino leggeva il giornale. La vignetta che campeggiava sulla prima pagina mostrava un uomo dai marcati tratti giudaici che uccideva un bambino in lacrime, e in fondo alla pagina spiccava il titolo: "Gli ebrei sono la nostra disgrazia". Christopher si spostò davanti alla sorella, tra lei e quel giornale, mentre il tram proseguiva la sua corsa.

Uli e Karolina li aspettavano nell'atrio dell'albergo, quando arrivarono. Karolina li abbracciò uno per uno. L'avevano vista solo in sbiadite fotografie in bianco e nero, e sempre con Uli. Lei e Uli in un ristorante, sorridenti e con un boccale di birra in mano. Lei e Uli sulle rive del Wannsee. Era una donna minuta, con lunghi capelli biondi e luminosi occhi azzurri. Era giovane e carina, e più grande di Christopher di soli cinque anni. Stefan avrebbe potuto essere suo padre. Christopher abbracciò Uli dandogli forti pacche sulle spalle finché lo zio non lo liberò per afferrare Alexandra e farla volteggiare nell'aria.

«È meraviglioso incontrarvi tutti, finalmente», disse Karolina. «Ci aspetta un pomeriggio denso di giri per la città. Non c'è tempo per riposare, temo. Quindi lasciate i bagagli al piano di sopra e tornate subito qui. È un problema, Stefan?»

«Tutt'altro, Karolina. Siamo così ansiosi di conoscerti che non vorremmo aspettare un minuto di più».

Posarono le valigie in camera e nel giro di cinque minuti si ritrovarono stipati nell'auto di Uli. Il padre di Christopher sedeva davanti, accanto a Uli.

«Non sono mai stata a Jersey», disse Karolina appena la macchina partì. «Mi piacerebbe molto, si direbbe splendida ma questa città dovrà sembrarvi abbastanza diversa».

«Molto diversa», rispose Christopher.

«È meraviglioso qui», disse Alex. «Non avrei mai pensato che potesse esistere una città come Londra, ma questa è persino più splendida».

Christopher già non seguiva più la conversazione. Riusciva solo a fissare fuori dal finestrino la magnifica città in cui sarebbe potuto crescere. Avrebbe potuto conoscere a menadito gli enormi viali brulicanti di macchine, tram e treni, invece di ammirarli a bocca aperta come un turista qualsiasi. Parcheggiarono la macchina e camminarono fino allo Stadtschloss, il palazzo reale e imperiale.

«Direi che può reggere abbastanza bene il confronto con il vostro Buckingham Palace, non trovate?», scherzò Uli. Alexandra camminava a braccetto con Karolina.

«È incredibile», disse Christopher.

Si avviarono verso l'Unter den Linden e la Porta di Brandeburgo, dove spettò a Uli fare da guida. «Eccola, la Quadriga della Vittoria», disse Uli indicando l'imponente struttura e il carro condotto da quattro cavalli sulla sommità. «Questo è il centro del Reich, il centro della nuova Germania». Avvicinò Karolina a sé. «Questo è il simbolo di un nuovo inizio per tutti noi». Karolina lo cinse con un braccio. «Voltatevi verso la Unter den Linden. Si allunga a perdita d'occhio».

I verdi alberi che costeggiavano la strada, inframezzati da bandiere del partito nazista, si susseguivano per chilometri.

«Oh, guardate», disse Karolina. «Il cambio della guardia, siamo fortunati». I soldati dalle uniformi grigie marciarono a tempo, con i lunghi fucili in spalla.

«Non ci tengo molto a vederlo, in realtà», disse il padre di Christopher.

«Va bene, Stefan, si sta avvicinando l'ora di cena, comunque. Vi porteremo in un posto speciale».

La sera era calda e limpida, e andarono a mangiare in un caffè all'aperto. La musica di un complessino li avvolgeva mentre mangiavano. Alcune persone si alzarono per ballare sul patio. Rebecca tornò a occupare i suoi pensieri. Non avrebbero mai potuto stare insieme in quel luogo strano e meraviglioso, tanto caldo e accogliente con lui, quanto ostile nei confronti di lei. *Non che adesso stiamo insieme, né ci staremo mai*. Non sapeva cosa provare.

Dopo cena, Uli invitò Alex a ballare, e nonostante lei si fosse rifiutata, la trascinò con sé. Karolina chiese a Christopher se poteva danzare con suo padre e non gli dispiacesse restare da solo. «Certo che no. Gli farà bene». Il padre di Christopher la prese per mano e l'accompagnò sul patio. Ballarono finché le luci non si accesero con uno sfarfallio e la sera si dissolse nell'oscurità della notte.

Festeggiarono l'addio al celibato di Uli la sera prima del matrimonio. Alexandra rimase con la famiglia di Karolina, mentre gli altri accompagnarono Uli e un'orda di suoi amici in giro per Berlino nella sua "ultima notte di dissolutezza", come la chiamava lui. Ma i trentasettenni amici di Uli sembravano più interessati a parlare dei figli, o del matrimonio del giorno dopo, che abbandonarsi alla dissolutezza che aveva in mente lo zio, almeno all'inizio.

Christopher era rimasto un attimo da solo quando Uli lo avvicinò.

«Ti stai divertendo con i vecchi?»

«Assolutamente sì», rispose Christopher facendo tintinnare il boccale di birra contro il suo. «E sembra che anche lui si stia divertendo», aggiunse indicando il padre, seduto in un angolo con due amici di Uli.

«È bello vederlo sfogarsi un po'». Uli si piegò verso di lui. «Cos'è successo a Londra? Non me ne avete più parlato. Non siete riusciti a trovarla?»

«No. Siamo arrivati a Londra qualche settimana dopo che le avevo scritto la mia prima lettera. Anche nostro padre aveva perso i contatti con lei alcuni mesi prima». Christopher si voltò e posò il boccale sul bancone alle sue spalle. «Rebecca non c'era. Siamo andati al vecchio indirizzo. La cugina, Mavis, era morta all'improvviso sei mesi prima. Il marito era tornato in Scozia ma non ha saputo darci un altro recapito».

«Che fine ha fatto Rebecca?»

«Nessuno lo sapeva. Come se non fosse mai esistita. Sembrava non la conoscesse nessuno».

Il padre di Christopher, che non poteva sentire cosa si stessero dicendo, scoppiò in una fragorosa risata per qualcosa che aveva detto l'uomo alle sue spalle. «E che mi dici di lui?», chiese Uli. «Adesso le cose vanno meglio tra voi?»

«Ora sì. C'è voluto del tempo. Ha ammesso di aver commesso un errore, e che non avrebbe mai dovuto nascondermi le lettere».

«E ha tentato di porvi rimedio. Non è una cosa che avrebbero fatto in molti».

«No, infatti. Al mondo non esistono molti uomini come lui».

«È arrivato il momento di dimenticare Rebecca Cassin».

«Sì, non faccio che ripetermelo».

A cena Christopher si ritrovò seduto tra suo padre, che sembrava sinceramente intenzionato a divertirsi, e un amico di Uli, Werner, un avvocato originario di Dresda.

«Allora, che te ne pare di Berlino? Gran bella città, vero?». La svastica appuntata sul petto indicava che era un membro del partito. La portavano in molti.

«È incredibile», disse Christopher. «Non ho mai visto un posto del genere».

«Era così diversa, solo pochi anni fa. Prima dell'avvento dei nazionalsocialisti, quando la minaccia bolscevica incombeva ancora su di noi. Sono stati tempi terribili. Sono felice che non ci siate passati. Capisco perché tuo padre abbia deciso di portarvi via da qui».

«Abbiamo avuto una splendida vita a Jersey».

«Ho parlato con tuo padre poco fa, sembra il luogo più bello del mondo, ma non ti senti scombussolare dalla sferzata di vitalità che questa città sa trasmettere?»

«Qualcosa mi scombussola, in effetti».

«È un'esperienza incredibile essere tedesco di questi tempi. Dovresti tornare qui e partecipare a questa rivoluzione. Noi del partito stiamo cercando di cambiare il mondo, di creare un futuro migliore». Sollevò il bicchiere di birra e ne bevve una lunga sorsata. «Non bisogna necessariamente iscriversi al partito. Tuo zio dice che non lo farà mai, ma è il tedesco più patriottico che si possa incontrare».

«Lo so».

Sembrava che Werner lo ascoltasse appena. «È una grande rivoluzione, una magnifica rivoluzione senza spargimento di sangue. Guarda questa città, tutto è di nuovo in ordine, tutto è pulito, e le persone hanno ricominciato a lavorare. Finalmente si può essere di nuovo orgogliosi di essere tedeschi». Werner lo guardò, molto probabilmente per ricevere uno spunto che gli consentisse di continuare. Ma Christopher non aveva voglia di offrirgliene. Voleva chiedergli per quale motivo non avessero tutti la possibilità di far parte di quella meravigliosa società, ma non lo fece.

«Perché pensi che lo faccia? Cosa c'è di così speciale in Karolina?».

Werner portò il bicchiere di birra alle labbra. «Credo che il tempo non perdoni nessuno, prima o poi, Christopher. Tu sei giovane, ma un giorno capirai. Ci sposiamo tutti per ragioni differenti: chi per amore, chi per soldi o potere, chi per non essere dimenticato o restare indietro». Offrì una sigaretta a Christopher prima di accenderne una. «Ma ormai ho incontrato Karolina diverse volte. È una donna splendida, e renderà Uli molto felice». Uli stava mandando giù l'ultimo di tre bicchieri di vodka liscia.

«Tu perché ti sei sposato, Werner?»

«Credo per ognuna di queste ragioni, amico mio, ognuna di queste ragioni».

Capitolo 8

Christopher si destò da un sonno profondo e senza sogni e subito la sentì accanto a lui, all'indomani del suo ventesimo compleanno. Era sdraiato sulla schiena, lei su un fianco, di spalle. Sollevò il lenzuolo e vide il dolce profilo della sua schiena mentre giaceva con le gambe rannicchiate, che sfioravano appena i gomiti intrecciati davanti a lei. I delicati capelli biondi erano sparsi sulle spalle, sulla pelle ambrata. Non si era mai accorto di quanto fosse minuta, di quanto fosse fragile. Avvicinò una mano per toccarle i capelli ma si fermò. Ritrasse la mano e la lasciò ricadere sulla propria pancia. Lei allungò le gambe con un respiro profondo, quasi pesante, e le attirò di nuovo a sé. Christopher rimase immobile, non poteva andarsene, perché erano nella sua stanza, nell'appartamento che condivideva con il suo amico Tom. Si mise seduto, più per un riflesso contro il dolore che altro, e Sandrine si mosse accanto a lui. Si rigirò verso di lui e aprì gli occhi con una grazia che non aveva mai visto prima.

«Buongiorno», disse lei.

«Buongiorno», rispose. Tossì e si voltò. Molti lunghi secondi trascorsero senza che parlassero. Si guardò alle spalle, verso Sandrine, che si rigirò sulla schiena. Avrebbe voluto poter dire qualcosa, o che lo facesse lei. Alla fine si alzò dal letto, nudo, e si coprì con un asciugamano.

«Come ti senti oggi?», si sentì dire.

«Bene, e tu?». La sua voce era piatta, quasi indifferente.

Una pioggerella fine e costante batteva sui vetri, alterando la visione del mondo circostante. «Sì, sto bene». Christopher s'infilò le mutande e, per qualche ragione, prese un pettine. Lo posò subito. Si sentì bussare alla porta. «Sì?», disse lui.

«Hai visite. È venuta a trovarti tua sorella», disse Tom, e si chiuse la porta alle spalle.

«Mia sorella, Alexandra, è qui per...».

«Ho sentito», disse Sandrine. «Me ne vado, dammi solo un istante per cambiarmi».

«Lascia che vada a parlare con lei. Torno subito. Mi dispiace davvero». Sandrine piegò le ginocchia al petto e la coperta si sollevò fino alle clavicole, avvolgendola. Christopher s'infilò i pantaloni e si sedette di nuovo sul letto. Allungò una mano verso di lei, accarezzandole il volto. Era una bella sensazione. La sua pelle era calda, vellutata, e Sandrine si appoggiò al suo palmo. «Sandrine, mi dispiace. Forse la notte scorsa è stato un errore, non lo so».

Di nuovo sentirono dei colpi alla porta, più forti adesso. «Tua sorella dice che è importante».

Ritrasse la mano e si avviò verso la porta. «Lasciami vedere di che si tratta. Torno subito». Si abbottonò la camicia e aprì la porta, quanto bastava per scivolare fuori prima di richiuderla alle sue spalle. Alexandra era seduta al tavolo della cucina con Tom, che sembrava nervoso e subito si congedò per andare nella sua stanza appena Christopher si sedette.

«Che c'è? Va tutto bene? Sembri...».

«Devi venire subito con me», rispose. «Sei pronto? Sono venuta a prenderti in macchina...».

«Cos'è successo? Riguarda nostro padre?»

«Lui sta bene. Si tratta di altro. Non posso parlartene adesso. Devo fartelo vedere. Per favore, preparati e vieni con me». Christopher tornò nella sua stanza. Sandrine era vestita, e seduta sul letto.

«Devo andare. Temo ci sia qualcosa che non va».

«Di che si tratta?». Sandrine sembrava sinceramente preoccupata.

«Non lo so. Non me l'ha voluto dire, ma devo andare via subito». S'infilò gli stessi calzini della sera prima. «Perdonami, ma devo chiederti di andare».

«Sono pronta. Uscirò con te».

Christopher lasciò cadere i lacci delle sue scarpe, ancora sciolti.

«No, fuori c'è mia sorella. Sta succedendo qualcosa di strano. Non voglio turbarla».

«Turbarla? Di cosa stai parlando? Ti vergogni di me?».

Adesso era in piedi, e Christopher girò intorno al letto per andare da lei e prenderla per le braccia. «No, certo che no, è solo che non voglio complicare le cose. Se davvero c'è qualcosa che non va...». Abbandonò le mani lungo i fianchi. «Ti prego, ti dispiace uscire dopo che ce ne saremo andati?».

«Magari potrei sgattaiolare dalla finestra e calarmi giù dalla grondaia, che ne pensi?».

«Adesso non ho tempo per questo», disse. Sandrine si sedette di nuovo sul letto. Lui mise una mano sulla maniglia della porta e si voltò. «Mi dispiace. Devo andare. Possiamo parlarne più tardi?»

«Certo. Vai. Spero che vada tutto bene». La voce era distante, come se fosse nella stanza accanto e stesse parlando attraverso la parete.

«Ok. Ciao». La lasciò lì, da sola sul suo letto.

Accompagnò Alexandra fuori dalla porta e giù per le scale fino alla strada. Lei aprì il suo piccolo ombrello per raggiungere la macchina.

«Che c'è, Alex? Cosa sta succedendo?»

«Non lo so neanch'io. Nostro padre mi ha chiesto di passare a prenderti, dice che deve parlare a entrambi e che è molto importante. È tutto ciò che so, giuro». Inserì la chiave nel quadro e la macchina si accese con un rombo. «Christopher, con chi stavi parlando? C'era qualcuno in stanza con te?»

«No, certo che no. Forza, andiamo a casa».

Non parlarono per tutto il tragitto verso casa. Pensò a Sandrine, da sola nella sua stanza, e la immaginò chiudersi la porta alle spalle mentre si incamminava verso casa.

La pioggia si era diradata quando Alex fermò la macchina nel vialetto. La aspettò davanti alla porta d'ingresso prima di aprirla ed entrare nella casa silenziosa. Lei gli fece cenno di proseguire verso la porta della cucina, in fondo al corridoio.

Rebecca era seduta al tavolo. Era più alta, adesso, poco più di un metro e settanta, forse, e gli arrivava alle spalle. L'immagine di lei che Christopher aveva custodito nella mente non si avvicinava neanche alla splendida donna di fronte a lui. Indossava un abito lungo e un cappello da signora, come le silhouette sulle riviste di moda che sfogliava sempre Alexandra.

«Sorpresa», sussurrò. Baciò Christopher sulla guancia e gli gettò le braccia al collo. C'era un giovane con lei. Era biondo, con un volto abbronzato che gli sembrava in qualche modo familiare. Il giovane la osservò mentre lei si scostava da lui. «Christopher, ti presento Jonathan. Jonathan, lui è il mio più vecchio e caro amico, Christopher Seeler».

Jonathan si alzò. La sua stretta di mano fu salda, e tornò a sedersi senza dire una parola.

«Allora?», disse Stefan. «Che ne pensi della sorpresa?»

«È meravigliosa». *Chi è quest'uomo?*, pensò. *Che ci fa in casa di mio padre?* «Cosa ci fate qui?»

«Siamo sbarcati dal traghetto la notte scorsa». Era truccata. Non l'aveva mai vista truccata. Le sue labbra dipinte brillavano di rosa, e il cappello giaceva sul tavolo della cucina accanto alla sedia su cui era seduta, accanto alla sedia su cui si era sempre seduta.

«È così bello vederti, e conoscere anche te, Jonathan», disse Christopher, e si scostò da lei. «Quanto tempo è passato?»

«Quattro anni. Abbiamo tanto da raccontarci...», rispose lei.

«Dove sei stata? Noi...».

«Siamo capitati a Londra», lo interruppe il padre. «Siamo venuti a cercarti all'indirizzo che ci avevi dato nelle tue lettere. Ma non c'eri. Era il giugno del 1937, un anno fa».

«Siete venuti a cercarmi? Mi sono trasferita a Southampton nel febbraio del '37. Jonathan mi ha aiutato a trovare un lavoro e un posto in cui vivere». Jonathan la cinse con un braccio. «Non posso credere che non siamo riusciti a incontrarci», continuò lei. «Sarebbe stato così bello vedervi».

«Vieni, Alex, lasciamoli parlare un po'», disse suo padre.

«Be', speravo di andare a fare una passeggiata», disse Rebecca. «Magari giù alla spiaggia, alla Criniera del Leone o al Cavallo Imbizzarrito?».

Jonathan era ancora seduto. «Dove si trovano questi posti, Rebecca? Non ho mai passato molto tempo in questa parte dell'isola».

«Sei di Saint Brélade?», chiese Christopher, nonostante sapesse bene di dove fosse Jonathan Durrell, il figlio dell'ex balivo dell'isola di Jersey. Tutti conoscevano la residenza dei Durrell.

«Sì, proprio così», rispose lui. «È stato strano arrivare fino a Londra per poi incontrare una ragazza della mia isola, la ragazza che sto per sposare, ma Rebecca mi ha affascinato dal primo istante in cui l'ho vista».

«Non piove troppo. Possiamo andare a fare una passeggiata», disse Christopher. Si sentiva ridicolo. Ed era ridicolo sentirsi così, sentir fremere dentro di sé la pungente fitta di gelosia che lo squarciava. Era difficile restare lì, eppure aveva sognato di rivederla per tutto quel tempo.

Li condusse fuori dalla casa, nella luce del mattino. Guardarla lo faceva sentire a disagio. Era più bella che mai. Imboccarono la strada che portava al mare, la strada che passava accanto alla casa dei suoi genitori. Rebecca era in mezzo a loro due mentre camminavano. Pensava che sarebbe stato più facile.

«Mi sei mancato così tanto in tutti questi anni», esordì Rebecca.

Poteva ancora sentire il corpo di Sandrine contro il suo, e immaginò Jonathan Durrell inginocchiarsi davanti a Rebecca per chiederle di sposarlo. «Quindi vi sposerete? È meraviglioso».

«Sì, siamo tornati per questo. All'inizio vivremo in casa, finché il mio studio non sarà avviato, e poi ci troveremo una sistemazione tutta nostra», rispose Jonathan.

«Congratulazioni», si sentì dire. «Sono felice per entrambi».

La casa dei genitori di Rebecca apparve davanti a loro. La porta d'ingresso era stata ridipinta da poco. «Vi lascio parlare. Passerò di nuovo per casa». Jonathan strinse ancora la mano di Christopher e s'incamminò sul vialetto.

Christopher non vi metteva piede da più di dieci anni.

«Conosce i tuoi genitori?»

«Sono venuti a trovarci due volte, lo scorso anno».

«Le cose sono cambiate. Come va con loro?»

«Meglio. È stato tutto più facile, non vivendo lì, non dovendo assistere a...». Trasse un profondo respiro e continuò. «Sono felice di essere andata in Inghilterra. Ho dovuto farlo. Mia cugina, Mavis, non ha voluto vederli, quando sono venuti. Ha detto che erano interessati a noi solo perché Jonathan mi faceva la corte, e che erano lì solo per vedere cosa avrebbero potuto ricavarci. Ma tutto è cambiato quando lei è morta e mi sono trasferita a Southampton».

Christopher non replicò. Il vento si stava alzando e spazzava il canale. Si chiese se le fosse ancora familiare. La sabbia umida della spiaggia era dura sotto i loro piedi. «Mi sei mancata così tanto quando sei partita».

«Perché non mi hai mai scritto? Non ho mai capito…».

«Mio padre mi ha nascosto le lettere. Ho saputo della loro esistenza solo per caso. Una notte ho sentito che ne parlava con Uli».

«Cosa?». Smise di camminare. Il suo volto si contrasse. «Non hai mai ricevuto le mie lettere?»

«Le ho lette per la prima volta l'anno scorso. Quando ormai ti eri già trasferita».

«Questo cambia parecchio… le cose». Disse lentamente, quasi in un sussurro.

«Quando ho scoperto che mio padre aveva intercettato le tue lettere, ho capito che ti avevo deluso, perché ti avevo detto che sarei sempre stato al tuo fianco, qualsiasi cosa fosse successa».

«Avevi quindici anni, avevi già fatto così tanto. Non ce l'avrei mai fatta senza di te». Lo prese per mano. Sembrava sbagliato, ma il piacere che provò fu innegabile. Il pensiero di Sandrine lo travolse, e la parte razionale di sé tentò di concentrarsi su di lei, invece che su Rebecca. «Ti ho pensato così tanto da allora. Non ti ho mai dimenticato. Jonathan non ha avuto vita facile, per essere alla tua altezza. Non avrei mai pensato che saremmo arrivati a questo, io e te insieme, di nuovo su questa spiaggia, e che sarei tornata a vivere con i miei genitori».

«O che ti saresti sposata con il figlio dell'uomo più ricco dell'isola?»

«Sì. A volte sembra un sogno. Mi sembra quasi che possa svegliarmi da un momento all'altro e ritrovarmi sulla casa sull'albero con Alexandra».

«È ancora lì, sta in piedi per miracolo. Uli fece un gran bel lavoro. Sai che si è sposato?». Moriva dalla voglia che lei colmasse la distanza tra loro, prendesse il suo volto tra le mani e lo baciasse. Parlarono per altri dieci minuti o giù di lì, finché Jonathan non tornò a prenderla per accompagnarla al pranzo di fidanzamento.

Christopher non si mosse e li guardò incamminarsi verso casa. Si sedette sulla spiaggia, da solo, finché dal mare non venne la burrasca e ricominciò a piovere.

Capitolo 9

Trovò il biglietto due giorni dopo, sotto la porta. Tom si stava chinando per raccoglierlo quando Christopher lo fermò. Era un foglio di carta ripiegato. C'era scritta una sola frase. "*Gunde de viznay bin Lion's Mane shces*". Non era firmato. Non ce n'era bisogno. Christopher lo strinse nel pugno. *Sta per sposarsi. Che c'è di male se ci incontriamo?* Tom gli chiese di chi fosse, strofinandosi il mento rasato con tre dita.

«È di Rebecca. Vuole che ci vediamo».

«Sta' attento. È fidanzata, e non con uno qualsiasi, con Jonathan-Durrell-in-persona».

«So cosa sto facendo», ribatté Christopher. Non accennò al biglietto con suo padre, anche se avrebbe voluto. Sapeva cosa avrebbe detto, e sapeva che avrebbe avuto ragione.

Arrivò dieci minuti prima e Rebecca già lo aspettava. Indossava un vestito nuovo che faceva risaltare le sue curve. Christopher portò le mani alla cravatta e la strinse mentre si avvicinava. Il suo volto lo ammaliò. I suoi occhi lo richiamarono a sé come il canto delle sirene. Era seduta su una roccia che si affacciava sulla Criniera del Leone, una roccia sporgente a circa ottocento metri dalla casa dei suoi genitori, lungo la costa.

«Christopher, hai un aspetto meraviglioso. Non so dirti quanto sia splendido essere di nuovo qui con te».

«Perché abbiamo chiamato questo posto "Criniera del Leone"? Sembra più un mazzo di carote nere che fende il mare».

«Immagino che "Criniera del Leone" suonasse meglio. È più musicale».

Erano entrambi rivolti verso l'incanto inesauribile del mare. Era difficile sapere come proseguire. Avevano tanto da dirsi. «Parlami della tua vita in Inghilterra. Dove stavi?»

«Mavis viveva a Kensington. Era sposata con un magistrato, e vivevo con loro e il bambino, Alfred. Ho lavorato come tata in cambio di vitto e alloggio, prima di trovare lavoro in uno dei ristoranti del posto. È stato terribile quando è morta. È stato improvviso. Sono felice di non esserci stata, l'ha trovata Edward».

«Cos'è successo dopo il funerale?»

«Avevo incontrato Jonathan alcuni mesi prima. A quel tempo stavamo già insieme, anche se non mi sentivo ancora pronta per il matrimonio». Le sue parole lo trafissero come lame di rasoio. Tentò di non darlo a vedere, e se pure vi fece caso non s'interruppe. «Mi ha trovato lavoro in uno yacht club, e un appartamento con altre ragazze che lavoravano lì. Ci ho vissuto per più di un anno, e adesso sono di nuovo qui, con te».

«Com'è andata quando sei partita? Avevi solo quindici anni. Dovevi essere terrorizzata».

«Lo ero, all'inizio, ma adesso credo che avrei potuto affrontare qualsiasi cosa. Mavis è stata così buona con me. È stata come una madre e un padre, più di quanto non lo siano mai stati i miei veri genitori. Le devo così tanto».

«Ma adesso tornerai a vivere con i tuoi».

«Solo per poco», ribatté. «Le cose adesso vanno meglio, la maggior parte del tempo, almeno. Mio padre non osa alzare un dito su di me. Sa che altrimenti darebbe una cattiva impressione ai Durrell, i suoi nuovi beniamini. Mi disgusta vedere come mia madre e mio padre si affannino per compiacerli, ma sono pur sempre i miei genitori, non posso rinnegarli». Rebecca fissava la distesa d'acqua di fronte a loro. Il sole dei primi di giugno faceva risplendere le onde, che sembravano impennarsi sul mare come glassa dorata su una torta gigante. «Bevono di meno, adesso, anche se è difficile immaginare che potessero farlo di più. Ho visto gli effetti che l'alcol ha avuto su di loro. Dall'aspetto sembrerebbero i miei nonni, più che i miei genitori. Erano così belli un tempo, almeno a giudicare dalle vecchie fotografie che ho visto».

Christopher era seduto sulla roccia accanto a lei, la sua mano era solo a pochi centimetri da quella di Rebecca. «Ero così sconvolto quando te ne sei andata. Ricordo di aver pensato che la mia vita fosse finita. Ora sembra così ridicolo, cosa si pensa da ragazzini...».

«No, non lo è». Ancora non si erano sfiorati. «No, Christopher, eravamo il centro del nostro mondo, l'uno per l'altra. È una cosa dolce, a pensarci».

«Ma eravamo giovani, allora».

«Sì, certo, nulla resta come prima».

«È buffo, pensavo che nulla sarebbe cambiato. Sembra che niente possa cambiare su quest'isola».

«Sono tornata, no?»

«Sì, infatti, e sei fidanzata, stai per sposarti. Forse hai ragione, dopotutto». Gli fece bene ripetere che era fidanzata. Dirlo ad alta voce tracciava una linea di confine che entrambi avrebbero dovuto tenere d'occhio, che entrambi avrebbero dovuto rispettare. «Allora, come vi siete incontrati? Dove eravate?»

«Ti ho raccontato che lavoravo come cameriera in un ristorante. Una mia amica ci ha presentato quando ha sentito che anche lui era di Jersey. Non posso dire di aver pensato molto a lui, all'inizio». La sua voce era priva di sentimento, come se stesse ripetendo una storia che aveva provato tante volte, e adesso gliela stesse recitando. «Ma mi ha preso per sfinimento, come fanno sempre gli uomini, immagino. Ha scoperto dove vivevo e ha cominciato a mandarmi fiori, ha persino fatto amicizia con Edward, il marito di Mavis, per potermi conoscere meglio».

«Lui com'è? Ho sentito che i suoi genitori sono molto stimati, qui sull'isola. Non li ho mai incontrati di persona, ma mio padre sì».

«Non è estroverso come loro. È schivo, e sa essere piuttosto austero, immagino, ma è stato così buono con me in Inghilterra. Sono sicura che sarà un marito perfetto».

«Congratulazioni».

«Grazie. Che mi dici di te? Scommetto che ti danno la caccia tutte le ragazze dell'isola. Sei diventato così affascinante», disse lei. Gli mise una mano sulla spalla, e l'allontanò altrettanto rapidamente.

«Oh, sì, tutte le ragazze dell'isola. È dura, sai, riuscire a tenerle a bada per evitare che sveglino la mia famiglia ogni notte. Ce ne sono parecchie accampate davanti casa mia».

«No, dico sul serio, ho sentito che stai frequentando quella ragazza del Red Lion, Sandrine? Non l'ho incontrata, ma ho saputo che è molto carina».

«"Frequentare" è una parola grossa».

«Adesso sembri proprio Uli. È questo che vuoi diventare, uno scapolo impenitente?»

«È sposato adesso».

«Sai cosa voglio dire. Non eludere la domanda, Signorino Seeler».

«Mi sembra di essere interrogato dalla polizia. Diciamo solo che sto ancora aspettando di incontrare la ragazza giusta. Sandrine è adorabile, una persona davvero incantevole, ma... Non credo sia quella giusta, non in questo momento, almeno». Il sole era scomparso, nuvole plumbee minacciavano la terraferma dal mare. Trasse un profondo respiro. *Cos'ho da perdere?* «Credo di aver pensato che fossi tu quella persona... So che suona ridicolo, ora che hai trovato l'uomo con cui vuoi passare la vita».

«Oh, Christopher, sei così dolce. Qualsiasi ragazza sarebbe fortunata ad averti, davvero. Forse le cose sarebbero potute andare in modo diverso...». Lui si alzò, e Rebecca lo afferrò per un polso. «Siediti, te ne prego».

«Allora, quando sarà il gran giorno?»

«Non abbiamo ancora fissato la data». La sua voce giunse in un sussurro, stavolta, quasi fosse spazzata via dal vento. «Non ti sto compatendo, non ce n'è bisogno. Ti ho amato per così tanto tempo, ma pensavo che non sarei mai tornata. Quando non hai risposto alle mie lettere... ho provato a dimenticarti. Ho pensato che fosse la cosa migliore, soprattutto per te. Non potevo continuare a ostacolarti. Tuo padre ha fatto la scelta giusta».

«Non mi hai mai ostacolato».

«Me ne sono andata, Christopher. Non volevo che abbandonassi la tua casa, la tua famiglia, per seguire me. Non ero pronta ad affrontare una cosa del genere. Era un momentaccio».

«Capisco». *Non avrebbe mai potuto esserci motivo migliore per andarmene da qui*. «Le cose tra me e mio padre vanno meglio, adesso. C'è voluto del tempo».

«Ne sono felice». Cominciò a piovere, dapprima una pioggerella fine che li fece alzare, poi un diluvio che impregnò i loro vestiti mentre si affrettavano verso casa. Rebecca si tolse i tacchi e corse a piedi nudi davanti a lui. Si fermò davanti alla casa dei genitori per aspettarlo. Pioveva ancora a dirotto, e Rebecca aveva i capelli incollati alla testa mentre parlava, rivoli d'acqua accarezzavano la pelle vellutata del suo viso: «Vieni dentro, i miei genitori non ci sono. Fidati, sono fuori». Corse in punta di piedi sul vialetto. Lui rimase immobile. Rebecca spinse la porta d'ingresso e scomparve all'interno.

Lasciò la porta aperta per lui. Christopher la seguì. La lampada era accesa e rischiarava l'oscurità della sera con una debole luce. Non aveva mai visto nulla di tanto bello quanto lei. Senza pensarci due volte, l'afferrò e la strinse a sé. Sentì le sue braccia avvolgersi intorno a lui. Christopher posò le mani al centro della sua schiena e sentì tra le dita le increspature bagnate del vestito. La pioggia tamburellava sul tetto e sulle finestre, ma erano al sicuro, nella casa dei genitori di Rebecca. *Di tutti i posti in cui rifugiarsi*... Passò un minuto prima che Rebecca piegasse indietro la testa e si sciogliesse dal suo abbraccio. «Dovremmo asciugare i tuoi vestiti», mormorò lei.

Lo condusse lungo il corridoio, la carta da parati sembrava nuova, così come il tappeto che rivestiva i gradini. Christopher si fermò ai piedi delle scale e Rebecca gli fece cenno di seguirlo. Le scale erano semibuie, c'era solo la lampada che brillava tenue alle loro spalle. Lei raggiunse la porta della sua stanza, e posò la mano sulla maniglia. Non era mai stato in camera sua. Rebecca aprì la porta e lui vide il suo letto di ferro sotto la finestra, ancora sfatto dalla sera prima, e una vecchia cassettiera con uno specchio sopra. Nessuno dei due parlava. Lei allungò le braccia verso di lui e gli strinse le mani sollevandole perché potessero vederle davanti ai loro volti. Christopher sentì il suo respiro accelerare, e così quello di lei. Rebecca alzò le braccia in aria. «Puoi aiutarmi?», sussurrò, e lui si piegò in avanti per slacciare uno per uno i gancetti lungo la sua schiena e la cinta. Restarono in silenzio per tutto il tempo, e quando provò a far scivolare il vestito lungo le sue spalle, lei lo fermò con un sommesso «Non così», e glielo sfilò dalla testa. Allo stesso modo le sfilò la sottoveste, e quando Rebecca abbassò le braccia per tenderle verso di lui, indossava solo reggiseno e mutande. Strinse le dita sulla sua cravatta e gliela strattonò via, poi cominciò a dedicarsi alla camicia. Slacciò meticolosamente ogni bottone, e una volta aperta gli tolse la camicia svelando il petto nudo. Rebecca prese un asciugamano dalla sedia alle sue spalle e gli strofinò il torace e le braccia, scivolando lentamente fino ai capelli. Era a pochi centimetri da lui, e gli passò l'asciugamano. Christopher le asciugò prima le braccia, poi i capelli, e infine il seno e la pancia liscia.

Le restituì l'asciugamano, e lei lo posò di nuovo sulla sedia. Rimasero immobili per qualche secondo. Christopher si chiese cosa fare. Rebecca allungò le braccia verso di lui e gli slacciò la cinta, lasciandola cadere a terra con un tintinnio. Lo aiutò a sbottonarsi i pantaloni e li fece scivolare fino alle caviglie. Christopher sollevò prima un piede, poi l'altro, e lei li raccolse per lanciarli attraverso la stanza. Poi gli tolse le mutande, lasciandolo nudo. Piegò le braccia dietro la schiena e slacciò i gancetti del reggiseno. Si sfilò la biancheria intima e restò nuda davanti a lui, le sue ginocchia si sfiorarono quando incrociò leggermente le gambe. Christopher le posò una mano su una spalla, sentendo il calore della sua pelle, e quando Rebecca fece lo stesso lui fece un passo verso di lei e le cinse la vita con l'altro braccio. Poi le loro labbra si sfiorarono e Christopher sentì la lingua di Rebecca scivolare nella sua bocca. I secondi si trasformarono in minuti, accompagnati solo dal picchiettare della pioggia e dalle onde del mare. Erano ancora in piedi accanto al letto quando si udì il rombo di una macchina che percorreva il vialetto di casa. Christopher si ritrasse. «Credevo avessi detto che non sarebbero tornati».

«Pensavo fosse così. Devi andartene, subito. Non possono trovarti qui». Rebecca si stava già rivestendo.

Giunsero dei rumori dalla porta d'ingresso, si aprì. Due o più persone entrarono in casa. «Come dovrei fare? Non posso trotterellare giù per le scale e passargli accanto». Aveva di nuovo i pantaloni adesso.

«Ehm, la finestra, puoi calarti dalla grondaia». Christopher si affacciò alla finestra, era a meno di sei metri da terra. Si sentirono voci provenire dal piano di sotto, dei suoi genitori e di Jonathan. Si rivestì in pochi secondi. Rebecca si avvicinò alla porta, esclamando che sarebbe scesa in un minuto. Christopher aprì la finestra, scavalcò il davanzale con una gamba e poi rientrò.

«Che stai facendo? Devi andartene, ti prego».

Attraversò la stanza a grandi passi e la baciò ancora. «Dovevo salutarti come si deve».

Aprì la finestra e si lasciò cadere nelle pozzanghere di fango del giardino, tutto in disordine. Rebecca non lo guardò andar via. Non lo salutò dalla finestra. Christopher tagliò attraverso i cespugli e tornò di corsa a casa del padre sotto la pioggia scrosciante.

Capitolo 10

Christopher si cambiò meccanicamente per andare a dormire. Salì sul letto, si mise sotto le coperte e spense la luce. Ma dentro di sé aveva già deciso. Doveva vederla. Saltò giù dal letto e allungò una mano verso i vestiti, ripiegati con ordine sulla sedia accanto. In pochi secondi fu vestito e pronto per uscire. Il chiarore della luna rivestiva l'appartamento di un impalpabile velo madreperla, quanto bastava per raggiungere la porta d'ingresso e uscire.

Pedalò tra le luci della città. Il fanalino della sua bicicletta proiettava un cono di luce bianca davanti, illuminando la strada stretta e i cespugli che si chiudevano intorno a lui. L'afa estiva della giornata indugiava nell'aria notturna.

Raggiunse la casa del padre e scese dalla bicicletta. Le impugnature del manubrio su cui aveva stretto le dita erano sudaticce. Appoggiò la bici a un cespuglio e s'incamminò verso la casa dei genitori di Rebecca. Non c'era altra luce se non quella della luna e delle stelle.

Christopher si fermò ed estrasse un pacchetto di sigarette dalla tasca. Se ne mise una in bocca. La scatola di fiammiferi che aveva in mano era del pub in cui lavorava Sandrine. La ripose in tasca e gettò via la sigaretta. Capiva a quali pressioni fosse sottoposta Rebecca, ma di certo la cosa migliore da fare era respingere Jonathan Durrell e la sua proposta. Tutti gli amici di Christopher sapevano cos'era successo. Allungò una mano dietro al collo, strinse una ciocca di capelli tra le dita e la strattonò. La fitta di dolore lo riportò alla realtà, a quella strada buia. Proseguì, e la casa apparve sopra ai cespugli verde cupo che ne circondavano il perimetro.

S'intrufolò in un'apertura nella siepe sul retro della casa, ignorando il dolore pungente dei ramoscelli che gli graffiavano le orecchie e il collo. Si accovacciò nell'erba alta del giardino, per avere un quadro generale della situazione, come aveva sempre fatto prima di cercare dei sassolini da tirare alla finestra di Rebecca. Si vedeva una luce tenue al piano di sotto. Questo non voleva dire che qualcuno fosse ancora sveglio. Era passata la mezzanotte. Rebecca non lo aspettava, quindi avrebbe dovuto trovare qualcosa grande abbastanza per svegliare lei ma non i genitori. Si mosse a tentoni tra i ciuffi d'erba e le chiazze di terra in cerca di sassolini. Dopo un paio di secondi ne trovò due o tre che potevano andare bene, e lanciò il primo contro la sua finestra, l'unica del secondo piano. Il primo lancio andò a segno, e si accucciò di nuovo nell'erba aspettando che si affacciasse. Passarono trenta secondi. Di solito si svegliava al primo tiro. Ne lanciò un altro, ma stavolta mancò del tutto la finestra. Imprecò tra sé prima di lanciare il terzo sassolino. Questo colpì il vetro con un forte schiocco e Christopher si piegò di nuovo a terra, sperando di non averlo rotto. Aspettò, temendo di veder spuntare un volto infuriato. Nessuna risposta.

Affondò le dita nella terra sterile di quel giardino trascurato. Si alzò per tornare verso il cespuglio e la casa del padre. La porta sul retro della casa si schiuse, a circa quattro metri da lui, e le canne di una doppietta spuntarono dalla fessura. Christopher corse verso il cespuglio. Il fucile sparò e lui si fermò di colpo, aspettandosi di sentire i pallini squarciargli la schiena.

«Ehi, tu, fermati», disse Pierre Cassin. «Voltati. Questo era un colpo di avvertimento. Il prossimo sarà dritto in testa».

Continua a correre. Non ti fermare. Cassin era ubriaco, era chiaro da come biascicava, e aveva solo un altro colpo. Christopher si voltò con le mani in alto. La luce che filtrava dalla porta aperta alle spalle di Pierre Cassin illuminò il suo volto. «*L'Allemand*».

Christopher rimase immobile per qualche secondo, aspettando che Cassin dicesse qualcosa. «Scusi se mi sono intrufolato nel suo giardino, Monsieur Cassin. Ero venuto per vedere Rebecca».

«Oh, questo l'ho capito», disse Cassin ridendo. «È confortante sapere che esiste ancora l'amore, a questo mondo, e che ha deciso di strisciare proprio nel mio giardino, tra tanti posti che poteva scegliere». Christopher non batté ciglio, le mani ancora alzate sopra la testa, il vento gli lambiva la nuca. «Immagino ti stia chiedendo cosa ne farò di te? Dovrei farti arrestare».

«Mi perdoni, Monsieur Cassin. Non si ripeterà più».

«Vuoi farmi credere che non verrai mai più a trovare mia figlia solo perché ti ho puntato contro un fucile?».

Christopher guardò Cassin. Il volto era un buco nero illuminato solo dalla luce che sfiorava il profilo della testa. Le mani sembravano tremanti, mentre puntavano il fucile dritto contro il petto di Christopher.

«Dov'è Rebecca? È in casa?». Una folata di vento sferzò la casa.

«No, non c'è. Vieni dentro e ti dirò dov'è», disse, e con la punta a bocca della doppietta gli fece cenno di entrare. Christopher sentì la porta chiudersi dietro di sé con uno schianto. Cassin gli disse di continuare a camminare, fino al soggiorno.

«Sono passati molti anni dall'ultima volta che ti ho visto entrare in questa casa, ma scommetto che te ne ricordi bene quanto me», disse. Entrarono nella sala, illuminata da deboli lampade a ogni angolo. La stanza era avvolta in una tremante semioscurità. I mobili, un tempo raffinati, sembravano sbiaditi e logori, le pareti erano ricoperte dai dipinti di Cassin, paesaggi estivi e foglie soffiate via dalla brezza, di cui Christopher riusciva a vedere solo i contorni scuri. Cassin lo spinse verso una sedia accanto al camino. Poi si sedette su un'ampia poltrona davanti a lui e sollevò il bicchiere di whisky. Le sue ampie spalle s'incurvarono appena si abbandonò contro lo schienale, la vestaglia lacera era appesa al suo corpo come gli stracci di uno spaventapasseri marcito. Rebecca una volta gli aveva detto quanto fosse stato bello il padre da giovane, e che la madre si era innamorata di lui a prima vista. Faceva fatica a crederci, in quel momento. Cassin fissava Christopher alla luce del fuoco.

«Vuoi qualcosa da bere?», gli chiese alzando il bicchiere.

«No, no, grazie».

«Oh, allora, non si dice di no a un uomo che ti offre da bere in casa sua. Adesso, vuoi qualcosa da bere, ragazzo?».

Christopher esitò per qualche secondo. «Sì, grazie».

«Bene. Odio bere da solo». Il suo accento francese era ancora molto marcato. La voce gracchiava come fosse sul punto di schiarirsi la gola, ma non lo fece mai. Allungò una mano verso l'armadietto accanto a lui e prese un bicchiere da whisky, lo riempì fino all'orlo e glielo porse.

«Grazie, Monsieur Cassin», disse, versando un po' di liquido ambrato. Cassin gli fece cenno di bere e Christopher avvicinò il bicchiere alle labbra, prendendone un sorso.

«Non sai fare di meglio? Mandalo giù».

«Monsieur Cassin, ne ha versato mo...».

«Ho detto mandalo giù!».

Christopher guardò prima lui, poi il fucile, appoggiato sulle sue ginocchia. Si portò il bicchiere alle labbra e bevve più che poté, lasciando che il whisky scivolasse giù per la sua gola. Era ripugnante, sembrava di bere ghiaia incandescente, ma non batté ciglio.

«Allora, parliamo del perché ti trovi qui, nonostante il fatto che tu non sia... Be', come potrei dire? Che tu non sia il benvenuto?»

«Mi dispiace, Monsieur Cassi...».

«Questo l'hai già detto, ragazzo!», urlò. «Non dirlo di nuovo! In realtà non ti dispiace, no, non ti dispiace affatto. Se fosse stata Rebecca, e non io, a uscire in giardino, ti sarebbe dispiaciuto?».

«No».

«Bene, allora non continuare con questa tiritera. È snervante. E ci umilia entrambi».

«Non capisco cosa voglia sentirsi dire». Sollevò il bicchiere davanti al volto e lo abbassò di nuovo. Cassin socchiuse gli occhi finché non furono due strette fessure e gli intimò di bere con un gesto. Christopher si portò il bicchiere alle labbra e bevve un altro sorso di whisky. «Va bene, ha ragione. Non mi dispiace».

«Adesso sì, ecco cosa direbbe un uomo». Il volto di Cassin era severo, inflessibile. Svuotò il bicchiere prima di versarsene un altro. «Ti piace mia figlia, allora? O è amore?», chiese Cassin. Si accese una sigaretta. Il fumo indugiò denso e pesante nell'aria mentre Cassin si chinava in avanti per continuare a parlare. «Allora, sai cos'è l'amore, ragazzo? Parlami dell'amore».

Christopher bevve un altro sorso del whisky scadente che vorticava nel suo bicchiere. «Non pretendo di essere un esperto», disse con una smorfia.

«Allora lascia che ti racconti qualcosa sull'amore», disse a denti stretti. «È tutta una menzogna, inventata dalle donne per controllare gli uomini. So cosa pensi adesso, e mi viene da ridere, ragazzo. Tu ami Rebecca e Rebecca ama te? Sai dov'è lei stanotte? Sai dove?». Christopher scosse la testa. «È a un ricevimento di matrimonio a casa di Lord Durrell. Come sai, il giovane Durrell ha preso in simpatia Rebecca». Il cuore di Christopher sprofondò come un macigno. «Allora, cosa stavi dicendo prima, ragazzo?».

Christopher abbassò lo sguardo sui tizzoni grigio-neri che insudiciavano il caminetto.

«Lei non ti vuole. Non dovrai più strisciare di nuovo nel mio giardino. Presto si sposerà ed entrerà a far parte della famiglia più ricca dell'isola».

«Lei non lo ama. Come può amarlo?».

«Ecco che tiri ancora fuori queste stronzate. Non esiste l'amore, ragazzo, non esiste. C'è solo questo», disse battendosi il petto. «E questo», alzò il bicchiere e bevve un altro sorso. «Non esiste ragione migliore per sposarsi che il denaro, nient'altro, per badare ai tuoi familiari quando saranno vecchi». La sua voce si affievolì e mandò giù una lunga sorsata di whisky.

«Mi lascerà andare, adesso?»

«Non ho ancora deciso». Sollevò la doppietta e se la mise in grembo. «Ora, dimmi, perché pensi che non voglia lasciarti vedere mia figlia?»

«Non lo so».

«Oh, andiamo, vuoi fartelo chiedere ancora? Puoi comportarti da uomo e rispondere a un paio di domande? Allora, perché pensi che non voglia lasciarti vedere mia figlia?»

«Per via di mio padre, perché lei odia i tedeschi».

«Molto bene. È un buon inizio. C'è anche il fatto che sei un lurido parassita che striscia nel mio giardino come un ratto nazista. Perché dovrei volere che una persona del genere frequenti mia figlia? Perché dovrei concederti mia figlia?».

«Non sta a lei concedermela».

Cassin scoppiò a ridere e aspirò una boccata di sigaretta. «Quanti anni hai, venti? Sei proprio uno stupido ingenuo, eh? Questo amore di cui parli, immagino che Rebecca ti abbia detto che ti ama, che vuole solo te?». Un ampio sorriso si dipinse sul suo volto. Christopher stava per parlare, ma Cassin proseguì. «Proprio oggi l'ho sentita parlare con sua madre di quanto fosse ansiosa di sposare Jonathan Durrell, di quanto volesse diventare sua moglie».

Le sue parole trafissero Christopher come proiettili. Cassin stava mentendo. Doveva essere così. Se avesse abboccato gliel'avrebbe data vinta. Eppure quella frase indugiava nell'aria come la schiuma sporca che galleggia su uno stagno. «Che mi dice di lei, Monsieur Cassin? Ha trovato una soluzione a tutti i suoi problemi, vero?»

«Io so solo cosa esiste e cosa non esiste». Fece un altro tiro di sigaretta e si piegò in avanti. «Me ne sono andato di casa alla tua età, per andare a Parigi e dedicarmi alla mia arte. Ho conosciuto Monsieur Monet e Monsieur Renoir, ho lavorato con entrambi. È stato un periodo meraviglioso. Un periodo... di scoperte», sollevò il bicchiere e vi guardò attraverso mentre parlava, «durante il quale mi sono reso conto che non sarei mai stato abbastanza bravo per diventare uno di loro. Ma avevo le mie doti. Quali? Le donne, ragazzo. Le donne erano una preda facile, per me, e presto mi sono accorto che, con le doti che avevo, non contava più quanto fossi bravo per diventare ricco. Parigi era piena di signore che cercavano un giovane artista con cui soddisfare le proprie voglie, e io davo loro ciò che desideravano. In cambio mi davano la libertà di dedicarmi alla mia arte. Ho viaggiato per mezza Europa, da Parigi a Roma, Vienna, Berlino... E trovavo sempre delle donne, donne ricche».

Christopher alzò gli occhi e si guardò intorno, chiedendosi dove fosse andato a finire tutto quel denaro. La luce della lampada tremolò, proiettando ombre sfuggenti sul volto di Cassin. Era evidente che quella situazione lo divertiva. Christopher bevve un altro sorso di whisky e sostenne il suo sguardo.

«A Parigi vivevo con una donna, molto prima che tu nascessi, prima della guerra. Era una donna meravigliosa, e ricca. Mia moglie, Marjorie, la madre di Rebecca, era sua nipote», disse Cassin con tono di scherno. «Era bellissima, ma c'era di più. Marjorie avrebbe ereditato il patrimonio di famiglia. Cominciai a frequentarla. La zia non lo seppe mai, ovviamente». Cassin bevve ancora e abbassò lo sguardo sul pavimento tra loro. «Fu un'epoca d'oro, forse il periodo migliore della mia vita. Ma Marjorie tornò qui a Jersey, nella casa di famiglia».

Christopher riusciva a stento a credere che quell'uomo fosse il padre di Rebecca.

«Lei... se ne andò, e io rimasi a Parigi con sua zia. Ma poi cominciò la guerra, e feci il mio dovere, servii con onore nelle Fiandre, finché non mi beccai una pallottola in una gamba e tornai a casa. Lascia che te lo dica, molti miei amici non furono altrettanto fortunati. Tuo padre e i suoi compari si occuparono di un gran... si occuparono di molti di loro». Christopher continuò a fissarlo, senza battere ciglio. «E adesso quel pazzo, Hitler... ha deciso di distruggere tutto ciò che tocca. La smetterà mai, la tua gente?», disse con disprezzo.

«La politica non mi interessa».

«Pensi che vivere qui possa cambiare ciò che sei? Tu sei uno di loro. Pensi davvero che lascerei mia figlia a te? A un lurido crucco?».

«Sono nato in Germania, ma vivo qui. Mia madre era di Jersey. Vivo qui da quando ho sei anni».

«Oh, e che differenza vuoi che faccia? Sarai sempre uno di loro, non apparterrai mai a quest'isola, e lo sai». Cassin si appoggiò allo schienale, posò il bicchiere, e puntò il fucile contro di lui. Christopher sussultò all'indietro sulla sedia. «Sai che potrei spararti in questo stesso istante, vero, ragazzo? Potrei spararti e dire che ti ho sorpreso mentre ti intrufolavi in casa mia. Nessuno lo saprebbe mai».

«La prego, Monsieur Cassin, mi dispiace...».

«Ti ho detto di non ripetermelo!», ruggì Cassin. «Te l'ho già detto. Allora, ti dispiace?»

«Cosa?»

«Ti dispiace, lurido ratto nazista?»

«No, no, non mi dispiace».

«Bene, almeno questo lo ammetti. Almeno siamo sinceri l'uno con l'altro. Adesso ricomponiti. Vedi quel foglio dietro di te, sulla cassettiera? Sì, proprio quello, ragazzo. Prendilo, insieme alla penna. Scriveremo una lettera a Rebecca, per dirle quali sono i tuoi veri sentimenti. Credo che meriti di sapere. Non trovi?».

Christopher si girò e prese carta e penna. La doppietta era ancora puntata contro di lui. «Ora...».

«Sta' zitto. Adesso parlo io. Tu scrivi. Sai scrivere, vero? Sì, appoggiati a quel libro. Non vogliamo che sembri scritta... alla bell'e meglio, no?». Cassin posò di nuovo il fucile sulle gambe, prese il bicchiere di whisky e cominciò a dettare. «Cara Rebecca. Scrivi, ragazzo, scrivi!».

«Va bene, va bene».

«Cara Rebecca, non trovo il coraggio per dirti queste cose di persona, mi sento sopraffatto dal senso di colpa». Il volto di Cassin era severo, spietato. «Ho riflettuto a lungo sulla nostra relazione. Sono desolato, ma non posso vederti più. Sono torturato dal rimorso da quando sono andato a letto con Sandrine». Christopher alzò lo sguardo su Cassin, la bocca spalancata. Balzò in piedi, dimenticando dove fosse. Cassin sorrise, con il fucile gli fece cenno di sedersi, e lui si abbandonò di nuovo sulla sedia. «Mi assumo la piena responsabilità delle mie azioni e non posso dare la colpa a queste se adesso non posso più fare a meno dell'alcol. Voglio che tu sia felice, e mi rendo conto di non essere degno di te, soprattutto alla luce della terribile infezione che ho contratto dopo quanto è successo». Christopher fece cadere la penna. Cassin alzò di nuovo il fucile. «O scrivi la lettera, o chiamo la polizia e dico che ho appena sparato a un intruso dentro casa. A te la scelta, ragazzo!». I muscoli di Christopher s'irrigidirono, poi il suo corpo si accasciò sulla sedia. Cassin proseguì. «So che stai valutando la proposta di matrimonio di Jonathan Durrell. Mi conforta sapere che hai trovato un pretendente degno di te. Ti auguro un futuro radioso con lui. Con affetto, eccetera, eccetera. Non provare a farmi brutti scherzi, ragazzo. Firmala, e se vedo qualcosa di strano nella lettera, come un codice o roba del genere...».

«Non c'è nessun codice, guarda tu stesso, vecchio sadico bastardo!».

«Passamela». Cassin la lesse rapidamente. «Bene, molto bene. Rebecca riceverà una spiacevole sorpresa, ma almeno ci sarà Jonathan a confortarla. E la sua famiglia, naturalmente».

Christopher era distrutto, sfinito. Si alzò. «Ora me ne vado». Sapeva cosa doveva fare. Non gliel'avrebbe data vinta.

«Sì, vattene», disse Cassin. Christopher camminò a tentoni nell'oscurità verso la porta principale, le parole di Cassin risuonarono alle sue spalle e svanirono appena uscì. «Sta' lontano da mia figlia. Se ti vedo di nuovo da queste parti, ti ammazzo. Mi hai sentito? Mi hai sentito, ragazzo?». Christopher chiuse la porta, si precipitò fuori dal giardino e si chinò per riempire i polmoni d'aria fresca.

Capitolo 11

Christopher barcollò lungo la strada verso casa, il vento vorticava intorno a lui e il suono delle onde che s'infrangevano contro la spiaggia risuonava nelle sue orecchie. La sua vista era offuscata, e il sapore di whisky che gli invadeva la bocca si mischiava a quello di bile in fondo alla gola. Era immerso nella più totale oscurità. La luna e le stelle lo avevano abbandonato. Camminò a memoria verso la casa del padre. Inciampò contro qualcosa di duro e crollò a terra. Si tirò su e sentì una fitta al ginocchio. Il dolore alla gamba sinistra aumentò appena tentò di alzarsi, e spostò il peso sulla destra mentre arrancava trascinandosela dietro. Proseguì senza soste. La casa era davanti a lui. Non poteva vederla, ma sapeva che era lì. Il fragore del mare lentamente si allontanò, sostituito dal suono del suo respiro e dai battiti del cuore. «Devo andare da lei», disse, forse ad alta voce, forse tra sé. La strada piegava verso sinistra e Christopher la seguì, ora che i suoi occhi si erano abituati all'oscurità. La casa era lì. Nessuna luce accesa. Vide la sua bici, ancora appoggiata al cespuglio dove l'aveva lasciata. Era inutile ormai.

Si strofinò la fronte, madida di sudore caldo. Il dolore alla gamba si espanse fino al torace, ma lo ignorò, o cercò di ignorarlo, mentre si trascinava verso la porta d'ingresso. La casa era immersa nel silenzio, rotto solo dai respiri affrettati che gli scuotevano i polmoni. Appoggiò entrambe le mani al muro e lo seguì fino alla cucina. Riusciva a muoversi più facilmente, grazie a quel solido sostegno, e si assicurò di non fare alcun rumore, mentre camminava. Si sedette al tavolo della cucina e finalmente il cuore rallentò. *Devo andare da lei, stanotte. Stanotte stessa. Ora.*

L'adrenalina lo abbandonò. La stanza vorticava intorno a lui come fosse seduto su una zattera sgangherata sul mare in tempesta. La gamba sinistra dei pantaloni era lacerata, e una macchia di sangue scuro si allargava sul suo ginocchio. Prese uno strofinaccio, appoggiato allo schienale della sedia, e si tamponò la ferita attraverso la stoffa strappata. Lo strofinaccio cadde a terra. Lo lasciò lì. Il ginocchio pulsava, ma non sembrava rotto. Dal piano di sopra non proveniva alcun suono, e proseguì lungo il muro fino a raggiungere lo studio. Le chiavi della macchina erano sulla scrivania. Se le mise in tasca. La casa era dominata dal silenzio più totale mentre arrancava verso la porta d'ingresso.

La casa dei Durrell, a Saint Brélade, era a quarantacinque minuti da lì, di giorno. Diede un'occhiata all'orologio. Difficile a dirsi, in quell'oscurità, ma sembrava che fosse l'una, o giù di lì. Rebecca e la madre erano rimaste fuori fino a tardi, e pensò di aspettarle. Ma dove? Di certo non avrebbe potuto avvicinarsi di nuovo alla loro casa. La cosa migliore era guidare fino a lì. Doveva esserci una festa. Sicuramente madre e figlia avevano trovato una scusa per giustificare l'assenza di Cassin, che avrebbe potuto rovinare un'occasione del genere. Girò la chiave nel quadro e quando la macchina si avviò sussultando e scoppiettando, alzò gli occhi e vide accendersi una luce nella stanza del padre. La finestra della camera da letto si aprì.

«Devo prendere la macchina, padre. È un'emergenza!», gridò, e si avviò a tutta velocità sul vialetto senza aspettare risposta. La certezza di cosa aveva fatto lo accompagnava mentre si allontanava dalla casa. La certezza di quanto stava per fare era l'unica cosa che lo muoveva. Il perdono del padre, o qualsiasi altro contrattempo, avrebbe dovuto aspettare.

I fanali della macchina illuminavano la strada per dieci o quindici metri davanti a lui. Lo specchietto retrovisore non mostrava altro che le tenebre che si allungavano alle sue spalle. Ripensò a Cassin, al fucile, al whisky. I fari mostrarono per un istante una mucca in mezzo alla strada, prima che Christopher sterzasse di colpo. La macchina sbandò nell'oscurità, travolgendo un cespuglio e finendo a capofitto in un fosso, e il petto di Christopher sbatté contro il volante quando la macchina si ribaltò e finì la corsa su un fianco. Nella sua mente balenò l'immagine di Rebecca, di Monsieur Cassin, e il pensiero della lunga strada che ancora lo separava da Saint Brélade, prima che fosse risucchiato dall'oscurità.

Alexandra era lì con il padre. Stava piangendo. Il padre di Christopher si avvicinò a lui, e gli apparve il suo volto. Christopher si accorse che il suo occhio sinistro era chiuso. Non riusciva ad aprirlo, poi sentì il dolore, che dalla schiena si propagò a ondate in tutto il corpo. Inarcò la schiena e vide il lenzuolo bianco alzarsi e abbassarsi sul suo petto. Sentì il padre prendergli la mano, sentì il calore delle sue dita. Christopher emise un balbettio disarticolato muovendo su e giù la testa. Il padre lo placò, posandogli una mano sulla fronte. Provò a mettersi seduto, ma ricadde sul letto. La sua vista si fece sempre più nitida mentre il dolore aumentava, e avvicinò le dita al volto per toccarsi l'occhio gonfio.

«Mi dispiace per la macchina, papà».

«No, no, non m'importa nulla della macchina. Non è quello che mi preoccupa».

«Ho dovuto farlo... Dovevo fermarla». I suoi occhi si offuscarono ancora una volta, e una luce accecante sfumò i contorni di ogni oggetto e persona nella stanza. «È stato suo padre, è stato Monsieur Cassin, ho dovuto...». Le tenebre calarono di nuovo su di lui.

Si svegliò e vide il padre e la sorella, entrambi addormentati sulle poltrone ai lati opposti della camera. La vista si era schiarita, e il dolore era meno acuto, adesso. Li guardò dormire per qualche istante, finché i suoi occhi non si chiusero di nuovo.

Alexandra era lì quando si ridestò.

«Dov'è nostro padre?», disse Christopher. Lei gli posò una mano sulla fronte.

«È dovuto andar via. Tornerà presto. È rimasto qui con me tutta la notte. Come ti senti?»

«Mi sento bene», mentì. Il braccio e la gamba sinistre erano entrambe ingessate, e la testa gli faceva male come non mai.

«È arrabbiato per la macchina? Cos'ha detto?»

«Non gliene importa nulla della macchina. Eravamo così preoccupati. Perché l'hai fatto, Christopher? Ci hanno restituito i vestiti che ti hanno trovato addosso. Puzzavano di whisky».

«Io... ho dovuto farlo. Non avevo altra scelta». Il suo battito accelerò mentre parlava. «Chi mi ha trovato?».

«Mr Baines. Hai mancato di poco una delle sue mucche».

Stava per dire ad Alexandra di scusarsi con Mr Baines da parte sua, quando entrò Rebecca. Era da sola, e stringeva un mazzo di fiori. «Immagino abbiate molte cose da dirvi», disse Alex, e li lasciò.

Rebecca sembrava stanca, con gli occhi gonfi. Si sedette accanto al letto. Christopher provò a sollevarsi, ma non ci riuscì.

«Come ti senti? Ero sconvolta quando ho saputo cos'era successo».

«Sto bene. I dottori dicono che mi rimetterò presto. Come stai tu?».

«Ho ricevuto la lettera che mi hai scritto. Me l'ha data mio padre». I raggi dorati del crepuscolo filtravano attraverso i battenti facendo scintillare i granelli di polvere che aleggiavano nell'aria. Rebecca era più bella di quanto avrebbe mai potuto immaginare.

Provò di nuovo a mettersi seduto ma una fitta di dolore gli trapassò il fianco, e sprofondò sul materasso. «Non volevo scrivere quella lettera... Io...». Rebecca strinse la mano che giaceva sul letto.

«Fermati, Christopher», sussurrò. «Lo so. So chi sei». Si portò la mano alle labbra, la baciò e vi posò la guancia. «Oh, Christopher, come hai potuto pensare che avrei creduto a ciò che c'era scritto? Come potevo credere alle parole di mio padre? Sei sempre stato la cosa migliore che mi sia mai capitata in tutta la vita. L'ho sempre saputo, l'ho solo dimenticato per un istante. Sei sempre stato nel mio cuore, dal primo istante che ti ho visto. Ti ho amato per tutta la vita. Quella notte ero a casa di Jonathan per dirgli che il fidanzamento era rotto, che non l'amavo, che sarei stata con te». Rebecca si chinò e gli diede un bacio. Gli fece male. Ma Christopher non ci fece caso. «Ci sei sempre stato tu, Christopher. Ci sarai sempre tu».

Capitolo 12

Rebecca non aveva altro posto dove andare, né dove volesse essere. Si trasferì nell'appartamento di Christopher e aspettò che si rimettesse quanto bastava perché la raggiungesse lì. Visse con lui per una settimana o due, durante la sua convalescenza. Appena trovò un lavoro, in un albergo del posto, traslocò in un appartamento lungo la strada. Era vicino al suo. Ma ci dormiva soltanto. Il resto del tempo lo trascorrevano insieme.

Intorno all'estate del 1939, la paura cominciò a infestare l'isola. E la paura alimentò il risentimento. Era anche la terra di Christopher. Era la sua isola, oltre che la loro. Come chiunque altro, anche Christopher cominciò a seguire ossessivamente la politica del suo Paese di origine. Era inevitabile. Persino Uli ammise che probabilmente la nazione si avviava verso la guerra, dopo che il resto della Cecoslovacchia capitolò, a marzo. Christopher non riusciva a comprendere l'entusiasmo dello zio nel sostenere che la Germania doveva reclamare il suo posto tra le nazioni del mondo e vendicare i crimini subiti alla fine della Grande Guerra. Non riusciva a essere come lui, non riusciva a condividere l'orgoglio patriottico che gonfiava il petto dei tedeschi durante i raduni in cui Herr Hitler riduceva folle oceaniche alla sua mercé e le ammaliava con le sue parole. I Seeler trovavano sempre più difficile essere tedeschi, identificarsi con quelle orde che bruciavano libri in piazza. Ma le loro origini erano inconfondibili. Le conversazioni di politica si smorzavano quando Christopher si avvicinava, come se i suoi amici dubitassero della sua lealtà, nonostante lo conoscessero da tutta una vita.

Uli sapeva da che parte stare, a differenza di Christopher. In passato lo zio aveva raramente accennato alla situazione politica, ma col trascorrere dei mesi era diventato sempre più difficile evitare quell'argomento. Sembrava sinceramente convinto che Hitler non volesse la guerra, e che lui e i nazisti si sarebbero fermati appena la Germania avesse riconquistato i territori che le erano stati sottratti dopo la Grande Guerra. Uli snocciolava queste verità, come le vedeva lui, di sfuggita, mentre preferiva informarsi sulla vita di Christopher e raccontare aneddoti sull'idillio familiare in cui lui e Karolina si erano lanciati. Ma Stefan la vedeva in modo diverso, ed era sempre più turbato dalla situazione in Germania. Christopher percepiva i suoi sguardi di disapprovazione e le parole affilate che sussurrava al cinema quando i cinegiornali mostravano l'accerchiamento e la pubblica umiliazione delle potenze occidentali da parte dei nazisti.

Solo Tom, il suo vecchio amico che ancora viveva con lui, gli parlava con franchezza. Tom frequentava Alexandra. Avevano cominciato per gradi, poi si erano visti sempre più spesso. Se n'erano accorti tutti, compreso Christopher. Una volta Tom fece una battuta sul conflitto d'interessi in cui si sarebbe ritrovato se lui e Alexandra avessero finito per sposarsi. Guardò Christopher, mentre lo diceva, quasi cercasse di valutarne le reazioni. Christopher sorrise, e gli cinse le spalle con un braccio. Furono le uniche parole che si scambiarono sull'argomento. Due settimane dopo, Tom chiese ad Alexandra di sposarlo. Entrarono in casa una domenica sera di maggio e diedero la notizia. Tom abbracciò prima Stefan, poi Christopher e infine Rebecca. Alex non era mai sembrata tanto felice. Fu un giorno meraviglioso.

Era domenica quando la guerra scoppiò. Erano in un pub. Tom e Alex si erano appena sposati, e ancora brindavano al matrimonio celebrato una settimana prima. Inevitabilmente Alex chiese a Christopher e Rebecca quando si sarebbero sposati, e in quell'istante il proprietario del bar diede l'annuncio. Il silenzio calò nella sala per un paio di secondi. Poi alcune persone brindarono urlando «Dio salvi il Re» e «Dio salvi la povera Polonia». Christopher riuscì solo a pensare a Uli, a Berlino, e a Karolina, incinta del primo figlio. Tom provò a fare una battuta. Christopher lo sentì a stento, e se anche Alexandra lo udì, non disse nulla.

«Passerà», lo rassicurò Rebecca. «Sarà finita entro Natale».

Christopher bevve un altro sorso di birra. Conosceva la maggior parte degli avventori, almeno di vista. Fecero tintinnare i loro boccali, inneggiando al re e augurandosi la morte dei tedeschi. Si udì un sonoro brindisi, poi qualcuno cominciò a cantare *God Save the King*. Quasi tutti si unirono al coro. Tom prese Alexandra per mano e si alzò.

«Forse dovremmo andare anche noi», disse Rebecca.

«No, preferirei restare, se per te va bene». Rebecca lo baciò, e lo salutò insieme agli altri due. Christopher si avviò verso il bancone da solo. Si ritrovò accanto a Jacques La Marque e Sidney Morris, entrambi pescatori dell'isola, sui cinquanta.

«Brutta situazione, eh?», esordì Christopher. Nessuno dei due uomini rispose. «Hitler non vuole proprio fermarsi».

Sandrine gli porse un boccale di birra.

«Offre la casa», disse. «Ho pensato che stasera potesse servirti».

«Grazie. Non mi sono mai congratulato con te. Quando ti sposi?»

«Il prossimo anno», rispose lei, e se ne andò.

In sottofondo, la melodia di *God Save the King* riempì l'aria, finché non la cantarono tutti, tranne lui. Christopher pensava a Uli, a Berlino. Anche lui era seduto in un bar a labbra strette, come Christopher, mentre la folla intorno a lui gioiva e cantava l'inno nazionale? Chissà perché ne dubitava.

Jacques si piegò in avanti appoggiandosi al bancone. Entrambi gli uomini avevano prestato servizio durante la Grande Guerra, ed erano troppo vecchi per essere arruolati anche in questa.

«Che succederà adesso? Non può essere come l'ultima guerra».

«No, non può essere. Finirà in fretta. Hitler occuperà la Polonia e si accontenterà. La Gran Bretagna e la Francia sono troppo forti. I tedeschi non saranno così stupidi».

Sidney aspirò una lunga boccata di sigaretta. «Ammiro il tuo ottimismo».

Christopher si accese una sigaretta, restando in silenzio, nonostante conoscesse le parole della canzone. Rimase lì per un'altra ora, prima di andare a casa del padre e dirgli che erano entrati in guerra.

La lettera arrivò sei settimane dopo.

12 ottobre 1939

Stefan, Christopher e Alexandra,

innanzitutto congratulazioni ad Alexandra per il matrimonio! A quanto pare negli ultimi tempi si sposano tutte le persone migliori. E tu, Christopher? Non è arrivato il momento di rinunciare per sempre alla tua libertà e sottometterti a una donna? A parte gli scherzi... Alex, Tom, siamo terribilmente dispiaciuti di non essere potuti venire a Jersey per il matrimonio. A quanto pare questi politici avevano altro a cui pensare che permetterci di raggiungervi per la cerimonia. Grazie per la splendida lettera che mi hai mandato, Alexandra, e per le fotografie. È incredibile che tuo padre sia riuscito a generare una figlia meravigliosa come te. Forse bisognerebbe farsi qualche domanda, ma immagino che questo non sia il momento adatto. Non vedo l'ora di incontrare di nuovo Tom ora che è tuo marito, e non l'amico di Christopher che scorrazzava per casa con pantaloncini troppo corti che lasciavano poco all'immaginazione. Almeno sappiamo che i vostri figli avranno delle belle gambe sottili, quando arriveranno.

A proposito di figli, Karolina sta benone, la gravidanza sembra donarle. Se fosse un maschio, stiamo valutando l'idea di chiamarlo Stefan, come Stefan Zweig, ovviamente, il nostro scrittore preferito. A quanto pare Karolina vuole pensare anche a qualche nome da femmina, ma che senso ha, visto che so con certezza che avremo un maschio? Ben diverso il problema di come sarà il mondo in cui mio figlio o mia figlia dovrà crescere. E questo mi porta alla parte seria di questa lettera. Con tutto quello che sta succedendo nel mondo in questo momento, un uomo deve decidere per cosa valga la pena combattere, per cosa valga la pena sacrificarsi. Ormai sono un po' di giorni che penso di arruolarmi nell'esercito, come facesti tu, Stefan, l'ultima volta che la nostra patria ha chiamato, nel 1914. Ero troppo giovane allora, ma adesso sento che è arrivato il mio turno. Una volta che la Germania si riapproprierà delle terre che le sono state sottratte dopo l'ultima guerra, il popolo tedesco sarà ancora più al sicuro dalle minacce del bolscevismo, e il nostro Paese potrà occupare il posto che merita tra le nazioni del mondo. L'introduzione della coscrizione obbligatoria per tutti gli uomini idonei al servizio militare entro i quarantun anni di età non fa che rafforzare la mia decisione. Non ci sono alternative. Mi unirò alla Wehrmacht, e quando riceverete questa lettera sarò già arruolato.

Cercate di non preoccuparvi. Sono sicuro che questa guerra finirà presto e che ci ritroveremo in un mondo migliore per i nostri figli.

Uli

«Cosa facciamo adesso, papà?», chiese Alexandra.

«Non facciamo nulla. Restiamo qui. Non abbiamo altro posto in cui andare». Le posò una mano sulla testa. «Noi non siamo cambiati. E neanche Uli. Christopher, devi pensare a Rebecca. Il rischio che i nazisti arrivino fin qui è troppo grande. Devi partire». Christopher non rispose, si limitò ad abbassare lo sguardo sulle dita e ascoltare il suono che producevano mentre le tamburellava sul tavolo di legno.

La fila davanti alla biglietteria dei traghetti usciva dalla porta del gabbiotto, quando Christopher arrivò con Rebecca. Non riusciva a sopportare il pensiero di dover partire. Quella terra di mezzo era perfetta per lui e la sua famiglia, non erano né tedeschi né inglesi, né da una parte né dall'altra di quella nuova guerra. Ma quando sentì Rebecca prendergli la mano, si rasserenò. Era troppo pericoloso restare lì. Aspettavano in fila da circa dieci minuti, tentando di evitare le domande di Mrs Mesrine su quando si sarebbero sistemati, quando Arthur Cooper, il bigliettaio, uscì dal gabbiotto. Percorse la coda fino a loro e fece cenno a Christopher di avvicinarsi. Christopher lo conosceva. Arthur era un tipo perbene, ma era un forte bevitore. Christopher sentì vibrare ogni terminazione nervosa appena Arthur lo prese da parte, per evitare che qualcuno potesse sentire la loro conversazione.

«Immagino che tu sia qui per lasciare l'isola, per andare in Inghilterra?»

«Sì, certo», rispose Christopher cercando di capire dove volesse andare a parare. «C'è qualche problema?», chiese appena Arthur esitò.

«Be', sì, c'è. Mi spiace dirtelo, ma da quando è scoppiata la guerra, il governo di Sua Maestà ha vietato a tutti i cittadini tedeschi di entrare o uscire dal Paese o dai suoi protettorati». I suoi baffi si agitarono sulla bocca. «Ho paura di non potervi lasciar andare. Anche se lo facessi, non vi lascerebbero mai entrare nel Paese».

Christopher pensò rapidamente a cosa avrebbe potuto dire o fare, ma non trovò nulla. «Ne sei sicuro?».

«Temevo il giorno in cui tu o la tua famiglia sareste arrivati qui. Siete le sole persone sull'isola per cui valga questo divieto. Mi dispiace».

«Non è colpa tua. Non possiamo farci niente». Rebecca aspettava ancora in fila. «Sarà meglio che andiamo, allora. Grazie per avermi preso da parte».

Erano in trappola. Non avevano altro posto in cui andare, nessun altro posto in cui Christopher e la sua famiglia avrebbero potuto vivere se non quella terra di mezzo. La guerra aveva portato a questo, e per la prima volta, da quando lui e Rebecca stavano insieme, Christopher si sentì come se stesse perdendo il controllo sulla sua vita.

Dappertutto si parlava della guerra, e molti giovani dell'isola partirono per la terraferma per arruolarsi e avere la possibilità di combattere i crucchi. A coloro che rimasero a Jersey, la guerra sembrò distante, come una tempesta al largo di cui i pescatori avrebbero parlato quando il sole fosse tornato a risplendere.

La paura si annidò ovunque. Erano tutti spaventati, alcuni lo nascondevano, ma non c'era modo di scamparla. Due settimane dopo le forze tedesche cominciarono la loro avanzata verso il Belgio, la Francia, il Lussemburgo e i Paesi Bassi, e presto capitolarono tutti. L'esercito britannico fu costretto a ripiegare verso Dunkerque. L'atmosfera sull'isola cambiò appena si diffuse la voce che le forze britanniche stanziate sull'isola stavano per essere ritirate. Il padre di Christopher, che già da mesi faceva incetta di cibo in scatola, cominciò a comprare più benzina che poté. Molte persone sull'isola ebbero la stessa idea e con il passare dei giorni divenne sempre più difficile trovarne. I pescatori del posto offrirono il loro aiuto nella massiccia operazione di evacuazione delle truppe britanniche da Dunkerque verso l'Inghilterra. Tom cominciò a valutare la possibilità di arruolarsi anche lui nell'esercito. Il fratello gemello, Percy, era partito diverse settimane prima, insieme a Harry Locke, per unirsi a migliaia di altre reclute. La sola cosa che lo tratteneva era sua moglie e il pensiero che non potesse scappare in Inghilterra come molti altri stavano per fare. Christopher aspettava, leggeva e rileggeva l'ultima lettera di Uli, guardava la foto del suo bambino appena nato, Stefan. Uli stava partecipando all'avanzata, che a quanto sembrava nel giro di pochi giorni avrebbe sconfitto la Francia e forse si sarebbe spinta a nord verso le Isole del Canale e l'Inghilterra stessa.

Christopher era preoccupato per Rebecca più che per se stesso. I resoconti che trapelavano in tutta Europa circa il trattamento che i nazisti riservavano agli ebrei erano terrificanti. Gli ebrei d'Europa erano stati spogliati delle loro proprietà, delle loro case e persino della cittadinanza. Ricordò i titoli dei giornali che aveva visto a Berlino nel 1938. Adesso stavano arrivando da loro.

Arrivò giugno, e Parigi crollò. Due settimane dopo, Winston Churchill, il nuovo primo ministro, annunciò che le Isole del Canale non rappresentavano un luogo di importanza strategica e che la guarnigione stanziata lì sarebbe stata rimpatriata. Stavano per essere dichiarati "città aperta", e per essere ceduti ai tedeschi. Ma nei cinegiornali di quella sera non fu riportata alcuna notizia a riguardo. Christopher stava tornando a casa in macchina quando vide le uniformi verdi delle truppe. Stavano salendo sui camion. Chiese informazioni al poliziotto che stava dirigendo il traffico e gli disse che si stavano ritirando. Non ci fu alcun annuncio ufficiale. La notizia si era diffusa. Le strade erano intasate e ci mise più di un'ora per fare un percorso di dieci minuti. C'era il panico ovunque. Le persone si muovevano frenetiche come formiche, portando le loro cose Dio solo sa dove. Andò dal fruttivendolo e dal giornalaio. Erano entrambi chiusi, i loro scaffali erano già stati saccheggiati.

Andò da Rebecca. Da quando avevano tentato di partire, avevano sempre evitato di parlare di cosa sarebbe successo se i nazisti avessero invaso Jersey. Lei soprattutto era diventata davvero brava a svicolare. Non avevano creduto che fosse davvero possibile, fino a quel momento.

«Le truppe stanno lasciando l'isola».

«L'ho saputo», rispose. «Ci lasciano qui a marcire, a cavarcela da soli».

«Sai cosa accadrà adesso. Tutti gli ebrei dell'isola se ne andranno».

«Mia madre sta per partire, anche se mio padre fa resistenza come al solito».

«Sono felice di sentire che le è rimasto un po' di buon senso. Quanto a tuo padre...».

«Che mi dici di te?», disse Rebecca. «Non posso lasciarti».

«Non preoccuparti per me. Starò bene».

«No. Non ti lascerò. Cosa dovrei fare in Inghilterra?».

«Di che stai parlando? Sei pazza? I nazisti stanno arrivando. Hai visto anche tu i cinegiornali. Hai visto che stanno togliendo agli ebrei ogni diritto in tutti i Paesi in cui stanno mettendo piede».

«Quindi dovrei privarmi io stessa dei miei diritti? Che mi dici di te? Non hai risposto alla mia domanda».

«Sai che non posso partire».

«Ed è per questo che non partirò. Non ti lascerò. A ogni modo, chi ti dice che l'Inghilterra sia così sicura? Che la Germania non invada l'Inghilterra il mese o la settimana prossima? Dove dovrei scappare, allora? Questa è casa mia. Perché dovrei andarmene?»

«Te ne sei già andata in passato». Stava urlando? Difficile a dirsi. Si avvicinò alla finestra dell'appartamento di Rebecca. C'erano persone che si affrettavano avanti e indietro sulla strada lì sotto. Non era mai successa una cosa del genere.

«Ero una ragazzina, allora. Te lo ripeto, Christopher, non me ne andrò. Staremo insieme, nulla mi farà cambiare idea».

«No, è fuori discussione. Voglio stare con te, ma non a questo prezzo, non a costo della tua sicurezza, della tua vita». Allontanò le braccia dai suoi fianchi. «Tu andrai in Inghilterra e basta. Te ne andrai prima che arrivino».

«Perché dovrei rinunciare a tutto ciò che amo?»

«Perché ti toglieranno tutto. Ti toglieranno la casa, la cittadinanza».

«Non ho nessuna prospettiva laggiù. Se partissi, perderei tutto. Il solo modo per fare la vita che voglio è restare qui».

Capitolo 13

Giungevano voci di ogni genere. Le forze britanniche stavano tornando. I tedeschi stavano per aggirare Jersey. La Germania stava per invaderli, deportare tutti gli abitanti nei campi sulla terraferma e utilizzare le isole come trampolino di lancio per occupare la costa meridionale dell'Inghilterra. Dicevano tutti che bisognava andare via, ma pochi lo fecero davvero. Rebecca continuava a rifiutarsi di valutare l'idea di partire. Christopher era a casa di suo padre quando arrivò.

«Rebecca, cosa ci fai qui?».

«Oh, quindi hai deciso di parlarmi di nuovo?», ribatté lei. «Sai che non prendo ordini da te, né da nessun altro». Christopher temeva che stesse per scatenarsi un litigio. «So che vuoi solo il mio bene, ma chi sa cosa accadrà? Almeno se resto qui, starò con te». Il padre di Christopher si alzò per lasciarli soli. «La prego, Mr Seeler, preferirei che restasse». Stefan si mise di nuovo seduto.

«Sei così testarda. Vuoi capire che è pericoloso per te restare qui?», disse Christopher.

«Sono d'accordo con lui, Rebecca. Rimanere qui è una follia. So che vuoi restare con Christopher, ma ci sarà tempo per questo, quando la guerra sarà finita».

«Quando la Gran Bretagna vincerà?». Rebecca era esasperata. «Come ci riusciranno? Sono stati costretti a ritirarsi a Dunkerque. I francesi sono stati sconfitti in poche settimane». Si sedette accanto a loro. «Probabilmente saranno in Inghilterra nel giro di un mese. Se Christopher potesse venire con me, partirei, tenterei la sorte. Ma che senso hanno poche settimane di libertà senza di lui?».

Christopher si portò le mani al volto. «Non capisci che devi tentare comunque?», disse, le sue parole erano attutite dai palmi. «Nessuno sa cosa faranno se resterai qui. Ne abbiamo già parlato!».

«Non possiamo costringerti a fare nulla». La voce del padre di Christopher era pacata, sobria. «Ma se resti, ti caccerai senza motivo in un mare di guai. Faremo di tutto per proteggerti, ma l'odio dei nazisti nei confronti degli ebrei non ha precedenti. Li incolpano di tutto. Potremmo non essere in grado di proteggerti da loro».

«Rebecca, sali su quella barca e lascia l'isola. Ti ho raccontato cosa c'era scritto sui giornali che ho visto in Germania. Cosa posso fare per convincerti?».

«Smettila di insistere. Non lascerò l'isola senza di te», disse, e se ne andò.

I bombardieri tedeschi arrivarono un venerdì pomeriggio, il 28 giugno del 1940. Decine di persone che si trovavano al porto in attesa di partire furono uccise. Christopher conosceva alcuni di loro: Mrs Shearer e suo figlio, Norman, di appena quindici anni; John Barrow, che aveva combattuto nella Grande Guerra; e il vecchio Tom Frost, di Saint Saviour. Il giorno dopo, le navi della flotta britannica giunsero per far sfollare il resto della popolazione.

Christopher non vedeva Rebecca da quando avevano litigato a casa del padre. La mattina dell'evacuazione, era andato nel suo appartamento, aspettandosi un altro scontro, ma non l'aveva trovata. Due valigie giacevano per terra, piene, pronte per essere chiuse. Non aveva mai provato nulla che somigliasse al sentimento di dolorosa soddisfazione che avvertì nel vedere quelle valigie. Un senso di amaro sollievo lo invase.

Le navi aspettavano dentro e fuori dal porto, sparpagliate sull'acqua come foglie su uno stagno, in attesa della folla che si stava radunando sulla riva. C'erano migliaia di persone, intere famiglie in fila lungo le banchine di pietra, pronte a stringersi sulle piccole barche a remi che le avrebbero portate sulle navi ormeggiate in rada. Alcuni non partirono. Un atteggiamento di sfida si diffuse tra la folla. Bambini spinti a forza sulle barche saltarono in acqua e tornarono a nuoto dai loro genitori, che si sforzarono di fingersi arrabbiati mentre li asciugavano sotto il sole estivo.

Gli ebrei stavano lasciando l'isola. Il padre di Christopher abbracciò il suo amico Albert Gold quando partì con la famiglia. Se ne andarono tutti: i Fogel, i Levi, i Klein. Mrs Cassin arrivò da sola. Trascinava a fatica la valigia mentre si avvicinava alla fila di persone che aspettavano le scialuppe. Un giovane le andò incontro e l'aiutò. Salì su una barca e si mise seduta senza dire niente a nessuno. Non si guardò mai indietro.

Christopher aspettò lì per diverse ore. Migliaia di persone avevano lasciato l'isola. Molte di più decisero di restare. Di Rebecca, ancora nessuna traccia. La folla al porto diminuì con il passare delle ore. Lui e il padre rimasero lì, in attesa. Molte persone avevano troppa paura che i bombardieri tedeschi tornassero, per rischiare la vita guardando i vicini partire per la terraferma. Arrivò la famiglia di Tom, i genitori e le sorelline. Christopher e il padre li salutarono senza tirarla per le lunghe, visto che Alexandra e Tom erano lì con loro. Tom restò stoicamente accanto a loro, stringendo la mano della madre mentre piangeva. Abbracciò lei, poi le sorelline. Suo padre gli strinse la mano e partirono. Rimase solo, la sua famiglia se n'era andata. Alexandra era tutto ciò che gli restava.

Rebecca non arrivò. La ritrovò nel suo appartamento quando l'ultima nave partì. Christopher spinse la porta, e la vide seduta sul divano, che faceva finta di leggere. Le valigie erano ancora sul tappeto, davanti a lei, così come le aveva viste quella mattina. Christopher non disse nulla, si limitò a chiudersi la porta alle spalle. Il divano scricchiolò quando si sedette accanto a lei e la strinse tra le braccia attirando la sua testa contro il petto. «Sei davvero pazza», sospirò.

«Ti amo», ribatté sussurrando, e rimasero seduti per diversi minuti, senza parlare.

Il giorno dopo, i tedeschi arrivarono con due divisioni, e i cinque anni di occupazione dell'isola di Jersey ebbero inizio.

Capitolo 14

Rebecca stringeva la mano di Christopher quando videro marciare davanti a loro le colonne di soldati. La marea di persone disposta su tre file ai lati della strada non emetteva alcun suono. Si sentivano solo le marce cantate dai soldati.

«Cosa stanno dicendo?», chiese Rebecca.

«Cantano "Andiamo, andiamo in battaglia"», rispose lui.

«Ci stanno guardando».

«Non essere ridicola».

«Di certo questa gente ha ben altro di cui preoccuparsi che non il fatto che tu sia tedesco», disse lei. Rimasero lì altri cinque minuti finché, soddisfatta la curiosità, non se ne andarono.

Due settimane dopo una macchina si fermò davanti alla casa del padre di Christopher. «Rebecca, vai al piano di sopra e chiuditi in camera da letto. Non scendere finché non se ne saranno andati», disse il padre di Christopher.

«Forse abbiamo scelto il giorno sbagliato per farle visita», disse mentre si allontanava.

Un soldato tedesco aprì la portiera della macchina per l'ufficiale, che si voltò a destra e sinistra prima di avviarsi verso la casa. Bussò alla porta e fece un passo indietro. Christopher si alzò, ma Stefan gli posò una mano sulla spalla e s'incamminò verso la porta d'ingresso. Parlarono in tedesco. L'ufficiale chiese se poteva entrare. Il padre di Christopher lo condusse in cucina e lo invitò ad accomodarsi. L'ufficiale sedeva impettito sulla sedia, con il cappello militare posato sul tavolo davanti a lui.

«Christopher, ti presento il capitano Voss, ha chiesto di vederci entrambi».

Il capitano Voss si alzò e sorrise. «Felice di conoscerla», disse Voss porgendogli la mano. Christopher la strinse, e il suo sguardo cadde sulla croce di ferro sull'uniforme grigia.

«Christopher, prepara il tè, per favore. Ne gradisce un po', capitano Voss?»

«Sì, certo».

«Allora, capitano Voss, a cosa dobbiamo il piacere?», disse il padre di Christopher.

«Dritto al punto, eh?», rise Voss. «Bene, come saprete, vorremmo che l'occupazione di Jersey rappresentasse un esempio per tutti i Paesi attualmente sotto il controllo del Reich». Ci fu una pausa, come se Voss si aspettasse che replicassero, ma non lo fecero. «Vorremmo instaurare un buon rapporto con la popolazione di Jersey, motivo per cui abbiamo mantenuto il vostro governo locale, o baliato, come lo chiamate voi. Il mio Kommandant, il dottor von Stein, ha richiesto la collaborazione della popolazione di Jersey e ci aspettiamo che sia auspicabile. Sappiamo che la vita sarà diversa sotto la tutela del Führer, e che la guerra porta sempre difficoltà».

Christopher portò il tè in tavola, davanti ai due uomini. Voss si prese qualche secondo per riempire le tazze dei due uomini prima di servirsi.

«Molto bene, capitano Voss, ma questo cos'ha a che fare con noi?».

Christopher stava pensando a Uli, che tante volte aveva occupato quella sedia e adesso indossava la stessa uniforme. Due settimane prima i Seeler erano gli unici tedeschi sull'isola, adesso ce n'erano migliaia, uno ogni tre abitanti. Era la prima volta che parlava con uno di loro.

«Passando in rassegna i registri degli abitanti dell'isola, abbiamo scoperto con enorme piacere che almeno una famiglia tedesca viveva qui. Il dottor von Stein vi ha scorto un'opportunità per presentarci alla popolazione locale».

«Cosa saremmo chiamati a fare?», chiese il padre di Christopher.

«Niente più che fare da intermediari e agevolare le relazioni con gli abitanti in modo che non si creino conflitti».

«Capitano Voss, sono certo che comprenderà che ormai viviamo qui da molti anni. Ci siamo integrati con i nostri vicini e ci siamo fatti molti amici». Stefan sollevò la tazza di tè.

«Dove vuole arrivare?»

«Potremmo essere costretti a rifiutare». Il padre di Christopher posò la tazza sul piattino senza berne neanche un sorso.

«Perché mai dovreste rifiutare? Avrete la possibilità di aiutare i vostri vicini e la patria al tempo stesso. È un'opportunità unica. E ovviamente, assistere il dottor von Stein nei suoi doveri vi garantirà delle ricompense».

«Abbiamo altra scelta?», chiese Christopher.

«So che avete trascorso qui gran parte della vostra vita, e questo rende tale incarico ancora più oneroso per voi. So anche che il vostro parente, Uli Seeler, sta prestando servizio presso la Terza Panzer-Division in Francia». Sollevò la tazza di fronte a sé e bevve un sorso di tè. «Di certo vostro zio sa bene dove riporre la propria lealtà. Anche voi rappresentereste un valido contributo per la Wehrmacht. Magari potrebbe farvi piacere parlare con qualcuno su cosa significhi servire la nazione come fa il vostro parente».

«Dove dobbiamo andare?», disse il padre di Christopher.

«Presentatevi a questo indirizzo», disse, estraendo un foglietto dalla tasca. «Vi aspettano per le otto in punto, domani mattina. Potete chiedere di me». Si alzò e si rimise il cappello. «Mi aspetto che sarete più concilianti, con il passare del tempo. Sono certo che capirete che vogliamo solo il meglio per gli abitanti dell'isola. Oh, e potrete venire in macchina». Si avviò fuori dalla cucina e verso la porta d'ingresso. Christopher raggiunse la porta appena Rebecca scese le scale, restando in disparte. Aveva un foglietto in mano e aspettò che la macchina se ne fosse andata per leggerlo. C'era scritto l'indirizzo della residenza dei Durrell a Saint Brélade.

La mattina successiva, Christopher e suo padre arrivarono ai cancelli della villa dieci minuti prima delle otto. Le sentinelle si misero i fucili in spalla nell'avvicinarsi al finestrino. Il padre di Christopher spiegò cosa ci facessero lì e la guardia fece cenno di aprire i cancelli. Era la prima volta che usavano la macchina dopo due settimane. Pochi giorni dopo il loro arrivo, i tedeschi avevano interdetto a tutti i civili l'uso di macchine o trattori, e tutt'a un tratto le biciclette erano diventate beni estremamente preziosi. La villa, che un tempo era la casa della famiglia Durrell, era diventata la residenza ufficiale del dottor Gottfried von Stein, il Kommandant delle forze di occupazione tedesche di Jersey.

Il padre di Christopher rallentò fino a fermarsi. «Ricorda, questo non è il luogo adatto per lasciarsi sfuggire parole sovversive, trattienile nel cuore». La sentinella li condusse nella tenuta. Non c'era traccia di Lord e Lady Durrell, si vedevano solo soldati tedeschi che si aggiravano negli splendidi giardini. La guardia li condusse nel foyer e gli disse di aspettare. Rimasero immobili sul pavimento di marmo, con lo sguardo rivolto ai dipinti degli antenati di Lord Durrell e al ritratto di Hitler, da poco appeso accanto a loro. Il capitano Voss scese le scale per salutarli. «Salve, signori, sono felice che abbiate deciso di unirvi a noi». Li condusse in un piccolo studio al piano di sopra e li fece accomodare. Si rammaricò che il dottor von Stein non avesse il tempo per incontrarli e anche lui dovesse farla breve. Il lavoro sarebbe consistito nel tradurre le ordinanze trasmesse dagli occupanti tedeschi agli Stati di Jersey, il governo parlamentare dell'isola. Avrebbero dovuto semplicemente tradurle, non spiegarle. Per questo, sarebbero stati ben pagati e avrebbero avuto il privilegio di utilizzare l'automobile. L'incontro durò meno di cinque minuti. Il capitano Voss disse che avrebbero iniziato il giorno dopo, in un ufficio in città.

Christopher e suo padre cominciarono il nuovo lavoro forzato. Sull'isola non c'erano altre persone che parlassero correntemente il tedesco, ad eccezione di Alexandra, e furono entrambi felici di tenerla il più possibile lontana dai tedeschi. La notizia del loro nuovo incarico si diffuse in fretta. Una sera erano nel pub, dopo il lavoro, quando Dewey Leonard, un pescatore del posto, ormai disoccupato come altre centinaia, dal momento che i tedeschi avevano vietato a tutte le barche da pesca di lasciare il porto, li avvicinò al bancone. Era ubriaco, ubriaco fradicio. «Traditori», sibilò, «approfittate dell'invasione dell'isola. Era tanto che aspettavate che arrivassero, vero?».

Christopher stava per affrontarlo, ma il padre gli mise un braccio davanti. «Posso assicurarti che neanche noi ne siamo contenti. Presto se ne andranno, e tutti torneremo a vivere le nostre vite». Nessun altro parlò. Dewey se ne andò, imprecando sottovoce. Due giorni dopo trovarono gli pneumatici della macchina squarciati. Dopo qualche giorno, per strada, Christopher prese di petto Dewey, sobrio, ma lui giurò che era dall'altra parte dell'isola a far visita alla madre, quel giorno. Non denunciarono mai l'incidente.

I Durrell vivevano ancora nella loro casa. Ora la condividevano con il Kommandant e il suo personale. Tutt'a un tratto, ogni luogo di quella piccola isola era diventato terribilmente affollato.

Capitolo 15

L'ordinanza sugli ebrei giunse nell'ottobre del 1940. Tutti gli ebrei dell'isola dovevano registrarsi presso l'Ufficio Centrale Stranieri di Saint Helier. Christopher lesse per intero il documento, i suoi battiti accelerarono a ogni riga. Per "ebrei" s'intendevano tutti quegli individui che avevano aderito alla religione ebraica, o chiunque avesse più di due nonni ebrei. Persone che non si erano mai considerate ebree sarebbero rientrate nella categoria. Appena si rese conto di cosa stava per succedere, Christopher sentì le mani tramutarsi in due blocchi di ghiaccio. Fino ad allora, lui e suo padre avevano dovuto tenere nota di ogni pollo, mucca, gallina e maiale sull'isola, e delle coltivazioni degli agricoltori, tradurre le lettere ricevute e inviate dal Kommandant e, evidentemente, qualsiasi decreto il dottor von Stein volesse trasmettere. Non gli era mai passato per le mani nulla che riguardasse gli ebrei. Per qualche ragione, Christopher si era convinto, come Rebecca, che i nazisti avrebbero trattato gli ebrei di Jersey in modo diverso. Il padre di Christopher si avvicinò a lui e sollevò il foglio, scritto in tedesco e firmato in calce dal dottor von Stein. Gli restituì il documento.

«Una cosa è certa», disse. «Rebecca non si registrerà». La porta si aprì alle loro spalle. Il caporale Steiner entrò nell'ufficio che i nazisti avevano messo a loro disposizione a Saint Helier. Steiner era di Francoforte, un giovane affascinante poco più giovane di Christopher. Era sempre allegro, e quel giorno non fu da meno.

«Come va stamattina, signori?».

«Sa nulla dell'ordine che impone agli ebrei di registrarsi?», chiese Christopher.

«Di cosa vi preoccupate? Fa solo parte del progetto di purificazione della società».

«Cosa immagina accadrà agli ebrei dell'isola?», chiese Christopher.

«Chi lo sa? Ma per il momento è fondamentale sapere chi sono, così potremo sorvegliarli». Posò alcuni documenti che aveva in mano. «È bello poter contare sui compatrioti, qui sull'isola, rende il nostro lavoro molto più semplice. Il Regno Unito è una nazione civilizzata, non come gli slavi. Sono stato in Polonia, sapete?, quando è cominciata l'invasione. Quella gente... quella gente è molto diversa. Hanno a malapena l'acqua corrente. E gli ebrei del posto, sono più simili a bestie che a esseri umani, sembrano parassiti. Ma i britannici sono molto diversi. È un peccato doverli combattere. Sono sicuro che un giorno ci ritroveremo tutti dalla stessa parte. Non preoccuparti per gli ebrei, Christopher. Di certo loro non si preoccupano per te. Sono stati loro a causare questa guerra». Infilò una mano in tasca per prendere una sigaretta e la portò alla bocca. «Ti senti bene, Christopher?».

«È tutto il giorno che non si sente un granché», disse il padre. «Le dispiace se torna a casa? È a pochi isolati da qui».

«Certo che no, e poi a quanto pare avete quasi finito per oggi».

Christopher non esitò un minuto di più e annuì raccogliendo le sue cose. Aspettò di essersi allontanato dalla visuale dell'ufficio per mettersi a correre.

Rebecca stava leggendo quando Christopher irruppe nella stanza. La radio era spenta. La accendeva raramente in quei giorni: le stazioni radio prescritte vomitavano propaganda nazista a ogni ora e non li attiravano minimamente. Alcuni abitanti dell'isola osavano ancora ascoltare la BBC, nonostante rischiassero una notte in prigione, se fossero stati sorpresi.

«Sei già a spasso», disse. «I nazisti ti hanno fatto uscire prima? Cos'è? Il compleanno di Attila il Barbaro?»

«Oggi hanno trasmesso l'ordinanza che impone a tutti gli ebrei dell'isola di registrarsi. L'ho tradotta io stesso».

«Dove devo andare? Quando?»

«Entro il 24 del mese. Giovedì prossimo. Hanno istituito un ufficio in centro, ma non ti preoccupare. Non ti registrerai. Non succederà».

«Non mi vergogno di ciò che sono».

«Lo so, Rebecca». Christopher le prese il volto tra le mani. «Hanno questa... idea, questa distorta convinzione che gli ebrei siano parassiti, ratti o roba del genere».

«E mio padre? Lui è già registrato come ebreo, è sulle liste elettorali. Dovrà registrarsi per forza».

«Non so cosa dire di tuo padre. Non posso fare nulla per lui».

«Oh, no». La strinse tra le braccia e lei affondò il volto nella sua spalla. «Devo vederlo. Devo dirglielo».

Perché? Non farebbe mai una cosa del genere per te. Probabilmente è ubriaco, con il fucile sulle ginocchia. Merita di morire da solo. Christopher non era più tornato a casa loro dalla notte in cui Cassin lo aveva costretto a scrivere la lettera. Lui e Rebecca avevano parlato di quella notte molte volte, e nonostante gli credesse, non riusciva a odiare il padre per quello che aveva fatto. Non era mai andata a trovarlo, durante quei mesi di occupazione. Diceva che pensava spesso a lui, ormai solo nella casa di Saint Martin, circondato dagli effimeri profitti che era riuscito ad accaparrarsi durante il suo fidanzamento con Jonathan, ora che i suoi piani per il futuro erano miseramente sfumati.

«So che non gli dobbiamo niente. Ma non posso non dirglielo. È pur sempre mio padre».

«Va bene. Andiamo a trovare tuo padre, insieme, oggi stesso».

Salirono in bicicletta e pedalarono verso Saint Martin. Le strade erano piene di soldati tedeschi, ce n'erano a centinaia, che girovagavano in moto o sui camion con le armi in spalla. Appena Rebecca fosse stata identificata come ebrea, non avrebbe potuto più fare nulla, ma come avrebbero potuto scoprirlo? Non c'erano sinagoghe sull'isola. Avrebbe potuto fare finta di essere un'altra persona, assumere l'identità di qualcun altro, magari persino Sandrine Mallard, che era partita per l'Inghilterra con il nuovo fidanzato. Be', forse non proprio Sandrine, ma c'erano tante altre persone che potevano andare bene. *Esiste il modo di evitare tutto questo, non c'è bisogno di farsi prendere dal panico*, si disse mentre passavano accanto a un altro camion di soldati tedeschi. Alcune mucche si erano fermate in mezzo alla strada e i soldati furono costretti a saltare giù. Christopher scese dalla bici e proseguì a piedi, muovendosi a zig zag tra i soldati sparpagliati sulla strada. Rebecca passò tra loro a testa alta.

Erano le cinque quando raggiunsero la casa. Una cortina di nuvole grigie provenienti dal mare incombeva sulla costa. Lasciarono le biciclette accanto alla macchina nuova di zecca che non aveva mai lasciato il vialetto, un regalo di Jonathan Durrell per la futura suocera. Rebecca bussò. Una dolce melodia trapelava dalla porta. Bussò ancora. Aspettarono altri trenta secondi, entrambi in silenzio, finché la porta non si aprì.

«Ciao», disse Rebecca. «Possiamo entrare?».

«Allora è vero. Sei rimasta qui, con lui? Adesso ci sono ventimila tedeschi sull'isola. Hai l'imbarazzo della scelta».

«Possiamo entrare, padre?»

«Se proprio dovete».

L'ingresso era pulito, e lo specchio sopra al tavolino di servizio era nuovo, l'etichetta del prezzo, mezza strappata, era ancora attaccata a un angolo della cornice. Rebecca li condusse in soggiorno. Christopher si sentiva come se fosse tornato sulla scena di un delitto. C'erano un paio di bicchieri da whisky sparsi sui tavoli, e la cenere del fuoco della sera prima era ancora nel caminetto, ma a parte questo la stanza era ordinata e pulita. Rebecca si accomodò sulla sedia accanto al fuoco dove Cassin aveva fatto sedere Christopher. Il padre prese posto nella poltrona di fronte, e Christopher sul divano, davanti al caminetto.

«Noto con piacere che stai tenendo in ordine la casa», cominciò Rebecca.

«È più facile, da quando tua madre è partita».

«Non siamo venuti per una visita di cortesia», continuò.

«Ah, no? Di' quello che hai da dire e lasciami da solo. Non ho alcuna voglia di vederti, non dopo il modo in cui hai tradito la tua famiglia. Vederti mi disgusta».

«Non m'importa cosa pensi di me, perché so che in tutta la vita non ti sei mai preoccupato di nessuno, né di me, né di mia madre, né tantomeno di te. Oggi sono qui solo per dirti che i tedeschi stanno per ordinare a tutti gli ebrei dell'isola di registrarsi».

«Tutto qui?».

«Avanti, Rebecca, andiamocene».

«Che vuol dire "tutto qui"? I tedeschi vogliono schedare tutti gli ebrei dell'isola. Non t'interessa?».

Cassin abbassò lo sguardo a terra. Non disse nulla. Si limitò a infilare una mano nell'armadietto accanto a lui e a prendere una bottiglia di cristallo. Tolse il tappo e si versò da bere.

«Credo sia ora di andare», ripeté Christopher.

Rebecca si alzò, quasi al rallentatore. Non distolse mai gli occhi dal padre, anche se lui la guardò solo di sfuggita. Christopher la prese per mano. Mentre uscivano, sentirono la sua voce.

«Rebecca...», disse. «Io...». Si portò il bicchiere alle labbra. Christopher le strinse la mano e andarono via.

Alcune settimane dopo, Christopher lesse la lista degli ebrei che si erano registrati sull'isola. Molti dei nomi furono una sorpresa per lui, appartenevano a persone che frequentavano regolarmente la chiesa anglicana. In cima alla lista vide il nome di Pierre Cassin, e una nota subito sotto riportava che la sua famiglia era partita per l'Inghilterra prima dell'invasione.

Capitolo 16

Le ordinanze trasmesse dal dottor von Stein diventarono sempre più drastiche. Dapprima vennero i coprifuochi, poi furono limitate altre libertà. A quanto sembrava Hitler era ossessionato dall'idea di difendere le Isole del Canale. Imponenti lavori di costruzione cominciarono nel 1941. I manovali della Todt, operai costretti ai lavori forzati che provenivano dal continente, costruirono piazzole, mura anticarro sulla spiaggia e centinaia di bunker e batterie che punteggiarono di grigio le verdi colline che si affacciavano sul mare in tutta l'isola. Le condizioni cui erano sottoposti smentivano le buone intenzioni manifestate dai tanti ufficiali nazisti che Christopher e il padre incontravano nel loro ufficio.

Gli operai della Todt, azienda che prendeva il nome dal fondatore dell'impresa di lavori forzati, Fritz Todt, arrivarono nel febbraio del 1941. Quando s'imbatté nel primo gruppo, composto da una quarantina di uomini, Christopher si ritrovò davanti quanto di più simile agli orrori dell'inferno avesse mai visto: indossavano scarpe sfondate e vestiti logori che lasciavano intravedere i corpi ossuti e affamati, le articolazioni gonfie, la pelle bianca e cadente. Tossivano e rantolavano come se facessero fatica a trattenere ogni boccata d'aria. Rebecca offrì un tozzo di pane a un operaio che le passò accanto trascinando i piedi, un giovane che poteva avere non più di diciotto anni. Era appena riuscita a posarlo sul suo palmo quando le guardie li videro. Il soldato tedesco più vicino corse verso di loro e colpì il giovane alla testa con il calcio del fucile appena se lo mise in bocca. Il suo corpo si accasciò a terra come un sacco vuoto. Rebecca urlò e la guardia la costrinse ad arretrare spingendole la canna dell'arma contro il petto. Christopher provò a intervenire, ma si sentì trattenere da un altro soldato alle spalle. Le guardie li allontanarono ai lati della strada. Altri operai sollevarono il giovane da terra e in qualche modo lo portarono via. Sembrava che a stento riuscissero a reggersi in piedi. I manovali proseguirono per la strada arrancando. Non rimase altro che una pozza di sangue a terra, che fu lavata via pochi istanti dopo, appena cominciò a piovere.

Dopo quell'episodio, molte altre volte si ritrovarono davanti all'appartamento di Christopher, a tentare di dare un po' di cibo agli operai della Todt. In alcuni casi ci riuscirono, ma spesso furono respinti dalle guardie, e i lavoratori continuarono a marciare, sconfitti.

Era una calda e piovosa serata di luglio quando Christopher tornò a casa con una lettera che gli aveva dato il padre. Sentiva i vestiti logori e sporchi appiccicarsi al sudore sulla pelle. Il sapone era una rarità, e i vestiti nuovi solo un ricordo. Rebecca sedeva accanto alla finestra. Si avvicinò a lei, affondando una mano tra i suoi capelli, sul collo. «Non lo sopporto più», disse.

«Non sopporti cosa?»

«Questo isolamento, questa vita stentata». La pioggia tamburellava sul vetro. «Ho dei progetti. Vorrei sposarti».

«Questo non è il momento più adatto per parlare di matrimonio. Con cosa faremmo la torta, con la sabbia?»

«Lo so. Come so che non potremo mai farlo finché i nazisti non se ne andranno. Non pensavo che sarebbero rimasti tanto a lungo».

«Rebecca, devi essere paziente. Quando finirà la guerra...».

«Potrò uscire di nuovo da questa casa? Sto impazzendo qui dentro».

«Sai che dobbiamo stare attenti. Se i nazisti ti sorprendono senza documenti... Ne abbiamo già parlato un milione di volte».

«Lo so, dovrò registrarmi come ebrea, cos'altro potrebbero farmi?».

«Davvero vuoi correre questo rischio? Hai visto come trattano gli operai della Todt. Vuoi finire come loro? Uno scheletro che cammina, una schiava?».

«Sembra che la mia vita si sia interrotta, da quando sono arrivati i nazisti».

«E la trovi così insopportabile?»

«No, non intendevo questo. Ora che sono con te sono più felice di quanto non lo sia mai stata. È solo che tu sei la sola cosa buona nella mia vita. Vorrei andare all'università, vorrei un lavoro, una famiglia, dei figli. Vorrei fare dei figli con te e diventare tua moglie». Lo condusse verso il divano e si sedette sulle sue gambe.

«Possiamo ancora avere tutte queste cose. E un giorno potrai studiare. Anch'io voglio una famiglia, ma questo non è il momento adatto per mettere al mondo dei bambini, non qui, non adesso».

«E se mi registrassi? Finora agli ebrei non è accaduto nulla. Hanno continuato a vivere le loro vite. Possono uscire di casa...».

«Non è una buona idea, Rebecca. Se aspettiamo...».

«Se aspettiamo cosa? Spetta a me decidere se registrarmi oppure no, non a te. Non mi vergogno delle mie origini. Non faccio altro che scappare dal mio appartamento al tuo. Non ho neanche più un lavoro. Non faccio altro che nascondermi». *Forse ha ragione*. «Almeno se mi registrassi farei una vita normale».

La lettera di Uli gravava ancora nella sua tasca. Probabilmente era la prima lettera che un abitante dell'isola riceveva da quando era stato istituito il blocco dell'isola, con l'arrivo dei nazisti.

«Che problema c'è?»

«Non c'è nessun problema. Ho ricevuto una lettera di Uli, l'ha portata di nascosto un soldato tedesco durante uno degli spostamenti».

«Essere tedeschi ha i suoi vantaggi, dopotutto. Cosa dice?».

Christopher infilò la mano in tasca e le porse la busta. Rebecca la tenne in mano per qualche secondo prima di aprirla. Sorrise appena lesse la prima riga.

27 giugno 1941

Stefan, Christopher, Alexandra, Tom e Rebecca (spero),

mi auguro che stiate tutti bene. Se le persone cui ho affidato questa lettera sono in gamba quanto dicono, questa lettera dovrebbe raggiungervi quando sarò in Russia.

Abbiamo ricevuto l'ordine di partire la scorsa settimana e ce ne andremo domani. Gli altri ufficiali dicono che questo sarà l'attacco finale che ci permetterà di vincere la guerra, e che per Natale sarà tutto finito. I russi sono una marmaglia disorganizzata, e le forze congiunte del Reich dovrebbero sbaragliarli facilmente, o almeno così dicono. Ma dentro di me non posso fare a meno di ricordare un altro presuntuoso generale di nome Napoleone, e gli esiti della sua spedizione in Russia, ma staremo a vedere.

Mi manca la mia casa più di quanto non potessi immaginare. Non vedo l'ora di rivedere Karolina e stringere Stefan tra le braccia. Penso a loro tutto il tempo, e a volte mi ritrovo a fissare per ore intere le fotografie che mi manda. A quest'ora Stefan starà correndo in giro per casa, e dirà anche qualche parola. Karolina mi ha detto che mi riconosce dalle foto, e mi indica dicendo "papà". Basta questo a sciogliere il mio cuore e a farmi dimenticare tutto il resto.

Non posso dire di aver passato un periodo felice in Francia. Immagino sia difficile per queste persone capire che siamo qui per impedire una carneficina, non per provocarla, ma temo che non lo comprenderanno mai. Forse se vinceremo davvero questa guerra, come sostengono tutti, un giorno rivedranno il loro giudizio su di noi, e potremo vivere tutti in pace l'uno accanto all'altro. Non lo so. Sono solo un soldato, anche se adesso sono maggiore. Dovevano essere a corto di gente, se mi hanno promosso. Ma continuerò a fare ciò che ho sempre fatto, abbasserò la testa e comincerò a correre appena sentirò fischiare le pallottole. Vi prego, cercate di non preoccuparvi per me.

Spero stiate tutti bene, e che Tom non si sia arruolato nell'esercito britannico! No, seriamente, sono costretto ad avvertirvi. Dalle ultime lettere di Christopher, prima che Jersey fosse occupata, mi è sembrato di capire che Rebecca volesse restare sull'isola, per stare con lui. E per quanto questa notizia mi abbia riempito di gioia, devo mettervi in guardia dalle leggi che il Reich ha promulgato contro gli ebrei. Stai attenta, Rebecca, se stai leggendo questa lettera. Se succederà qualcosa, userò tutta l'influenza che potrò esercitare con gli amici che ho nelle ss, alcuni anche molto in alto, ma non posso fare altro. Tieni la testa bassa e ti passerà tutto sopra senza sfiorarti.

Proverò a scrivervi ancora, appena potrò, ma non so quanto potrò fare affidamento sul servizio postale, una volta che sarò in Russia.

Con amore,

Uli

Rebecca lasciò ricadere la lettera sulle sue gambe. I trenta secondi che passarono prima che parlasse si trascinarono insopportabilmente. «Non posso credere che Uli stia combattendo per i nazisti. Che sia uno di loro. Era una brava persona».

«Lo è ancora».

Capitolo 17

Christopher conobbe il dottor Wilhelm Casper, il nuovo Kommandant della guarnigione tedesca sull'isola, il 19 luglio del 1942. Stava lavorando nell'ufficio di Saint Helier come ogni altro giorno. Non avevano più notizie di Uli da un anno, da quando era stato spedito in Russia. Sapevano solo che era ancora vivo grazie ai registri degli impiegati che lavoravano nell'ufficio del dottor Casper. Uli risultava ancora in servizio attivo sul Fronte orientale.

Erano le uniche persone sull'isola che avevano ricevuto notizie dal mondo esterno, da quando era cominciata l'occupazione. Rebecca era ancora nascosta nell'appartamento e l'aveva lasciato raramente, in tutti quei mesi. Christopher immaginava che fosse ottimista quanto potesse esserlo chiunque nella sua stessa posizione. Mentre la stringeva tra le braccia, di notte, sentiva le sue ossa affiorare sotto la pelle tesa. Erano dimagriti entrambi. Lo erano tutti, persino i soldati tedeschi.

Steiner entrò nell'ufficio lasciando la porta socchiusa. Si avvicinò direttamente alla scrivania di Christopher, che stava leggendo con attenzione le ordinanze del giorno.

«Che succede?»

«Il dottor Casper vuole vederti, immediatamente».

«A che proposito?», chiese il padre di Christopher. Le ciocche grigie che gli screziavano i capelli erano evidenti, adesso, il volto sottile era segnato dal tempo come le rocce sulla spiaggia. «Sono certo che il dottor Casper potrà chiarire con me qualsiasi dubbio. Ci incontriamo diverse volte al mese, sebbene di sfuggita...».

«Gli ordini erano abbastanza chiari. Vuole vedere il ragazzo». Christopher era più giovane di Steiner di appena sei mesi.

Christopher si alzò. «Tornerò tra pochi minuti. Sono sicuro che si tratta di una cosa da poco», disse in inglese, una lingua che Steiner non parlava. «Non è così, Steiner?», chiese tornando al tedesco.

«Cosa, di cosa stai parlando?», disse Steiner.

Steiner lo scortò fuori dalla porta. Non era mai stato convocato dal Kommandant. Il padre sì, ma mai in quel modo.

Steiner gli aprì la portiera della macchina. Il tragitto verso Saint Brélade, alla residenza dei Durrell, durò circa un quarto d'ora. Per le strade circolavano solo i mezzi che trasportavano le truppe tedesche. Steiner sedette accanto a lui durante il percorso, ma nessuno dei due parlò. Quei quindici minuti sembrarono anni, e Christopher era madido di sudore quando la macchina raggiunse finalmente i cancelli della villa in cui i Durrell continuavano a vivere, sebbene in una piccola ala separata dal resto dell'edificio. Non li aveva più visti dal giorno dell'evacuazione, più di due anni prima. In pochi ci erano riusciti. I cancelli si aprirono e la macchina avanzò lentamente sul vialetto, fermandosi subito davanti all'ingresso principale. Steiner scese. Christopher aprì da sé la portiera e scese sulla ghiaia, sotto il caldo sole estivo, prima che Steiner riuscisse a fare il giro della macchina. I suoi passi scricchiolarono sul brecciolino quando Steiner lo condusse in casa e al piano di sopra. Steiner gli chiese di accomodarsi fuori dell'ufficio del Kommandant, che un tempo era una delle sette camere degli ospiti della villa. Si sedette sul morbido divano di velluto rosso e aspettò. La camicia gli si stava appiccicando alla schiena. Immaginò Rebecca a casa, ricercata dalle guardie. La immaginò in quella villa, dove avrebbe potuto vivere. La porta si aprì.

Il dottor Casper si fermò sulla soglia e gli tese la mano. Era un uomo tozzo, corpulento, con un viso rotondo e pochi capelli sottili sulla testa altrettanto rotonda. Christopher sentì la forza del suo polso quando gli strinse la mano.

«Herr Seeler, è un piacere incontrarla. Venga nel mio ufficio», disse in inglese.

Christopher si sedette su un'antica poltrona di legno di fronte all'ampia scrivania. Il ritratto di Hitler sorvegliava la stanza dalle pareti rivestite di pannelli di legno.

«Apprezziamo molto il lavoro che lei e suo padre fate per noi qui sull'isola. È fondamentale che la popolazione capisca che non siamo qui per schiavizzarla, niente del genere. È una vera fortuna poter contare sul lavoro di due pilastri della comunità come voi».

«Grazie».

«Il mio predecessore, il dottor von Stein, ha istituito un sistema amministrativo molto efficiente, e nonostante alcune difficoltà, sono convinto che stiamo per raggiungere l'obiettivo che ci eravamo prefissati, fare di quest'isola un modello dell'occupazione tedesca. Ma c'è sempre qualche problema. Conosce le leggi in vigore nel Reich tedesco a proposito della popolazione ebraica?».

Christopher sentì il sangue gelarsi nelle vene. «Sì, Herr Kommandant».

«La prego di comprendere che non è una mia decisione, ho solo eseguito gli ordini trasmessi dai miei superiori e che risalgono al Führer in persona. Lo capisce questo, vero?»

«Sì, naturalmente». I muscoli del collo sembravano rigidi come barre d'acciaio.

«Ho ricevuto parecchie pressioni a proposito delle operazioni di registrazione e controllo di tutti gli ebrei dell'isola. Non solo di alcuni di loro, ma di tutti. Capisce, vero?». Le gambe di Christopher tremavano e la stoffa dei pantaloni ondeggiava come una bandiera nella brezza. «È essenziale avere la piena collaborazione di tutti gli abitanti dell'isola, su tale questione, e in particolare di chi lavora a stretto contatto con noi, come lei e suo padre, non trova?»

«Certamente, Herr Ca... Mi scusi, dottor Casper».

«Lasciamo stare queste formalità, Christopher. Voglio che consideri le forze di occupazione tedesche come alleati. Dopotutto, non siamo tutti tedeschi?». *È da sola in quell'appartamento. E io sono intrappolato qui.* «A ogni modo, sono stato informato che ci sono diversi ebrei sull'isola che non si sono registrati all'ufficio di riferimento. È della massima importanza che questi individui si presentino all'autorità competente. Sono certo che lei comprenda, così come lo hanno fatto gli Stati di Jersey, il vostro governo locale, ed è per questo che ci hanno offerto la loro disponibilità. Non mi sorprende che abbiano sollevato poche obiezioni. Si sono resi conto anche loro dell'importanza di questo lavoro». Casper si alzò e si avvicinò alla finestra. Guardò fuori per qualche secondo prima di voltarsi di nuovo verso Christopher. «C'è qualcosa di cui vuole parlarmi? Capisco che si possano commettere degli errori, ma perché lei e suo padre conserviate il vostro posto di lavoro e i privilegi che lo accompagnano, mi aspetto una buona dose di lealtà». Casper tornò a sedersi alla scrivania. «Non glielo chiederò ancora. Non deve dirmi nulla?»

«No, dottor Casper».

«Lei mi delude, Christopher, davvero. Le ho affidato un compito di grande responsabilità, e ha tradito la mia fiducia. Questa mattina Rebecca Cassin si è registrata come ebrea presso le autorità locali. Mi è stato detto che la conosce, intimamente. L'ho fatta convocare qui prima che avesse la possibilità di comunicarglielo di persona». Casper intrecciò le dita davanti a lui sulla scrivania. «Loro sì che ci sanno fare, eh, gli ebrei? Riescono a guardarti dentro, a leggere la tua anima, a capire quali sono le tue debolezze. Non la biasimo, Christopher. La compatisco. Dovrebbe farsi curare da un dottore per il male che quella donna le ha inflitto. Registrandosi, le ha reso un servizio, così come glielo renderò io non comunicando l'accaduto ai miei superiori. Non resteranno tracce di questo sfortunato incidente, nulla che possa impedirle di servire il Reich in futuro».

«Cosa ne sarà di Rebecca?»

«Cosa ne sarà di Rebecca Cassin? Nulla. Ci occuperemo della sua registrazione e a quel punto, ovviamente, dovrà sottostare alle leggi che riguardano tutti gli ebrei dell'isola».

«Che mi dice del reinsediamento? La trasferirete da qualche parte...?». Ormai aveva abbassato ogni difesa.

«Basta domande, Herr Seeler. Sfortunatamente devo sollevarla dal suo incarico, e lo stesso vale per suo padre. È spiacevole, ma necessario». Casper s'interruppe e la porta si aprì. «Questo è tutto, Herr Seeler».

Casper lo fece portar via. La guardia lo accompagnò alla macchina, dove Steiner lo stava aspettando per riportarlo in città.

Capitolo 18

Gli ultimi sei mesi che trascorsero insieme furono una strana combinazione di gioia e paura, apprensione e felicità. Raramente parlavano del presente: la scarsità di cibo, le deportazioni, e la totale assenza di libertà di Rebecca. Si era trasferita da lui. Era più sicuro ormai. Non ci furono mai sguardi di disapprovazione da parte dei vicini per coloro che avevano deciso di restare sull'isola. In quel periodo, gli ebrei che si erano registrati potevano uscire solo un'ora al giorno, tra le tre e le quattro del pomeriggio. Rebecca era stata già sorpresa fuori dopo il coprifuoco, e aveva passato la notte in prigione. Fu l'ultima volta che lo fece. Christopher non accennò mai al fatto che fosse andata a registrarsi. Allora sembrava la cosa giusta da fare, e pensava non avesse senso rivangare gli errori del passato. Invece trascorsero le loro giornate a sognare un futuro radioso. Christopher stava con lei quasi tutto il giorno, visto che di lavoro ce n'era poco. Il padre di Christopher stava spesso da loro, e anche Alexandra e Tom. I confini dell'appartamento e dell'isola stessa sembravano chiudersi sempre più, in una morsa che li serrava da ogni lato.

Le deportazioni cominciarono nel settembre del 1942. Prelevarono un gruppo di ebrei, insieme a centinaia di cittadini non originari di Jersey. Sembrava non ci fosse alcun motivo per cui Rebecca non fu inclusa tra i deportati. In quanto immigrati, anche i Seeler rispondevano ai requisiti richiesti. Furono ignorati, forse per uno strascico della protezione di cui avevano goduto, o forse no. Sembrava che i nazisti facessero raramente ricorso alla logica, nel prendere le decisioni.

La lettera arrivò il 12 gennaio 1943, una breve comunicazione formale battuta a macchina e firmata in calce dal dottor Wilhelm Casper. Rebecca era stata scelta per essere deportata in Germania. L'imbarcazione sarebbe salpata il 13 febbraio. Le fu comunicato di raccogliere le sue cose in una sola valigia e di presentarsi al cinema Savoy alle due del pomeriggio di quello stesso giorno. Tutto qui. Christopher provò ad andare dal dottor Casper, che però si rifiutò di vedere lui o suo padre. Il capitano Voss finse comprensione, ma non promise nulla. Non poteva fare niente, spiegò. Non esisteva alcuna corte cui appellarsi. La decisione era stata già presa e trasmessa dal Führer in persona, e chi poteva contestare il Führer in persona?

Era facile far finta di nulla, illudersi che quel giorno non sarebbe mai arrivato, vivere nella negazione, ed è quello che cercarono di fare, almeno all'inizio. Ma quando quella data cominciò ad avvicinarsi sempre più, l'atteggiamento di Rebecca cambiò. Elaborarono piani di fuga, per tentare di raggiungere la Francia o l'Inghilterra. Era impossibile. Si sforzarono di pensare a un luogo in cui avrebbe potuto nascondersi fino alla fine della guerra. Ma quanto sarebbe durata? Mesi? Anni? E con il poco cibo a disposizione, a stento sufficiente per la sussistenza, non c'era nessuno disposto a nasconderla. Poco a poco furono costretti ad accettare ciò che stava per accadere, e furono travolti dal dolore. Non sapevano cosa le sarebbe successo. Ovunque si vociferava di campi di concentramento e lavori forzati. Avevano visto dei film sui campi, al cinema, mostravano ebrei sereni e ben nutriti che si dedicavano a lavori all'aperto e attività ricreative. In Rebecca si accese un barlume di speranza, ma neanche in uno slancio di ottimismo Christopher riuscì mai a credere che fosse davvero così.

Rebecca pianse per giorni, era felice solo tra le braccia di Christopher. Il terzo giorno smise. Fu come se fosse riemersa dai deliri della febbre con una nuova consapevolezza. Cominciò a correre dei rischi, dopotutto se anche l'avessero segnalata alle autorità, cosa avrebbe avuto da perdere? Cominciarono a lasciare l'appartamento insieme per andare a trovare Tom e Alexandra, il padre di Christopher, e gli amici rimasti sull'isola. Ci furono molti addii. Chi era ancora tanto audace da ascoltare la BBC aveva saputo delle vittorie degli Alleati a Stalingrado ed El Alamein, e le aveva assicurato che la guerra sarebbe finita a breve. Lei e tutti gli altri deportati sarebbero tornati presto. Non c'era altro da dire.

Christopher si svegliò presto quel venerdì mattina, il 12 febbraio 1943. Rebecca era già sveglia, sedeva accanto alla finestra, gli occhi fissi sul bagliore arancione del sole che sorgeva sul mare e inondava di luce le strade sotto di loro. Si avvicinò a lui in punta di piedi sul pavimento freddo, coperto a stento dal sottile tappeto, e lo strinse tra le braccia. Christopher sentì il suo bacio. Ma non riuscì a ricambiarlo, e appena la guardò negli occhi, il dolore dentro di lui crebbe a dismisura, e si udì piangere sommessamente. Rebecca lo abbracciò per un minuto, o forse più, prima di piegare indietro la testa. Prese il suo volto tra le mani e gli asciugò le lacrime con le dita.

«Oh, calmati adesso. Non piangere. Staremo di nuovo insieme quando sarà tutto finito, e a quel punto nulla potrà mettersi tra noi».

«È tutta colpa mia. Se non fosse stato per me, saresti partita, e adesso saresti sana e salva in Inghilterra».

«Christopher, tu sei la cosa migliore che mi sia mai capitata in tutta la vita, la sola cosa per cui valesse la pena vivere. Non c'è vita per me senza di te. Non capisci? Questa non è la fine di tutto». Si chinò su di lui per baciarlo, e fecero l'amore, sotto le coperte, protetti dal gelo mattutino che attanagliava la stanza. Rimasero sdraiati in silenzio per qualche altro minuto, l'esile, fragile corpo di lei stretto al suo.

«Voglio uscire», disse Rebecca sollevando la testa. «Voglio camminare sulle scogliere. Voglio vedere l'isola e il mare. Cosa potrebbero farmi i tedeschi se ci sorprendessero? Deportarmi?».

Mezz'ora dopo erano per strada, Rebecca era seduta sulla canna della bicicletta mentre Christopher pedalava accanto alle colonne di soldati tedeschi e fuori città, verso la casa del padre, a Saint Martin. Faceva freddo, e sentì il vento trapassare il suo corpo come una lama affilata. Arrivarono alla casa del padre di Christopher. Lui era lì, e prese Rebecca tra le braccia, stringendola al petto e baciandole la testa. Dimostrava tutti i quarantotto anni che aveva.

Non persero tempo a parlare del più e del meno. Stefan preparò il tè in silenzio. Era annacquato, e leggero. Le foglie avevano perso quasi del tutto il loro sapore.

«Sono qui per dirle addio. Partirò domani e...».

«Lo so, Rebecca, lo so perché sei qui. Mi dispiace solo di non essere riuscito a fare nulla per evitare tutto questo».

«È colpa mia», disse Christopher. «Se avessi detto a Casper che Rebecca era ebrea, se gli avessi detto...».

«Se l'avessi tradita, vuoi dire?», ribatté il padre. «Non è colpa di nessuno, solo dei nazisti. Rebecca, devi essere coraggiosa. Lo sei sempre stata. Sei la persona più forte che abbia mai conosciuto».

Rebecca si allungò verso di lui e lo abbracciò. Stefan piangeva in silenzio.

Restarono per pranzo, il padre di Christopher riuscì a mettere insieme un brodo di rape. Parlarono del futuro, e dell'eventualità sempre più probabile che anche i Seeler fossero deportati in Germania. Parlarono della possibilità, o meglio dell'impossibilità, di scappare, o di trovare un luogo in cui nascondersi su quella minuscola isola e il cibo necessario per sopravvivere se mai ci fossero riusciti. Nella stanza calò il silenzio, finché Rebecca non tornò a sorridere.

«Vedo che la casa sull'albero è ancora in piedi», disse. La struttura di legno, costruita in una mattinata da Uli quasi venti anni prima, era aggrappata all'albero su cui l'aveva inchiodata. Era logorata dalle intemperie, la vernice originale era tutta scrostata e lasciava intravedere il legno ingrigito. Parlarono degli anni d'oro della loro infanzia per un'ora o più e si allontanarono per raggiungere insieme la spiaggia. Il padre di Christopher rimase a casa.

I vestiti vecchi e sbiaditi li proteggevano a stento dal freddo, e si rannicchiarono l'uno contro l'altra mentre scendevano alla spiaggia. Passarono accanto alla casa del padre di Rebecca. «Aspettami qui», disse lei. «Ci metterò solo pochi minuti», aggiunse, e si liberò dal suo abbraccio.

Christopher arrivò in fondo alla strada, dove il filo spinato ritorto si allungava tra i paletti piantati nel terreno. Erano mesi che non ci andavano, più di un anno, prima che mettessero quella recinzione e disseminassero la spiaggia di mine. Per qualche ragione Christopher faceva fatica a immaginare un attacco via mare delle coste di Jersey proprio accanto alla casa di suo padre, a Saint Martin, ma i tedeschi no. La vide tornare dopo una decina di minuti.

«Cos'è successo?», le chiese Christopher.

«Partirà sulla mia stessa nave, domattina. Saremo deportati insieme».

Camminarono lungo il filo spinato che serpeggiava sulla costa. Lo seguirono per diversi chilometri, limitandosi a camminare. Gli bastava essere lì, insieme. Ripresero la strada di casa al calare della sera, quando le nuvole grigie sul mare si scurirono. La pioggia cominciò a cadere, sferzata dal vento gelido. Erano scossi dai brividi mentre si affrettavano sulla strada che li avrebbe riportati alla casa del padre di Christopher.

Tom e Alexandra erano lì quando arrivarono. Abbracciarono Rebecca con le lacrime agli occhi. Non riuscirono a ritrovare la gioia che avevano condiviso per tanti anni. Presto Tom sarebbe stato l'unico, tra loro, a restare sull'isola. Per qualche motivo Christopher si sentì terribilmente in colpa all'idea di doverlo lasciare.

Rientrarono in città prima del coprifuoco, che scattava alle otto di sera. Passarono accanto ad alcune truppe, sulla via del ritorno. Christopher si assicurò di mostrarsi più disinvolto possibile, e di non vomitargli addosso l'odio che sentiva ribollire dentro di sé.

Arrivarono all'appartamento e incatenarono fuori la bicicletta. Salirono le scale e tentarono di comportarsi come sempre. Rebecca preparò la cena con alcune carote, una patata e un brodo cotto con acqua salata per dargli un po' di sapore. Il sale era finito da tempo. Christopher la abbracciò mentre cucinava, affondando il volto nei suoi capelli. Consumarono il loro pasto insieme sul divano, sotto una coperta.

Christopher si addormentò intorno alle quattro del mattino. Il peso della stanchezza lo sopraffece, privandolo delle ultime ore con lei e dell'ultima alba che avrebbero potuto contemplare insieme. Si svegliarono intorno a mezzogiorno. Rebecca fece la valigia. Christopher non riuscì a guardare. Era troppo. La accompagnò al Savoy, dove trovarono suo padre e gli altri ebrei ammassati insieme da una truppa tedesca che avrebbe potuto sorvegliare centinaia di persone. Appena arrivarono, i soldati fecero un passo indietro guardando in cagnesco gli ebrei. Erano tredici in tutto. Rebecca era la tredicesima. Christopher si avvicinò a suo padre. Cassin gli andò incontro. Sembrava molto vecchio. Era ubriaco.

«Si prenda cura di Rebecca. È ancora sua figlia. È la sua occasione per rimediare agli errori del passato». Cassin gli strinse la mano.

Christopher si voltò verso Rebecca, la stessa bambina impaurita che aveva trovato sulla spiaggia quasi vent'anni prima. La strinse tra le braccia. L'ufficiale tedesco si avvicinò. Era Voss. Lanciò un'occhiata a Christopher, senza salutarlo.

«Molto bene», disse Voss. «Ora dobbiamo andare». La allontanò da lui. Rebecca si protese verso Christopher, che allungò le braccia verso di lei.

«La prossima volta che ti rivedrò ci sposeremo. La prossima volta...». Un soldato tedesco la interruppe, costringendola ad avanzare. Lo disse ancora. «Mi hai sentito, Christopher? La prossima volta che ci incontreremo».

I tredici vennero fatti marciare verso il porto. Christopher camminò accanto a loro. Avrebbe voluto essere forte per lei, ma era più di quanto potesse sopportare. Marciarono dritti verso la nave. Rebecca si voltò verso di lui, da solo sulla banchina. Era sulla passerella e gli urlò qualcosa. Parole che si persero nel vento. Per un'ultima volta Christopher vide il suo volto arrossato dalle lacrime attraverso le sue, prima che scomparisse all'interno. Rimase lì a guardare salpare la nave. Non c'era nessun altro. Restò sulla banchina da solo, a fissare la nave che si allontanava, finché non scomparve nell'orizzonte grigio.

Capitolo 19

Auschwitz-Birkenau, settembre 1943

Le urla che provenivano dal crematorio scemarono fino a cessare. Christopher camminava avanti e indietro nel vano tentativo di controllare il tremore che scuoteva il suo corpo. Il cortile era deserto, adesso. Si fece coraggio, per non pensare all'orrore cui aveva appena assistito. Ignorava che in quel posto accadessero cose del genere, che avrebbe trovato una situazione simile. Sentì la voce di Müller impartire ordini ai Sonderkommando e lo vide guardarsi intorno. Inspirò profondamente dal naso, tentando di rallentare i battiti del cuore incenerito e straziato da ciò che aveva visto. Sentì una mano sulla spalla. «Ci metterà poco ad abituarsi, Herr Seeler», disse Friedrich. «Questo metodo è molto più umano di quello precedente».

«Più umano per i prigionieri?»

«Di cosa sta parlando? No, no, questo è irrilevante. Più umano per le ss incaricate di questo importante lavoro. Molti di loro ne risentivano, all'inizio, prima che ottimizzassimo la procedura. Si abituerà, Herr Seeler. Scorgo in lei la stessa forza d'animo che percepiscono tutti coloro che l'hanno incontrata. Usi questa forza, e renderà un grande servizio al Reich».

«Sì, Herr Rapportführer».

«Eccellente, ora si metta al lavoro. Deve andare nello spogliatoio. Si assicuri che tutti gli oggetti di valore siano raccolti in casse e pile, e soprattutto si assicuri che vengano tutti spediti al Reich e non finiscano nelle luride mani dei prigionieri».

Christopher gli fece il saluto nazista e trovò la forza di tornare nel crematorio, seguendo il percorso che i prigionieri avevano fatto pochi minuti prima. Müller e Breitner erano già dentro, davano indicazioni ai Sonderkommando che frugavano tra i mucchi di vestiti. Flick giunse accompagnato da diversi prigionieri, ognuno dei quali portava una cassa. Breitner ricordò ai Sonderkommando di controllare tutte le tasche e le fodere di ogni cappotto, di rivoltare ciascuna valigia e di collocare il denaro in una scatola, l'oro e i gioielli in un'altra, gli orologi in un'altra ancora. Christopher camminò tra loro, per sorvegliare il lavoro, sforzandosi di apparire zelante e autoritario. I cappotti furono staccati dai ganci cui i loro vecchi proprietari li avevano appesi, e i vestiti accuratamente ripiegati furono ammucchiati da una parte. Raccolse una bambola, logora, vestita di stracci e con un occhio solo, i capelli biondi erano sporchi di terra, e la posò di nuovo sui vestiti della bambina che l'aveva lasciata lì. Le ss camminavano su e giù, urlando ai prigionieri che smistavano quegli oggetti di fare più in fretta, più in fretta. L'operazione fu portata a termine con rapidità ed efficienza. Casse di scarpe, cappotti, biancheria intima, portafogli, occhiali, oro e gioielli, bottiglie, medicine, cibo e, naturalmente, contanti, furono caricate su carrelli, pronte per essere trasportate nei capannoni che Christopher doveva sovrintendere. Gli ufficiali delle ss erano soddisfatti per quella che era stata una proficua mattinata di lavoro. Christopher si fece largo tra le guardie e i prigionieri nello spogliatoio ormai ripulito, e vide una scatola di bambole vicino alla porta, raccolte e classificate come tutto il resto, in attesa di essere "ridistribuite al Reich". Nulla si sottraeva a quel saccheggio.

Uscì nel cortile appena altre ss entrarono nella stanza. I Sonderkommando andarono nelle camere a gas per spostare i corpi – o le "carogne", come li chiamavano le guardie – al piano di sopra, dove sarebbero stati bruciati. Christopher pensò a quelle mille persone, appena assassinate e non aveva alcuna intenzione di restare lì a vedere cosa sarebbe successo loro. Sollecitò ognuno dei prigionieri mentre marciavano verso i magazzini, con i carrelli carichi delle casse che avevano riempito. Li guardò spingere quei carrelli, forse una ventina, verso i capannoni. Sentì una voce alle sue spalle. «Sa come chiamano la sezione in cui smistiamo le merci? La sezione di cui è incaricato?», gli chiese Breitner.

«No, non lo so».

«La chiamano "Canada", la terra dalle immense ricchezze», sogghignò Breitner, svelando i denti marroni e scheggiati.

«Grazie, Herr Breitner», rispose Christopher, e s'incamminò verso il Canada, seguendo l'ultimo carrello che si allontanò dal crematorio.

Non c'erano segni identificativi sui magazzini. Non c'era nessun cartello sulla porta del capannone che raccoglieva le scarpe o gli occhiali delle persone appena uccise, eppure i Sonderkommando sembravano sapere quasi per istinto dove portare ogni mucchio di beni sottratti. Non commisero neanche un errore. Ripensò a Rebecca, mentre camminava su e giù lungo la schiera di magazzini. Ogni tanto si fermava e guardava all'interno, faceva un cenno alle ss in servizio, o guardava i prigionieri al lavoro con un'espressione accigliata. Era impossibile che l'avessero uccisa appena arrivata al campo, vero? Si scrollò quell'immagine dalla mente, costringendosi a tornare alla realtà. *È ancora viva*, si disse. *E la troverò*. Non avrebbe permesso che si ritrovasse a condividere lo stesso destino di quelle persone. Ma più pensava a lei, più si sentiva prendere dal panico, così cercò di non pensarci. Non c'era nulla che potesse fare, non ancora, doveva prima guadagnarsi la fiducia dell'amministrazione.

Si girò per percorrere di nuovo la fila di capannoni ed entrò in uno di essi, dove i prigionieri stavano smistando occhiali, bottiglie e quelle che sembravano medicine. La guardia in servizio gli fece il saluto. Mucchi di boccette bianche e marroni erano sparpagliati sui tavoli di legno. Nessuna delle venti donne che lavoravano nel magazzino alzò lo sguardo su di lui. Continuò a camminare, sforzandosi di resistere all'impulso di presentarsi ai prigionieri ai tavoli. A quanto sembrava, la maggior parte degli internati che lavoravano nel Canada erano donne, meglio nutrite rispetto agli altri che aveva visto nel campo principale e di certo contente di aver scampato incarichi più pesanti e rischiosi. Christopher sollevò una delle boccette. La scritta sull'etichetta bianca era in ceco. Ne trovò un'altra, in tedesco. "Prendere una volta al giorno, per artrite reumatoide". Posò la bottiglietta con mano tremante. Si rovesciò su un lato e rotolò giù dal tavolo. La guardia all'angolo arrivò in un istante e cominciò a urlare qualcosa. Christopher alzò una mano. «Non ci faccia caso, è stata colpa mia». La donna al tavolo sollevò lo sguardo su di lui, i suoi occhi marroni erano inondati di paura. I capelli erano ricci e castani, e il volto consumato avrebbe potuto essere bello, in un altro tempo o in un altro luogo. «Come ti chiami?», chiese.

La donna sembrò sorpresa che le fosse stata rivolta una simile domanda. «Katerina Lehotska», rispose con un forte accento ceco.

«Lavora sodo e tieniti alla larga dai guai, Katerina. Sono il nuovo Obersturmführer di questa sezione. Puoi dire agli altri lavoratori che le cose cambieranno». Si pentì immediatamente di quello che aveva detto e sentì un brivido di paura lungo la schiena. Katerina lo guardò interdetta e riportò gli occhi sulla boccetta rotta sul pavimento. Christopher resistette all'impulso di raccoglierla, e s'incamminò verso la porta. Uno sparò riecheggiò nell'aria e lui si affrettò verso quel suono. Breitner era fuori, fumava una sigaretta. «Cos'era?». Breitner si strinse nelle spalle. Christopher gli passò accanto di corsa ed entrò nel magazzino da cui era provenuto lo sparo. Il cadavere di una donna sui trent'anni giaceva scomposto sul pavimento di cemento, dalla sua testa sgorgava un fiotto di sangue purpureo. «Cos'è successo qui?». Un'ss fece un passo avanti mentre rinfoderava la pistola nella fondina.

«L'ho sorpresa mentre si metteva un anello in tasca, Herr Obersturmführer», disse il soldato con l'aria di chi si vanta con il superiore del proprio lavoro.

Christopher digrignò i denti mentre guardava il cadavere. Nessuno dei lavoratori alzò lo sguardo, continuarono tutti a smistare i gioielli sui tavoli davanti a loro. Non poteva fare nulla. La frustrazione gli incendiò l'anima. «Portate via questo corpo!», urlò. «Che serva di lezione a tutti, non saranno ammessi altri furti». Si precipitò fuori, ma non c'era altro posto in cui andare, in cui scappare. C'erano solo il filo spinato e i capannoni, i crematori e le ombre dell'ospedale del campo. Indietreggiò appena alcuni Sonderkommando entrarono e riemersero portando il corpo della donna. Una volta fuori, lo lanciarono sul carrello con la stessa noncuranza dei pescatori che vedeva a Jersey da bambino, quando buttavano le reti gonfie di pesci argentati sui carretti per portarli al mercato. Il cadavere fu portato via. La guardia tornò alla sua postazione come se nulla fosse. Christopher tornò nel magazzino, stando attento a non calpestare la pozza di sangue che si stava seccando sul pavimento. Il soldato che aveva sparato alla donna era immobile contro il muro.

Gli fece il saluto appena Christopher si avvicinò a lui. «Ora mi ascolti bene», spiegò Christopher. «Questi prigionieri sono lavoratori specializzati». Il soldato sembrava totalmente spaesato. «Non dovrebbero esserci esecuzioni sommarie in questo posto. Se c'è un problema, se qualcuno ruba, lei verrà da me. Non voglio che le guardie facciano di testa loro. Ne seguirebbe solo l'anarchia. È di vitale importanza che manteniamo la disciplina in ogni circostanza. Mi ha capito?»

«Sì, Herr Obersturmführer». Il soldato gli fece di nuovo il saluto, apparentemente convinto.

I Sonderkommando stavano già pulendo la macchia di sangue. Gli altri otto internati, tutte donne, proseguirono nel lavoro. Una delle teste sussultava appena su e giù, come il galleggiante di sughero di una canna da pesca. Stava piangendo. Christopher sarebbe voluto andare da lei, dirle che era l'Obersturmführer cui erano stati affidati quei magazzini, e che sarebbero stati al sicuro, adesso. Ma nessuno avrebbe potuto fare un'affermazione del genere, in quel luogo. L'odore di sangue, di morte, saturava l'aria. Lo seguì anche fuori, quando si incamminò verso il crematorio. Breitner si trovava davanti all'ultimo capannone, portava una cassetta piena di quelle che sembravano piccole pepite d'oro.

«Herr Obersturmführer», esclamò Breitner. «Forse dovrebbe prendere questi. L'ultimo Obersturmführer ci teneva a occuparsi personalmente dell'oro e dei gioielli».

Christopher prese la cassetta dalle sue mani. Era piena di denti d'oro. «Grazie, Herr Breitner. Sono sicuro che nel giro di pochi giorni sarò a conoscenza di tutte le procedure».

«Devo presentarle una persona, Herr Obersturmführer». Alle spalle di Breitner c'era un prigioniero dall'aspetto particolarmente florido con un'uniforme nera. «Questo è Ralf Frankl, kapò del Settore economico». Frankl era un uomo robusto, dall'aspetto forte, con il volto feroce e la pelle butterata.

«È un piacere fare la sua conoscenza, signore», disse Frankl con un marcato accento bavarese. «La aiuterò a mantenere la disciplina in ogni situazione».

«Come spiega ciò che è accaduto nel magazzino 6?», chiese Christopher.

«Questi cani ebrei devono essere tenuti in riga, Herr Obersturmführer. La forza è la sola cosa che capiscono».

«Per quale motivo è stato arrestato, Frankl?»

«Duplice omicidio, Herr Obersturmführer», rispose Frankl, sorpreso da quella domanda.

«Si sarà trovato bene qui», mugugnò Christopher in inglese. I due uomini erano perplessi. «Bene, Frankl, ora sono io che comando qui, e non ci saranno più esecuzioni sommarie senza il mio benestare, è chiaro?».

Frankl spalancò gli occhi. «Ma, Herr Obersturmführer...».

«Non mi costringa a ripeterlo, Frankl», disse, e se ne andò, lasciandoseli alle spalle, a discutere tra loro.

Christopher andò nel suo ufficio in fondo alla schiera di capannoni, che era stato creato con il preciso intento di valutare il bottino strappato ai prigionieri assassinati. Una cassa di denti d'oro, tre di contanti, tre di orologi, collane, orecchini, e altri gioielli di vario genere sembravano una misera ricompensa per l'uccisione di più di mille persone. Si chiese quanto i Sonderkommando, i prigionieri, le guardie e i suoi stessi subordinati avessero tenuto per sé. Sedette lì per il resto del pomeriggio a contare reichsmark, dollari, sterline e le altre valute delle persone scese quella mattina dal treno. Li divise in mazzette ordinate, avvolte da fascette, e li ripose in una valigetta. La combinazione della cassaforte era in un cassetto. La memorizzò e strappò il foglietto su cui era scritta. Mise la valigia di contanti e quelle piene di gioielli nella grande cassaforte, larga un metro e alta quanto lui. Chiuse lo sportello e tornò alla scrivania. *Chi mi aiuterà? Non posso farcela da solo.*

Capitolo 20

Christopher tornò nella sua stanza dopo le otto. Quella era stata una giornata normale, stando a Flick. Nella media. Spesso erano molto più occupati. L'uccisione di mille persone era del tutto normale. L'odio per i nazisti lo incendiava, ma lo tenne a bada, smorzando le fiamme sul nascere. *Il controllo è la chiave di tutto*. Lahm era fuori. Ne era sollevato, mentre si toglieva la giacca. C'era una lettera sul suo letto. La sollevò e riuscì quasi a sorridere quando aprì la busta. Estrasse la lettera e la distese sul letto mentre si metteva seduto. Era di suo padre.

22 settembre 1943

Christopher,
ci sei mancato durante il tuo addestramento. Ci siamo sistemati meglio, adesso. Alexandra sente molto la mancanza di Tom, ma sa che non durerà per sempre. Ce la caviamo bene, per quanto possibile. Berlino è diversa dalla città in cui sono cresciuto, ma ci stiamo gradualmente abituando, e sono sicuro che troverò presto un impiego regolare. Alexandra adesso lavora per una fabbrica locale. Il cugino Harald è stato molto generoso con noi, quando abbiamo lasciato l'alloggio di cortesia offerto dal Reich. È meraviglioso poter finalmente passare il tempo con Karolina, e il piccolo Stefan è un incanto. Spero che il tuo nuovo incarico sia quello che desideravi e che ti aspettavi. Sono sicuro che se resterai calmo e concentrato raggiungerai i tuoi obiettivi, e il Reich godrà dei benefici del tuo impegno. Stiamo bene. Non preoccuparti per noi. Ho ricevuto una lettera di tuo zio, ieri. È sano e salvo, e combatte con coraggio sul

Fronte orientale. È previsto che torni il 28 gennaio per una licenza di tre giorni. Sei sempre nei nostri pensieri.

Tuo padre,

Stefan Seeler

Lesse e rilesse la lettera. La censura era ovunque. Rise per il modo in cui suo padre aveva descritto il campo d'internamento in cui erano stati chiusi per essere poi rilasciati dopo alcuni giorni. Gli stranieri senza cittadinanza tedesca che erano stati deportati da Jersey insieme a loro non erano stati trattati con la stessa indulgenza. Probabilmente sarebbero rimasti lì per tutta la durata della guerra. Di certo non corrispondeva al vero neanche il modo disinvolto con cui il padre aveva descritto i sentimenti di Alexandra nei confronti di Tom. Era stato difficile assistere al dolore che quella separazione le aveva causato.

La porta si aprì. Resistette all'impulso di nascondere la lettera. Era Lahm.

«Com'è andato il tuo primo giorno al campo? Cosa stai facendo?»

«Lavoro nel Settore economico».

«Allora sei l'uomo che tutti vorrebbero conoscere. Com'è?».

«Com'è cosa?»

«Il Canada, la terra dalle immense ricchezze, ne abbiamo sentito parlare tutti».

«Sono solo magazzini. Sto cercando di fare il mio lavoro come chiunque altro».

«Oh, va bene. Se non ne puoi parlare lo capisco. Hai già cenato?»

«Sì, ho mangiato prima».

«Ti va di venire a bere qualcosa, stasera? C'è un gruppetto di ragazzi che si vede più tardi. Fanno anche un film, o uno spettacolo, non so cosa ci sia in programma».

«Va bene».

«Fantastico, giocheremo anche a carte, più tardi. Ti aiuterà a staccare, a volte il lavoro può essere davvero stressante».

Christopher ripiegò la lettera, la posò sulla prima mensola del suo armadietto e seguì Lahm fuori dalla stanza. Lahm era più piccolo di lui, biondo, e aveva circa ventidue anni.

«Cosa fai qui, Lahm?»

«Lavoro nel campo principale, ad Auschwitz. I miei compiti variano di giorno in giorno, ma per lo più lavoro nei Blocchi 10 e 11. Non è un lavoro facile, ma trovo che sia appagante, sai, fare qualcosa di così importante per il Reich».

«Cosa succede nei Blocchi 10 e 11?»

«Sono i blocchi punitivi».

Christopher camminò accanto a lui per una decina di metri nel cortile davanti al loro blocco. I fari del campo proiettavano una luce bianca tagliente, e Christopher si mise una mano sugli occhi per proteggersi. Auschwitz era immersa nel silenzio, i trentamila prigionieri a poche centinaia di metri da loro si sentivano appena. S'interrogò sulla conversazione fatta con Breitner e Frankl, il kapò. Era uscito allo scoperto troppo in fretta? Ricordò le parole di Friedrich, sapeva che se avesse mostrato una qualsiasi forma di compassione per i prigionieri, avrebbe messo a repentaglio la sua vita e, soprattutto, la possibilità di salvare quella di Rebecca. Ma era impossibile non fare niente. Come avrebbe potuto restare tranquillo e allo stesso tempo se stesso, restare umano? Doveva esserci un modo per fare qualcosa. Era da solo, ma aveva un certo potere, e ci sarebbero stati i soldi. Pensò alla quantità di valute che aveva visto solo quel giorno. Ci sarebbero sempre stati i soldi.

Lahm lo condusse in fondo al cortile. SS che girovagavano qua e là gli passarono accanto. La maggior parte era vestita in modo sciatto, con il colletto sbottonato e la camicia fuori dai pantaloni, alcuni sembravano ubriachi e barcollavano da una parte all'altra. Lahm ne salutò molti e appena arrivarono a destinazione presentò Christopher a un uomo. Christopher si sforzò di mostrarsi più cordiale possibile, mentre gli stringeva la mano. Camminò dietro di loro mentre chiacchieravano. Lo portarono in un'ampia stanza in fondo a un corridoio, dove sette o otto SS sedevano intorno a un tavolo di legno. C'erano dei soldi al centro, e ogni uomo stringeva delle carte davanti al volto. Una fitta nebbia di fumo saturava l'aria. Boccali di birra e bottiglie di vodka erano sparse sul tavolo. Tutti gli uomini salutarono Lahm appena entrarono.

«Salve a tutti, vi presento il nuovo ufficiale del Settore economico, Christopher Seeler. Ricordami di dove sei, Seeler?»

«Sono nato a Berlino, ma sono cresciuto a Jersey».

«Jersey, non è in Gran Bretagna?», chiese un soldato in fondo al tavolo.

«Non più!», esclamò l'uomo vicino a lui.

Lahm si sedette, e Christopher accanto a lui. «Giochi a carte, Seeler?»

«Non bene».

«Perfetto, e lavori anche nel Settore economico, sei proprio nel posto giusto», disse l'ss che aveva fatto quel commento su Jersey. «Dategli le carte». Il nome di quel buontempone era Ganz. Dopo due ore, in cui aveva a stento detto qualcosa, Christopher aveva quasi raddoppiato il proprio gruzzolo. Le altre ss non erano più così amichevoli come quando si era seduto. Ganz distribuì di nuovo le carte. Erano in sette, al tavolo, tutti ubriachi, tutti con la sigaretta in bocca. Christopher faceva fatica a tenere aperti gli occhi, e le carte erano sfocate.

«Ehi, novellino, quando ci ridarai i nostri soldi?», disse Sturmer, una delle guardie, un uomo magro, biondo, più o meno della stessa età di Christopher.

«Lascia che ci pensino le carte», biascicò Lahm.

Christopher guardò la sua mano, e bevve una sorsata di vodka dal bicchiere di fronte a lui. Gli scivolò nella gola e incendiò le pareti del suo stomaco. Si guardò intorno. Era stato il padre a insegnargli quel gioco. Non contavano tanto le carte, quanto i giocatori. Se non riusciva a ingannarli al tavolo da gioco, come ci sarebbe riuscito durante il giorno, nel campo? Spinse un'altra pila di fiches al centro, alzando la posta. Non aveva nulla in mano, ma non importava. Studiò i volti attraverso la coltre di fumo. Avevano parlato poco durante le mani dell'ultima ora, solo bevuto. Li vide chinare la testa e chiamarsi fuori uno a uno. Rimasero solo lui e Lahm. Lahm stava per mettere via le carte e sorrise, tirandole su di nuovo.

«Stai bluffando, non me la bevo», disse, e Christopher sentì un brivido correre lungo tutto il corpo. «Vediamo cos'hai». Lahm abbassò le carte, tre re e una coppia di sei. Si piegò in avanti e arraffò i soldi con le braccia tese. «Come pensavo, non c'è neanche bisogno che mi faccia vedere le tue carte. So che non hai niente».

Capitolo 21

La sognò sulla spiaggia di Jersey, il vento le scompigliava i capelli. Sapeva che era lei, anche se era solo una sagoma scura contro il cielo grigio. Mentre le correva incontro, lei si voltò verso di lui e sorrise. I suoi occhi azzurri risplendevano nell'oscurità, così scintillanti che presto non poté vedere altro. Il suo volto era di fronte a lui, dolce, vellutato e meraviglioso, e la sentì ridere appena scappò verso la Tavola della Farfalla come quando era bambina. La rincorse, scendendo verso il mare, che ribolliva e scrosciava spruzzando bianchi getti d'acqua verso il cielo. Quando arrivò, era scomparsa.

Lahm dormiva ancora quando Christopher si svegliò. Le assi di legno del pavimento erano gelide, quando si alzò, e si mise in fretta un paio di calzini puliti e i pantaloni grigi dell'uniforme delle ss. Se l'infilò facilmente, erano più comodi della settimana prima, forse persino del giorno prima. Si avvicinò allo specchio all'angolo della stanza, sopra un lavandino essenziale su cui erano appoggiati l'occorrente per la rasatura di Lahm e il sapone. Si passò delicatamente un dito su una vena che gli iniettava di sangue un occhio. Sentiva un'enorme pressione nel petto, un peso dentro di sé. Si sedette per infilarsi gli stivali. Si alzò di nuovo e fece lo sforzo di radersi prima di abbottonarsi la camicia e mettersi la giacca. Si chiuse dietro la porta e si avviò lungo il corridoio, verso la latrina. C'erano altre due ss nel bagno. Una lo salutò mentre gli passava accanto. L'altro uomo ignorò Christopher e continuò a lavarsi le mani, strofinandole con forza sotto l'acqua bollente.

Il gelo di quella mattina di ottobre gli ghermì la pelle. L'inverno si stava avvicinando. Se ne sentiva l'odore nell'aria. Tentò di immaginare come se la sarebbero passata i prigionieri, quando fosse arrivata la neve. Aveva dato qualche occhiata furtiva alle baracche. Li aveva visti ammassati insieme, quattro prigionieri su una branda da uno, i corpi emaciati rannicchiati l'uno addosso all'altro per proteggersi dal freddo. *Concentrati su Rebecca.* Auschwitz, con tutti i prigionieri che raccoglieva e la sua unità amministrativa centralizzata, sembrava il luogo migliore da cui cominciare le ricerche. Forse era nel campo, forse avrebbe potuto vederla, ma poi? Camminò disinvolto accanto all'ufficio del Blockführer fino al cancello principale. Mostrò i documenti alla guardia in servizio, che gli fece cenno di passare sbadigliando. Erano quasi le otto. Il primo carico sarebbe arrivato in meno di un'ora. Si maledisse per aver dormito tanto. Una volta che fosse arrivato il treno, avrebbe avuto solo il tempo di assistere alla razzia e all'omicidio.

L'edificio che ospitava i registri dei prigionieri e la lista di quelli assassinati come nemici del Reich era dietro l'ingresso del campo principale. Non c'era nessun valido motivo per cui Christopher dovesse trovarsi lì. Alle ss era sconsigliato di girovagare per il campo. Il suo ruolo di Obersturmführer del Settore economico gli garantiva un po' di libertà d'azione, ma non di ficcare il naso nei registri dei prigionieri in cerca di una persona. C'era un'altra guardia alla porta, e Christopher gli mostrò i documenti.

«Si è parecchio allontanato da Birkenau, Herr Obersturmführer. Cosa ci fa qui?».

«Mi ascolti, avrei parecchie altre cose da fare, ma il mio Rapportführer del Settore economico vuole che parli con un certo... Karl Liebermann, chiunque sia».

«Il capo dell'archivio dei prigionieri?», sogghignò la guardia. «Herr Liebermann è un uomo molto impegnato».

«E lo sono anch'io».

La guardia scosse la testa e si fece da parte per lasciarlo passare. Liebermann era seduto alla sua scrivania e alzò lo sguardo come fosse stato appena sorpreso a fare qualcosa che non avrebbe dovuto fare. Christopher si sedette sulla poltrona davanti all'immacolata scrivania di Liebermann prima che potesse dire qualcosa.

«Chi è lei, e cosa ci fa nel mio ufficio?», chiese Liebermann. Era prossimo ai cinquant'anni e aveva un florido doppio mento e un paio di occhiali rotondi che ricadevano sul suo naso affilato.

«Sono l'Obersturmführer Seeler e ho bisogno del suo aiuto. Ho sentito dire che lei è un uomo con una certa autorità qui nel campo, autorità che potrebbe aiutarmi a risolvere un piccolo problema». Christopher s'interruppe, aspettando che Liebermann dicesse qualcosa. «Sto cercando una prigioniera, e non so se si trova in questo campo o...».

«Una prigioniera? Obersturmführer Seeler, perché sta cercando questa persona?».

Christopher estrasse un pacchetto di sigarette. «Le dispiace se fumo?»

«Sì».

Lo rimise in tasca. «Immagino di poter aspettare».

«Se vogliamo tornare all'argomento in questione, Herr Seeler...».

«Va bene, siamo tutti molto impegnati. Lo capisco. Diciamo che ho un interesse personale nei confronti di questa prigioniera. La sua famiglia mi ha contattato, offrendomi un compenso in cambio di informazioni».

«È estremamente irregolare. Queste persone sono nemiche dello Stato. Questo lo sa, Obersturmführer Seeler».

«So quali sono il mio e il suo ruolo all'interno di questo campo. Come so, Herr Liebermann, che questa ebrea è ricca, molto ricca. Il sospetto che possa nutrire un attaccamento per questa... persona è ridicolo».

«Esaminare i registri dei prigionieri richiederà tempo».

Christopher toccò la mazzetta di banconote che gonfiava la sua tasca e proveniva dagli stipendi che aveva appena ricevuto. Estrasse la mano e posò i soldi sul tavolo. Liebermann spostò lo sguardo sul denaro. Christopher sentì il sudore bagnargli i palmi delle mani.

«Non accetto tangenti, Herr Seeler».

«Non offro tangenti, Herr Liebermann».

Liebermann prese un foglio e lo posò sulla scrivania, sopra alle banconote. «Vedrò di trovare questa persona nel nostro campo. Sa dirmi il nome della sua misteriosa signora?»

«Tutti i dettagli sono qui». Fece scivolare un foglio verso di lui.

«Non c'è tempo da perdere. La famiglia non pagherà molto se dovrò informarla che la figlia è morta».

«Torni domani mattina, e cercherò di aggiornarla».

«Eccellente. Sono sicuro che abbia molti impegni, e anch'io devo tornare ai miei doveri». Christopher si alzò dalla poltrona.

«Herr Obersturmführer, immagino non sia necessario ricordarle la natura delicata di questa questione», disse Liebermann appena Christopher raggiunse la porta.

«Certo che no», rispose, e se ne andò.

Il carico successivo arrivò meno di un'ora dopo, e lo spettacolo raccapricciante messo in scena fu lo stesso di sempre. Quel giorno ancora più deportati entrarono nelle camere a gas, e le donne del Canada ebbero ancora più lavoro da fare. Christopher non ebbe la forza di lasciare il suo ufficio per tutto il resto della giornata. Era disgustato da se stesso, perché osava provare un barlume di speranza in un luogo in cui non poteva esisterne alcuna. La sua ricerca sembrava di così poco conto, così insignificante di fronte a tutta quella morte, come se tentasse di distruggere un ghiacciaio con un rompighiaccio. Era più determinato che mai a salvarla, ma non ci sarebbe mai stato un lieto fine, neanche se fosse riuscito in qualche modo a farla evadere dal campo. Non aveva idea di cosa avrebbe fatto, se l'avesse trovata. *Una cosa alla volta*. Prima l'avrebbe trovata, poi si sarebbe preoccupato del passo successivo. Era imprigionato anche lui, intrappolato in quell'uniforme delle ss, a fingere di essere uno di loro. Tentò di ricordare le raccomandazioni con cui il padre lo aveva salutato: *Resta sempre chi sei, non lasciare che gli ideali corrotti delle ss invadano il tuo essere e corrompano la tua anima*. Era già successo. Era già cambiato. Che senso aveva trovare Rebecca ma perdere se stesso?

Il resto della giornata si trascinò lentamente e dolorosamente, come una lama rigirata in una ferita aperta. Si fece sostituire da Breitner e rimase nel suo ufficio, a contare e ricontare i mucchi di contanti che venivano posati sulla sua scrivania. Gli portarono casse di legno con oro e gioielli, e dopo un po', non fece neppure cenno di notare la loro presenza. C'erano medaglioni che racchiudevano i ritratti di persone amate, familiari di individui che non li avrebbero più rivisti, che non avrebbero più rivisto nessuno. Tutti morti.

Quella sera non si unì a Lahm e alle altre ss per quella che sarebbe stata un'altra notte passata a ubriacarsi, e accampò una scusa. Si sdraiò sul letto, ma il pensiero che anche Rebecca potesse trovarsi in quel campo, aggrappata alla vita, gli impedì di addormentarsi. Ogni giorno di vita nel campo poteva essere l'ultimo per i prigionieri. Aveva aspettato fin troppo. Non c'era tempo da perdere.

Arrivò il mattino. Tornò al Blocco 24, ad Auschwitz. La guardia sembrava aspettare la visita, stavolta, e gli fece cenno di entrare. Christopher aveva i nervi a fior di pelle, mentre percorreva il corridoio che portava all'ufficio di Liebermann. Si asciugò i palmi sudati prima di bussare alla porta. La aprì senza aspettare il permesso di entrare, e trovò Liebermann dove l'aveva lasciato il giorno prima, seduto dietro la scrivania, con i suoi incartamenti impilati ordinatamente su ogni lato.

«Ci sono novità?»

«Sembra molto ansioso».

«Se sapesse di quale somma stiamo parlando, lo sarebbe anche lei».

«Bene, ho avuto modo di cercare la sua conoscente, ieri. Nessuna prigioniera di nome Rebecca Cassin, di Saint Martin, Jersey, è mai stata portata in questo campo né in quelli annessi».

«E questo cosa significa?»

«Avrei detto che fosse abbastanza ovvio, Herr Obersturmführer. Rebecca Cassin non è e non è mai stata qui».

«Che mi dice degli altri campi?»

«Non ne ho idea», rispose Liebermann. Prese un foglio da una pila accanto a lui e cominciò a scarabocchiarci sopra qualcosa. Christopher non si mosse. «Non ho idea di dove sia la sua amica, Herr Seeler».

«Non è una mia amica, Herr Liebermann. C'è modo di controllare negli altri campi?».

«Buona giornata, Herr Obersturmführer».

«Risponda alla mia domanda».

«Richiederebbe un impegno enorme, una vera perdita di tempo. Ora la prego di uscire dal mio ufficio prima che faccia rapporto ai suoi superiori». Non c'era altro da dire. Christopher se ne andò senza aggiungere altro.

Capitolo 22

L'odio feroce per tutto ciò che lo circondava cominciò a infestarlo come uno sciame di locuste. Ogni respiro gli incendiava i polmoni e l'impulso di strapparsi quell'uniforme di dosso era insopprimibile. Sbatté la porta dietro di sé quando entrò nell'ufficio, dove Breitner, Müller e Flick si dedicavano alle loro scartoffie. Si rese immediatamente conto di essere ancora una volta sotto i riflettori. Era il nuovo Obersturmführer del Canada, in servizio da poche settimane. Se non avesse prodotto risultati, sarebbe stato rimpiazzato, e probabilmente spedito sul Fronte orientale. Guardò i libri mastro sulla sua scrivania e le cifre relative ai carichi del giorno prima. Ne erano previsti altri due quel giorno, dalla Cecoslovacchia. Pensò a quelle persone, stipate sui carri bestiame, con la gola riarsa dalla sete, aggrappati ai figli che presto sarebbero morti. Si alzò.

«Venite qui, tutti e tre». Si misero sull'attenti davanti alla scrivania. Christopher rimase seduto. «Cosa vedo qui? Ci sono state sette esecuzioni la scorsa settimana?». Fissò lo sguardo sui tre uomini, che sembravano interdetti. «Abbiamo ucciso più dell'un percento dei nostri lavoratori la scorsa settimana?». Si alzò. «Come possiamo operare in modo efficiente se uccidiamo i nostri lavoratori specializzati?». I tre uomini rimasero in silenzio. «Com'è successo? Müller, forse lei può darmi una spiegazione».

«Le esecuzioni sono fatte dalle guardie, Herr Obersturmführer, abbiamo poco a che fare con questa...».

«Non voglio sentire scuse. Noi supervisioniamo le operazioni del Settore economico». Dovette trattenersi dal chiamarlo "Canada". «Siamo noi che facciamo le regole qui. Per quale motivo sono stati giustiziati i prigionieri?».

«Alcuni per aver rubato gioielli, altri per aver sottratto cibo». Il tono di Müller era pacato. Breitner giocherellava con la penna, e guardava in basso mentre Christopher parlava.

«Non ci saranno altre esecuzioni senza la mia approvazione».

«Ha già chiarito questo punto, Herr Obersturmführer», replicò Müller.

«Eppure vedo che c'è stata un'altra esecuzione solo ieri. Le guardie sono state informate?».

«Forse dovrebbe rivolgersi a loro personalmente», disse Breitner.

Un'ora dopo, le sette guardie più anziane in servizio al Canada si ritrovarono nell'ufficio di Christopher. Non reagirono in alcun modo quando parlò. Non misero in discussione gli ordini che furono impartiti, si limitarono a fare il saluto dopo che ebbe finito. Christopher si recò alla stazione. Meno di un centinaio di persone furono risparmiate. Avrebbero lavorato fino a morirne. Per gli altri, la morte giunse quel giorno stesso. Christopher entrò negli spogliatoi, sorvegliò i Sonderkommando mentre palpeggiavano i vestiti delle persone che presto sarebbero state assassinate, che erano già state ammassate nelle camere a gas. Lasciò lo spogliatoio appena il gas fu spruzzato nella camera adiacente, il fragore delle urla era insopportabile per lui. Tornò verso i capannoni e assistette all'arrivo della montagna di vestiti. Guardò le donne, le teste chine mentre lavoravano. Poteva solo immaginare il peso della costante minaccia di morte che le spingeva quotidianamente a obbedire. E loro erano le più fortunate.

Si avvicinò al tavolo a cui erano sedute molte donne, intente nell'esaminare i vestiti. Una di loro trovò una collana di diamanti, cucita nell'orlo di un vecchio paio di pantaloni. La sollevò prima di raggiungere il tavolo alle sue spalle, dove la posò in una cassetta di legno. Tornò a sedersi. Christopher si avvicinò a lei. I lunghi capelli erano raccolti in una coda. Era insolito vedere prigioniere con i capelli lunghi, nel campo principale, ma per qualche motivo lì nel Canada era consentito. Sembrava illogico, come tutto, d'altra parte. La donna non alzò lo sguardo quando si fermò accanto a lei.

«Ben fatto», disse Christopher. «Sembrava ben nascosta». Si chinò. «Come ti chiami?».

La prigioniera alzò lo sguardo verso di lui, distogliendo subito gli occhi appena incontrò i suoi. «Helena Barova, Herr Obersturmführer».

«Hai già sentito parlare di me, Helena?». Era certo che nessuna delle guardie potesse sentirlo. «Hai saputo che le cose cambieranno, qui?».

«Faccio solo il mio lavoro, Herr Obersturmführer», sussurrò Helena.

«Dillo alle altre, di' alle altre donne che non ci saranno più esecuzioni sommarie senza la mia approvazione». La donna lo guardò come se fosse pazzo. «Le regole sono cambiate. Dillo alle altre». Christopher uscì dal magazzino.

Tenne la testa china mentre passava accanto ai prigionieri che arrancavano spingendo carrelli carichi di valigie e vestiti. I loro occhi annichiliti erano tutti rivolti a terra. Aprì la porta dell'ufficio del Settore economico. Müller era seduto alla scrivania, che esaminava alcuni libri mastro. Christopher gli passò accanto per andare nel suo ufficio, si chiuse la porta alle spalle, ma poi si voltò. Riaprì la porta e si avvicinò alla scrivania di Müller.

«Non abbiamo ancora avuto l'occasione di parlare».

«No, Herr Obersturmführer, non ancora».

«Sono convinto che per assicurarci un sistema di lavoro produttivo per il Reich dobbiamo capirci».

«Certamente».

«Dov'è il mio predecessore? Che fine ha fatto?».

«L'Obersturmführer Groening? È stato trasferito al fronte. Lo ha richiesto lui. Diceva che la natura di questo lavoro non era di suo gradimento».

«E che mi dice di lei, Müller, è di suo gradimento?»

«Sì, avrei detto di sì... Facevo il contabile, prima della guerra. È ciò che so fare, e il modo migliore che conosco per servire il Führer». Christopher prese una graffetta dalla scrivania e la strinse nel palmo. Fuori dalla finestra si vedeva solo il fianco del magazzino accanto all'ufficio, dove lavoravano le donne del Canada.

«È la sua famiglia, Müller?». Christopher indicò una fotografia incorniciata che mostrava una donna sui quarant'anni vestita a festa, seduta tra due bambine bionde.

«Sì, mia moglie e le mie due figlie, a Hildesheim. Ci è mai stato, Herr Obersturmführer?»

«No, non ho avuto il piacere. Ho sentito che è una splendida città».

«Lo è davvero. Aspetto con ansia il giorno in cui questa guerra finirà e potrò farvi ritorno».

«Grazie, Müller. Ora è meglio che torniamo al lavoro. Dio solo sa quanto abbiamo da fare». Müller prese di nuovo il libro mastro e cominciò a leggere attentamente la lista degli assassinati.

Christopher tornò nel suo ufficio. Chiuse la porta. La cassaforte, piena di soldi e gioielli, fu la prima cosa che vide. Si sedette alla scrivania, ma continuava a percepire la sua presenza, dietro di lui. Sfogliò i documenti sul tavolo nel futile tentativo di distrarsi. Gli tornò di nuovo in mente Rebecca. Che senso aveva essere arrivato fin lì e non fare tutto il possibile per trovarla? Come sarebbero scappati? Non sapeva quanti campi esistessero, né dove si trovassero, sapeva solo che quel campo era il più grande.

Guardò la cassaforte e il registro che aveva compilato e nessun altro aveva mai visto. Guardò le cifre che vi erano impresse. C'erano migliaia di dollari americani, reichsmark e franchi. Ogni valuta che conoscesse. Era tutto nella cassaforte. Gliene sarebbero bastati pochi. Friedrich lo aveva messo in guardia dai rischi della corruzione, ma quale punizione sarebbe stata peggiore di ciò che aveva visto fino ad allora? Cosa c'era di peggio della corruzione della sua anima? Non era un vero furto, se non usava il denaro per sé. Non c'era altra soluzione. Si voltò verso la cassaforte. Allungò un braccio fino a toccarla. Sentì bussare alla porta. Si rigirò verso la scrivania e si sistemò appena in tempo per vedere il Rapportführer Friedrich aprire la porta. Christopher scattò sull'attenti per fargli il saluto. Friedrich rispose al saluto con un gesto distratto e si sedette alla scrivania di fronte a Christopher.

«Queste ultime settimane sono state un vero battesimo del fuoco per lei, Seeler. L'organizzazione del Settore economico è migliorata, nonostante sia qui da poco tempo. Mi hanno detto che ha istituito nuove regole per le guardie e imposto la sua autorità sulla sfera di operazioni di sua competenza». Christopher tentò di non contorcersi sulla sedia. «Ho saputo che ha bandito le esecuzioni. Per quale ragione, Herr Obersturmführer? Lasciamo che i prigionieri facciano ciò che vogliono? È di estrema importanza assicurarsi che sappiano che i furti non sono tollerati».

«I lavoratori sono consapevoli delle pene cui andranno incontro in caso di furto, Herr Rapportführer. Le guardie hanno giustiziato alcuni dei prigionieri più efficienti, spesso per futili motivi. Ho pensato fosse meglio imporre un sistema in cui fossi io a valutare di volta in volta le situazioni. In questo modo possiamo...».

«E quante esecuzioni ci sono state da quando ha istituito questo sistema?»

«Be', nessuna, Herr Rapportführer. Non ce n'è stato bisogno».

«Capisco che voglia affermare la sua autorità su questo ufficio, ma spetta a me, in quanto capo del Settore economico, prendere simili decisioni».

«Naturalmente, Herr Rapportführer, ma lei è sempre così impegnato. Deve portare a termine incarichi molto più importanti di questioni da poco come le esecuzioni. Inoltre io lavoro sul campo. Il Canada, come le guardie chiamano la mia sezione, è il luogo in cui trascorro la maggior parte del tempo. Mi ritrovo letteralmente nella posizione migliore per prendere simili decisioni lì per lì».

Friedrich si abbandonò contro lo schienale della sedia. Sembrava stanco. «Forse ha ragione. Il lavoro che mi hanno affidato è immane, e comporta enormi responsabilità».

«Sono tutti consapevoli dell'importanza del suo ruolo nell'amministrazione del campo, Herr Rapportführer, e molti di noi la prendono a modello». Tacque per qualche secondo. «È venuto a trovarmi per qualche altro motivo, Herr Rapportführer?»

«In realtà sì, Herr Obersturmführer. I contanti sequestrati sono custoditi nella cassaforte alle sue spalle?»

«Sì, ci sono valigie piene di dollari, sterline, reichsmark e molte altre valute».

«Tutte classificate, contate e pronte per tornare al Reich?»

«Naturalmente, Herr Rapportführer».

«Bene, bene, perché ho un altro incarico da affidarle. Bisognerà trasferire i soldi a Berlino. Dev'essere fatto con il minor clamore possibile e la massima segretezza. Questo compito fu affidato anche al suo predecessore, e finora lei si è rivelato un ufficiale esemplare». Christopher provò disgusto per se stesso, al sentirsi descrivere così, ma non lo diede a vedere. «Voglio che trasferisca quel denaro a Berlino.

Partirà in macchina, da solo, una volta ogni due settimane, per portare le valigie al quartier generale delle SS a Berlino, dove incontrerà un contatto che le prenderà in consegna e le destinerà allo sforzo bellico».

«Sì, Herr Rapportführer». Il pensiero delle opportunità che gli si sarebbero presentate lasciando il campo un giorno ogni due settimane lo travolse: avrebbe potuto vedere la sua famiglia, e il figlio di Uli, forse persino Uli. La licenza era ancora lontana. Berlino distava circa sei ore di macchina, forse avrebbe avuto anche la possibilità di trattenersi lì per la notte.

«Non parlerà con nessuno di questi viaggi. Se qualcuno le chiede per quale motivo deve partire, dirà che deve fare rapporto al quartier generale delle SS circa i progressi del Settore economico di Birkenau. È tutto chiaro?»

«Sì, Herr Rapportführer, e grazie». Christopher si alzò dietro la scrivania e batté i tacchi mentre faceva il saluto.

«Non c'è bisogno che mi ringrazi. Partirà domani, e sempre di giovedì. Lascerà il campo alle sei del mattino e raggiungerà il quartier generale delle SS a Berlino, dove chiederà del Standartenführer Kohl, che prenderà in consegna le valigie. È tutto chiaro?»

«Sì, Herr Rapportführer».

«Questo è tutto, Herr Seeler». Friedrich si alzò per fargli il saluto. C'era un ritratto di Hitler appeso al muro. Christopher si assicurò che Friedrich lo vedesse fare il saluto nazista al Führer stesso. Friedrich si chiuse la porta alle spalle. Christopher rimase a lungo in quella posizione, con il braccio teso, a fissare la porta da cui Friedrich era uscito. Il suo respiro accelerò al pensiero della cassaforte dietro di lui, e lanciò uno sguardo truce alla fotografia di Hitler, che lo fissava. Ma in quella stanza c'era solo lui. Non lo avrebbe visto nessuno. Non c'era modo che lo scoprissero, o forse no?

Gli tremavano le mani mentre inseriva la combinazione sulla cassaforte. Gli acidi nel suo stomaco sembravano divorarlo dall'interno. Si alzò. Le note dell'orchestra del campo che suonava Wagner lo avvolsero. Si accovacciò di nuovo davanti alla cassaforte e pensò a Rebecca. Tirò la tendina della finestra. La cassaforte si aprì senza problemi. C'erano diverse valigie, impilate una sull'altra. Prese la prima, quella piena di dollari americani. L'aveva riempita lui. Come aveva riempito le altre. Posò la valigia sul tavolo e la aprì. Non lo aveva mai considerato per quello che era, denaro, denaro che avrebbe potuto spendere. Non gli erano mai sembrati soldi veri, solo unità da contare e registrare, ma adesso quelle centinaia di banconote stropicciate tenute insieme da fascette erano diverse. In qualche modo erano diverse.

Allungò una mano verso la valigia, estrasse una mazzetta, la tenne in mano per qualche secondo e la posò sul tavolo. Le banconote si separarono facilmente, erano diverse centinaia di dollari. Il sudore sui palmi gli colava sulle dita. Provò a contare i biglietti, sfogliandoli con il pollice, ma ogni suono proveniente dall'esterno attirava il suo sguardo verso la finestra adiacente alla scrivania. Un rovinio metallico lo riportò alla realtà. Un prigioniero, un Sonderkommando, passò accanto alla finestra spingendo un carrello pieno di pentole e padelle. Si mise i soldi in tasca e ripose la mazzetta nella valigia. La mise di nuovo nella cassaforte e richiuse lo sportello.

Non aveva mai rubato prima, neanche da bambino. Quel denaro gravava nella sua tasca, i piedi gli sembrarono di cemento quando si alzò. La pistola sul fianco sbatté contro la scrivania con un rumore secco. Müller, Flick e Breitner erano tutti lì, quando uscì.

«C'è qualcosa che non va, Herr Obersturmführer?», chiese Flick.

«No, perché dovrebbe esserci?»

«Per nessun motivo, sembra solo che... non si senta bene», rispose.

Christopher sollevò il polso sulla fronte madida. «Dev'essere stato qualcosa che ho mangiato... quel pesce a pranzo». Christopher gli passò accanto e uscì. Stava scendendo la sera, l'aria era sempre più fredda mentre il sole tramontava. Inforcò la bicicletta fuori dal suo ufficio e pedalò lungo i magazzini del Canada e accanto all'ospedale, al campo degli zingari e a quello degli uomini. Si spostò sull'altro lato della strada quando si avvicinò al campo delle donne. Superò una folla di sagome pelle e ossa, di cui a stento si riconoscevano i tratti femminili, che tornavano verso le baracche dopo la giornata trascorsa a servire il Reich. Il campo per le famiglie, quello in cui erano stati girati i film di propaganda che aveva visto, e dove alcuni prigionieri ricevevano un trattamento privilegiato, passò alla sua sinistra. Il campo della quarantena, dov'erano trattenuti i nuovi prigionieri prima che fossero trasferiti insieme agli altri, fu l'ultimo campo che superò prima di raggiungere il cancello principale. Il paesaggio al di là del cancello era spoglio, desolato contro il cielo grigio che lo sovrastava. Non c'erano alberi, né cespugli, solo acquitrini e chiazze d'erba che si allungavano a destra e a sinistra.

Auschwitz distava altri cinque minuti. L'edificio dell'amministrazione si trovava subito dietro l'ingresso. Fuori dalla porta c'era la stessa guardia. Lo guardò come se non lo avesse mai incontrato prima. Era la terza volta che Christopher gli presentava i suoi documenti. La guardia lo fece passare. La porta dell'ufficio di Liebermann era chiusa. Non aspettò che gli desse il permesso di entrare dopo aver bussato, si limitò ad aprire la porta.

«Cosa ci fa qui, Obersturmführer?». Le guance rotonde di Liebermann si colorarono di rosso. «Abbiamo già parlato di questa...».

«Be', ci sono stati degli sviluppi», lo interruppe Christopher sedendosi alla scrivania. «Ho bisogno che trovi questa donna. E ho bisogno che lo faccia adesso».

«Ha una vaga idea di quanto sia impegnato e di quanto tempo richiederebbe?». Christopher gettò la mazzetta di banconote sul tavolo.

«No, non lo so. Quanto tempo richiederebbe?»

«Difficile a dirsi, cercare in tutti i registri dei campi... e ne costruiscono di nuovi in continuazione. Sarebbe un lavoro difficile».

«Confido in lei, Herr Liebermann». Christopher si alzò ed estrasse un foglietto dalla tasca. «Ecco tutti i dettagli di cui avrà bisogno, tornerò da lei appena potrò. Devo partire per Berlino domattina, ma mi aspetto qualche notizia per venerdì, quando sarò di nuovo qui».

«Vedrò cosa posso fare».

Christopher si alzò per andarsene, e la speranza si accese di nuovo nel suo cuore. Si voltò per ringraziare Liebermann. I soldi erano già spariti.

Capitolo 23

Christopher si svegliò riposato quella mattina. Aveva resistito alle insistenze di Lahm, la sera prima, ed era andato a letto presto. Lahm dormiva con l'uniforme addosso, sopra le coperte. Uno dei suoi stivali era accanto alla porta, l'altro ancora al piede. La cintura e il manganello giacevano sul tavolo. Christopher sollevò la cintura per posarla sulla sedia. C'era un'impronta di denti incisa sul manganello. La cintura gli scivolò di mano e ricadde sul piccolo tavolo di legno. Lahm si rigirò a quel rumore, ma si riaddormentò subito. Era ancora buio fuori, la luce dei riflettori rischiarava l'aria gelida. C'era poco movimento nel campo, solo le torce e le sagome delle sentinelle che sorvegliavano la recinzione. La due posti decappottabile era parcheggiata fuori, pronta per lui. Non avrebbe avuto aiuto, nessuna guardia armata. Nessun altro sapeva dove stesse andando e perché. Non c'erano preparativi da fare. Gli bastò andare per qualche minuto nel suo ufficio di Birkenau, e una volta lì, riempire il bagagliaio della macchina con quattro valigie piene di soldi. Ne registrò l'uscita sui libri mastro, anche se non li avrebbe controllati nessun altro. Era tutto affidato a lui e alla sua parola. La sua parola di ss sarebbe bastata, no?

Abbassò la capote, la fredda aria del mattino gli sferzò le guance scoperte. Avviò la macchina e partì. Mostrò i documenti al cancello d'ingresso e le sue consegne. Non perquisirono la macchina, gli fecero solo cenno di passare. Attraversò i cancelli e imboccò la lunga strada deserta che si allungava oltre questi. Era strano che il mondo esterno esistesse ancora. Sembrava che il campo avesse avviluppato ogni suo pensiero senza lasciar posto ad altro. Era arrivato lì solo da poche settimane, ma faceva fatica a ricordare un tempo senza selezioni, camere a gas, esecuzioni sommarie. I ricordi della vecchia vita, prima che il saccheggio e la morte diventassero il suo pane quotidiano, si dissipavano come increspature che si espandevano sull'acqua fino a svanire nel nulla. La prospettiva di guidare per sei ore, solo con i suoi pensieri, lo spaventava. Sentì di nuovo crescere la pressione dentro il petto e guidò per qualche minuto, finché non pensò che fosse sicuro accostare. Spense il motore, e il silenzio calò su di lui. L'unico suono che sentiva era il suo respiro, irregolare e stentato. Tutto era grigio: il cielo, la terra, gli alberi spogli, l'uniforme che indossava. Si abbandonò contro lo schienale, boccheggiando, e si sforzò di spazzare via i ricordi che lo travolgevano, di immaginare il volto di Rebecca, di credere con tutto se stesso che potesse essere ancora viva. Pensò a suo padre e a sua sorella. Riaccese la macchina.

Le strade di Berlino erano trafficate, pulite, ordinate. Non c'erano scheletri affamati che spingevano carrelli su cui avevano caricato il bottino della giornata. Non c'erano crematori. Non c'erano volute di fumo denso che si alzavano nell'aria. Il campo sembrava a cento mondi di distanza. Sembrava reale. Tutto questo invece non era che una farsa. Si fermò davanti al quartier generale delle SS e della Gestapo. Chiese del Standartenführer Kohl all'ingresso. Un'impiegata bionda e carina lo invitò ad accomodarsi mentre lo chiamava. Kohl ci mise meno di un minuto ad arrivare. Era un uomo alto e asciutto, con i capelli grigi tirati indietro che mettevano in risalto la profonda stempiatura. Strinse la mano di Christopher con una presa fin troppo salda. «Quindi lei è il nostro nuovo uomo ad Auschwitz? Quanto avete raccolto, stavolta?».

«Be', ci sono tante valute differenti…».

«No, no, di questo ce ne preoccuperemo più tardi, quante valigie?»

«Oh, quattro valigie questa settimana».

«Le cose vanno bene ad Auschwitz, allora?». Uscirono insieme verso la macchina, mentre Kohl chiedeva a Christopher come fosse andato il viaggio. Scaricarono il bagagliaio come fossero appena tornati da una vacanza e portarono le valigie nell'ufficio di Kohl. Le posarono sul pavimento, accanto alla scrivania di Kohl, e Christopher rimase lì, in attesa. «Grazie, Obersturmführer Seeler».

«Le posso chiedere una firma per l'avvenuta consegna da mostrare al mio superiore?»

«Certamente, mi passi il registro». Kohl vi fece uno scarabocchio sopra e glielo restituì. «Ci rivediamo tra due settimane. E continui così».

Si sentì come se fosse stato appena rapinato. L'ufficio del Reichsführer Heinrich Himmler era su quello stesso piano. Christopher annuì alla segretaria quando le passò accanto. Era solo l'una del pomeriggio, quando Christopher uscì su Stresemannstrasse. Non gli era stato detto a che ora sarebbe dovuto tornare. Non aveva ricevuto proprio alcuna indicazione per il ritorno. Non c'era nessuno da contattare o a cui dovesse fare rapporto. Era solo. La casa di Harald era a meno di mezz'ora da lì, e sulla strada per il campo. Non si aspettava tanta autonomia. Avrebbe dovuto esserci qualcuno, lì con lui, qualcuno che lo sorvegliasse e si assicurasse che non scappasse con i soldi, ma non c'era. Così come non c'era nessuno che gli impedisse di vedere la sua famiglia.

Si vergognò della propria uniforme, e tirò su la capotte, nonostante fosse una bella giornata. Harald viveva in un'ampia casa con cinque camere da letto insieme alla moglie, i figli erano grandi e se n'erano andati anni prima. Christopher non vedeva Alex e il padre da quasi tre mesi. Avrebbe dovuto sentirsi più felice. Fu la moglie di Harald, Steffi, ad aprirgli la porta. «Che meravigliosa sorpresa. Cosa ci fai qui? Tuo padre sarà così felice, vieni, vieni, Christopher. Guarda quanto sei affascinante in uniforme!». Steffi lo abbracciò con calore. Christopher entrò nella casa in cui aveva vissuto anche lui nelle prime settimane in Germania. Gli sembrava fosse passata una vita. «Stefan, Stefan, non indovinerai mai chi è arrivato». Il padre apparve e lo strinse tra le braccia. «Vi lascio da soli», disse Steffi allontanandosi.

Rimase lì, con le braccia strette intorno al corpo del padre, per un minuto intero, o forse di più. I capelli del padre erano quasi completamente grigi, ormai, i suoi occhi azzurri risplendevano tra le rughe che increspavano il volto. «Alex è qui? Come sta?»

«No, è al lavoro. Sta come ci si potrebbe aspettare. Cosa diavolo ci fai qui? Va tutto bene?»

«Sì, sto bene. Sono stato mandato qui a Berlino per... per delle commissioni».

«Che genere di commissioni?»

«Ti spiegherò tutto. Possiamo metterci da qualche parte?».

Raggiunsero la sala da pranzo, e si sedettero al tavolo. La casa risplendeva di colori che non aveva più visto da quando si era unito alle ss, fiori vivaci catturati nei dipinti, le tende arancioni davanti alle finestre.

«Christopher, stai bene? Sembri...».

«Il campo dove lavoro si chiama Auschwitz-Birkenau, o Auschwitz II». Tutt'a un tratto si sentì gelare. Abbassò la voce, fino a un sussurro. «È sicuro qui?», disse Christopher sporgendosi verso la cucina, dove c'era Steffi.

«È sicuro come qualsiasi altro posto, immagino. Sembri malato, Christopher. Hai mangiato?»

«Non ne ho avuto il tempo, non dovrei neanche essere qui».

«Hai notizie di Rebecca?»

«No, nessuna. Be', so che non è mai stata ad Auschwitz. Ma ancora non sono riuscito a scoprire dove si trovi». Faceva fatica a parlare, le parole sembravano incollarsi alla gola e la sua voce era rotta dall'emozione. «Papà, cosa ne è stato della nostra casa a Jersey? Credi sia ancora in piedi, che la ritroveremo?»

«Sì, Christopher». Un silenzio opprimente calò nella stanza. «La nostra casa sarà ancora lì, quando tutto questo finirà».

«Mi sembra impossibile. Mi sembra impossibile che luoghi come Jersey esistano ancora».

«È così, figlio mio, esistono ancora».

«È solo che mi sembra impossibile».

«Com'è il tuo nuovo incarico? Ti trovi nel posto giusto? Almeno hai la possibilità di dare una mano nel reinsediamento degli ebrei?».

«Non esiste nessun reinsediamento», rispose cercando le parole giuste, ben consapevole del giuramento di fedeltà alle ss che gli imponeva il silenzio. «Esiste solo lo sterminio. Auschwitz-Birkenau è un campo della morte. Esiste solo per uccidere e rapinare. E io sono l'ufficiale che dirige questo saccheggio, sono il "rapinatore in capo". È per questo che sono venuto qui a Berlino, stamattina, per consegnare al Reich i soldi della gente assassinata».

«Cosa? È un campo di prigionia? I detenuti sono criminali condannati a morte?».

«Il loro unico crimine è quello di essere ebrei, prigionieri politici, zingari, sovietici... È un massacro. Sono lì da meno di un mese e ho visto morire quasi quarantamila persone, ammassati sui carri bestiame e poi uccisi a migliaia nelle camere a gas». Christopher estrasse un pacchetto di sigarette dalla tasca e lo posò sul tavolo. «Donne, bambini, anziani, sono i primi a morire. Coloro che sembrano più adatti al lavoro vengono risparmiati finché non vengono giustiziati per capriccio o muoiono di fame. E io sono uno di loro. Cammino in mezzo a macellai e assassini. Mangio con loro, bevo con loro la sera». Si accese una sigaretta.

«Com'è possibile?», sussurrò il padre. «Tu non sei uno di loro, Christopher. Ascoltami. Tu non sei uno di loro. Sei lì per un motivo ben preciso».

«Non so se è ancora viva. Non so se posso farcela. Non pensavo che il campo sarebbe stato così. Nessuno reagisce. Sono tutti convinti di essere nel giusto. Non posso fidarmi di nessuno».

«Hai me, e tutta la tua famiglia. Quanti sono i prigionieri sotto la tua responsabilità?»

«Circa seicento, quasi tutte donne».

«Hai la possibilità di badare almeno a loro?»

«In parte. Ho vietato le esecuzioni sommarie, e il mio superiore sembra d'accordo, a quanto pare gli interessa solo che i soldi continuino ad arrivare».

«Bene, allora, devi usare questo potere per migliorare le cose, anche se in piccola parte. E per trovare Rebecca».

«Come? Cosa posso fare? Sono solo, ci sono migliaia di ss lì, con un intero Paese che le spalleggia. Non posso fare niente. Posso solo sperare di ritrovare Rebecca, ma non ho la minima idea di come farla scappare da quell'inferno. Perché non è altro che questo: un inferno. Il luogo peggiore che esista sulla terra».

«Devi essere forte, per le donne che dipendono da te, per Rebecca, per te stesso. C'è sempre un modo per condizionare gli eventi. Hai detto che ti hanno affidato i soldi? I soldi condizionano gli eventi».

Erano passate le due. «Devo andare. Devo tornare. Hai notizie di Uli?»

«No, ma nessuna nuova buona nuova».

«Saluta Alex da parte mia. Tornerò a Berlino sempre di giovedì, ogni due settimane. Tornerò, alla stessa ora».

Il padre lo abbracciò. «Ti aspetterò qui. Non dimenticare mai chi sei».

Capitolo 24

I giorni si trascinarono senza alcuna notizia di Rebecca. Ma lei era sempre con lui, aleggiava nella sua mente come una nebbia. Vide il suo volto in ogni donna del Canada. Cercava di restare il più possibile tra le prigioniere dei suoi magazzini, lasciando le selezioni a Breitner, che era sempre ansioso di mettersi in mostra alla stazione. Breitner aveva trentun anni, sei più di Christopher, e faceva parte delle ss da tre. Doveva averlo infastidito il fatto che un ufficiale più giovane, cresciuto fuori dal Reich, assumesse un incarico che considerava suo di diritto. Ma c'era un motivo se non glielo avevano affidato. Il lavoro di Breitner era approssimativo, i libri contabili e i registri venivano compilati in fretta, e spesso erano incompleti. Aveva avuto problemi con l'alcol in passato, ma sembrava che adesso non bevesse più. Non si era mai lasciato coinvolgere dagli altri colleghi di Christopher, che sembravano ubriacarsi quasi ogni notte. Christopher non lo incontrava mai dopo il lavoro, non sapeva cosa facesse. Era un uomo molto chiuso.

Circa ottocento ebrei polacchi si trovavano negli spogliatoi del Crematorio III, tranquillizzati dalle menzogne delle ss. Era importante che Christopher si facesse vedere nel vivo dell'azione. Camminò accanto alle panche dello spogliatoio, lungo circa sessanta metri, e osservò le persone spogliarsi, tentando disperatamente di non incontrare mai il loro sguardo. Un'ss di nome Northen, una guardia di Amburgo, lo accompagnava. Christopher provò a camminare davanti a lui, ma ogni volta che ci riusciva l'ss lo raggiungeva di nuovo. Gli stava parlando del suo cane. Christopher desiderava solo che chiudesse la bocca. Un uomo di mezz'età con i baffi grigi che indossava una camicia bianca e una spessa cravatta marrone si alzò e prese Christopher per un braccio. Era molto più basso di Christopher, gli arrivava appena alla spalla.

«Mi scusi, signore, ma noi non dovremmo essere qui».

Christopher allontanò il braccio. «Sono sicuro che vi troviate dove dovreste essere». Si chiese se tirare fuori la solita storia della zuppa calda e di una vita di lavoro al servizio del Reich, ma non ci riuscì. Nel giro di pochi minuti avrebbe affrontato un'orribile, dolorosa agonia. Christopher aveva visto, davanti alle porte della camere a gas, i cadaveri ammassati di coloro che avevano tentato disperatamente di farsi strada con la forza verso l'aria pulita, verso la vita. «Si calmi, signore, è tutto sotto controllo».

L'uomo afferrò di nuovo il suo braccio. «No, lei è un ufficiale. Devo parlare con lei. Non capisco cosa stia succedendo e sono molto preoccupato. Quello su cui ci trovavamo doveva essere un treno diretto in Svizzera, e avrebbero dovuto lasciarci lì. Abbiamo pagato molti soldi e ci era stato assicurato un passaggio sicuro fino in Svizzera».

«Questa è solo una tappa lungo il viaggio che vi condurrà alla vostra destinazione finale», intervenne Northen. «Siete qui per fare una doccia ed essere nutriti. Il governo svizzero ne ha discusso a lungo con la nostra amministrazione. Dobbiamo assicurarci che nessuno dei passeggeri abbia pidocchi o malattie infettive, prima di essere trasferito». Northen alzò lo sguardo verso Christopher con un lampo divertito negli occhi. Christopher non era nel cortile quando erano stati portati lì, non aveva sentito l'ultimo giro di menzogne.

«Veniamo dalla Cecoslovacchia. Perché siamo stati portati a nord-est? Perché questa deviazione, rispetto al percorso più logico verso la Svizzera? Non ha alcun senso».

Northen spostò la fondina davanti a sé con aria minacciosa, ma l'uomo afferrò la pistola e si udì uno sparo. La pallottola scavò un buco nel petto di Northen. Christopher si tuffò a terra appena l'uomo puntò la pistola verso di lui. Sentì la pallottola ferirgli di striscio il braccio e se lo strinse dal dolore. Il panico si propagò nello spogliatoio, che si riempì di urla di terrore. Corpi seminudi correvano e si scontravano mentre i loro vestiti volavano nella stanza. Christopher era ancora a terra, con il braccio che gli pulsava. L'uomo scomparve. Ci fu un altro sparo. La porta dello spogliatoio si chiuse con un tonfo. Le altre ss erano scappate. Christopher era da solo. Estrasse la pistola. C'era un Sonderkommando a circa tre metri da lui, anche lui a terra. Alla sua destra, Northen gorgogliava gli ultimi respiri. Le urla stavano scemando, adesso, e la folla che credeva lo avrebbe attaccato rimase inerte. L'uomo armato non si vedeva. Le luci si spensero e le urla ricominciarono. Era buio pesto. Si udì un altro sparo. Il pavimento era gelido contro la sua guancia. Erano passati diversi secondi quando sentì una voce accanto a sé. Il Sonderkommando era strisciato verso di lui.

«Dov'è?», chiese il Sonderkommando.

«Non lo so. Credo che non ci siano altre ss qui dentro. Northen è morto». Non poteva vedere il volto del Sonderkommando nell'oscurità, ma dubitava che fosse sconvolto dalla notizia. «Proviamo a raggiungere la porta». I due uomini si alzarono e con la mano sul muro cercarono di farsi strada verso la porta, ma era a più di trenta metri e c'erano ottocento persone nello spogliatoio insieme a loro. Christopher riusciva a respirare a stento. Il Sonderkommando sussurrava preghiere. Le porte si spalancarono e la luce accecante dei riflettori squarciò le tenebre.

«Tutte le ss e i Sonderkommando rimasti escano immediatamente dallo spogliatoio!». Era la voce del Kommandoführer Kuntz, a capo del distaccamento che lavorava nel Crematorio III. Christopher si fece largo di corsa tra le persone ammassate verso la porta. Il Sonderkommando e molti altri suoi colleghi erano subito dietro di lui. Appena fuori una truppa di ss armate si stava avvicinando. Era notte. Lahm era in prima fila, con il fucile stretto al petto. Diverse mitragliatrici furono spostate davanti alla porta. Christopher si chinò, con le mani sulle ginocchia, per prendere fiato. Il Lagerkommandant Höss, a comando dell'intero campo, era davanti a lui. Höss gli fece un cenno con il capo. Christopher ripose la pistola nella fondina e gli fece il saluto. Il tonfo di una granata lanciata nello spogliatoio precedette i colpi della mitragliatrice, che quasi sovrastarono le grida delle persone sterminate in quel bagno di sangue. Una schiera di ss gli passò accanto per unirsi al massacro. Toccò il foro che la pallottola aveva aperto nella sua uniforme. Si udirono altri spari, e altre ss armate si riversarono sui gradini dello spogliatoio. Il Lagerkommandant Höss indietreggiò verso di lui.

«Lei era lì dentro, Obersturmführer?»

«Sì, Herr Lagerkommandant». I battiti di Christopher stavano rallentando, il respiro era quasi regolare quando gli rispose.

«Cos'è successo?»

«Uno dei prigionieri ha strappato la pistola allo Sturmmann Northen e ha aperto il fuoco. Sono abbastanza certo che Northen sia morto, Herr Lagerkommandant».

«E lei quant'era vicino, Obersturmführer?»

«Ero subito accanto a Northen, Herr Lagerkommandant».

«Vedo che è stato colpito di striscio», notò Höss indicando lo strappo nella manica.

«Proprio così, Lagerkommandant».

«Obersturmführer, adesso devo occuparmi di questo incidente, ma subito dopo voglio parlare agli ufficiali, nel cortile. Ma non si allontani, voglio che sia al mio fianco quando lo farò».

Christopher girovagò nel cortile, ascoltando i rumori che accompagnarono quel massacro nei pochi minuti che seguirono. Finì tutto rapidamente. Non bisognava far altro che ucciderli tutti. Le SS cominciarono a uscire dallo spogliatoio, volute di fumo si sollevavano intorno a loro mentre ne riemergevano. Alcuni erano coperti di sangue. Ci vollero diversi minuti prima che la truppa uscisse dallo spogliatoio. Poi i Sonderkommando tornarono indietro per radunare nelle camere a gas i pochi prigionieri superstiti, nascosti dietro alle colonne per sfuggire alla carneficina, perché chi entrava negli spogliatoi non poteva essere in nessun modo risparmiato. Christopher camminò verso l'entrata degli spogliatoi del Crematorio III. Il Kommandoführer Kuntz era in piedi in cima ai gradini che guardava in basso.

«Che casino», disse Christopher. «Ci metteremo tutta la notte per ripulire». Ci mise qualche secondo per realizzare cosa stesse dicendo, e qualche altro perché un profondo senso di vergogna lo assalisse.

Kuntz si guardò intorno finché non lo vide. «È lei il nuovo ufficiale del Canada? Era lì quando è successo?». Indicò lo spogliatoio. «È stato fortunato a sopravvivere. O forse non è stato fortunato, è stato bravo».

Quindici minuti dopo, Christopher era in piedi accanto al Lagerkommandant Höss mentre si rivolgeva alla folla di ufficiali davanti a lui. Friedrich era in prima fila, insieme al Kommandoführer Kuntz, del Crematorio III, al Kommandoführer Strunz, del Crematorio IV, e al Kommandoführer Roenhig, del v. C'erano una ventina di persone davanti a loro, con Breitner, Flick e Müller in fondo. Tutti e venti ascoltarono rapiti quando Höss parlò.

«Stanotte avete assistito a un esempio di cosa può accadere quando abbassiamo la guardia», esordì. «L'ebreo approfitta di ogni opportunità per salvarsi e danneggiare noi. Fate che questo episodio v'insegni che se non starete sempre allerta vi saranno tragiche conseguenze. La morte di una giovane ss, stanotte, dovrebbe essere di lezione per tutti. La sua scarsa prontezza nei confronti del grave pericolo rappresentato dagli ebrei gli è stata fatale. Al contrario, la perspicacia e i riflessi dell'Obersturmführer Seeler sono d'esempio per tutti noi». Christopher sentì la mano di Höss posarsi sulla sua spalla e la vergogna che il calore di quel contatto scatenò in lui. «Senza la rapida reazione dell'Obersturmführer Seeler, questa tragedia sarebbe potuta essere ancora più grande. Il suo istinto di ss è stato pronto e lo ha aiutato nel momento del bisogno, lo stesso istinto che ogni ss di questo campo dovrebbe possedere».

Quando Höss se ne andò, i Sonderkommando marciarono nello spogliatoio per liberare la stanza da ciò che restava delle centinaia di persone cui era stato promesso, dietro compenso, un passaggio sicuro per la Svizzera. I vestiti strappati e intrisi di sangue furono ammucchiati sui carrelli per essere trasferiti nel Canada, anche se Christopher dubitava che vi avrebbero trovato qualcosa che non fosse stato distrutto dalle granate e dalla mitraglia. Il corpo crivellato di colpi dell'uomo che aveva ucciso Northen fu trovato e trascinato fuori. Christopher si chiese se quel destino fosse stato migliore o peggiore della camera a gas. Il corpo fu appeso nel campo maschile di Birkenau, a qualche decina di metri da lì, con un cartello intorno al collo che recitava: "Guardatemi! Guardate cosa accade a chi tenta di scappare, e adesso anche gli altri ottocento che erano sul treno con me sono morti!".

Capitolo 25

La mattina seguente Christopher fece i suoi soliti, infiniti giri nei magazzini del Canada, sorvegliando i prigionieri, sorvegliando le guardie. C'erano venti o trenta donne nella stanza, che smistavano gli enormi mucchi di vestiti nell'angolo. Si sentì strattonare un braccio. Avrà avuto vent'anni, ma era difficile a dirsi. La sua pelle sembrava di porcellana, aveva gli zigomi alti e penetranti occhi verdi. I capelli castani e mossi le incorniciavano il volto, sotto il fazzoletto che le copriva la testa. Da tempo non vedeva tanta bellezza. Non in quel posto. La guardia all'angolo cominciò a urlare qualcosa, prima che Christopher alzasse la mano. Poi la abbassò per allontanare la mano di lei dalla manica della sua giacca. «Herr Obersturmführer, posso parlarle?». La voce era un sussurro che solo lui poteva aver sentito. La guardia adesso era girata verso la porta aperta e osservava la pioggia che bagnava la terra. Christopher continuò a camminare. «Herr Obersturmführer, la prego». Christopher tornò indietro. La guardia era ancora voltata dall'altra parte.

«Cosa c'è? Non vedo perché dovresti parlare con me. Continua a fare il tuo lavoro».

«La prego, Herr Obersturmführer, se potessi parlarle solo per qualche secondo…».

«Cosa c'è?».

«Mi chiamo Martina Culikova, mia sorella arriverà con il treno di oggi pomeriggio. Ha due bambini con sé. La prego, Herr Seeler, dicono che lei è un uomo buono».

«Chi lo dice?», ringhiò. Pensò di schiaffeggiarla, sia per la rabbia che fremeva davvero dentro di lui, sia per mostrarsi spietato e crudele.

«È solo che sarebbe una gran lavoratrice. Faceva la sarta, a Malinovo. Arriva questo pomeriggio». Martina prese di nuovo Christopher per un braccio e accostò il volto alla manica della sua giacca da ss. Le sue lacrime lasciarono piccole macchie sulla stoffa grigia. «Si chiama Petra Kocianova, arriva questo pomeriggio».

«Come osi?», ruggì Christopher. «Come osi fare affermazioni del genere?». Il suo volto s'infiammò, e tutt'a un tratto si sentì ribollire. Una sola parola e la guardia l'avrebbe uccisa all'istante. Avrebbe potuto ucciderla lui stesso, gli bastava estrarre la pistola e fare fuoco. Non ci sarebbe stato nessun verdetto, solo un altro corpo di cui sbarazzarsi. Martina tremava, il suo corpo era in preda agli spasmi mentre piangeva a dirotto. La guardia si stava avvicinando, con la pistola in mano. Christopher alzò di nuovo una mano e la guardia si fermò. C'erano altre due guardie e forse altri venticinque prigionieri, e avevano tutti sentito cosa stava succedendo. «Vieni con me!», urlò Christopher, e la prese per un braccio. La donna accanto a Martina emise un mugolio e afferrò un altro soprabito, passando le dita sulla fodera con una velocità che Christopher non credeva possibile. Le guardie rinfoderarono le pistole. Martina Culikova aveva smesso di piangere, come se si fosse rassegnata al suo destino. Cadde a terra. Christopher non si fermò. La donna si rimise in piedi per evitare di essere trascinata sul ruvido pavimento di cemento. Era così leggera, sembrava di trascinare una bambina.

Uscirono sotto la pioggia scrociante. Christopher non sapeva cosa fare. Sapeva cosa si aspettavano da lui, sia le guardie sia i prigionieri. Come avevano potuto pensare che fosse un uomo buono? Equivaleva a una sentenza di morte, in quel posto. Non c'era spazio per la bontà, non c'era spazio per la pietà o il rimorso. La pioggia gli bagnava al volto, mischiandosi alle lacrime. Non aveva il coraggio di voltarsi indietro per guardarla. Si limitò ad andare avanti. La donna tentò di parlare, ma non riuscì a capire cosa dicesse. Superarono molti capannoni. Non c'era nessuno nei paraggi, solo qualche prigioniero che spingeva carrelli carichi di vestiti, valigie, vasi di porcellana, resti umani scomposti. La trascinò dietro l'angolo del penultimo magazzino. Martina Culikova cadde immediatamente in ginocchio e chiuse gli occhi. Si portò le mani alla testa e si tolse il fazzoletto, liberando i capelli castani arruffati.

«Chi ti ha detto che sono un uomo buono? Sono un ufficiale delle ss».

La pioggia rigava la pelle vellutata del volto della donna. «Dicono che lei è diverso», sussurrò.

«Chi lo dice?»

«Le donne del Canada».

«Dicono che da quando è arrivato, non ci sono più state esecuzioni. Dicono che è stato lei ad ammanettare quel mostro, Frankl». Christopher estrasse la pistola, la mano gli tremava tanto che per poco non gli scivolò. *Se le altre guardie vedono che l'ho risparmiata... non troverò mai Rebecca. Devo farlo*. La donna chiuse di nuovo gli occhi. E Christopher sentì il dolore salire di nuovo dentro di lui. Era quasi insopportabile.

«Perché mi hai avvicinato così, davanti agli altri prigionieri, davanti alle guardie?». La pistola nella sua mano sembrava pesare migliaia di tonnellate.

«Dovevo fare qualcosa per salvare mia sorella e i suoi bambini. Se non avessi tentato, avrei preferito morire». I suoi occhi erano serrati, la testa china, le mani dietro la schiena, pronta ad andare incontro a ciò che entrambi sapevano inevitabile.

«Come si chiama?». Christopher rinfoderò la pistola.

La donna aprì gli occhi. «Petra Kocianova, è di Malinovo, arriverà con i suoi due figli, Patrik e Karel. Se potesse...».

«In piedi». La sovrastava di quasi trenta centimetri. «Non avvicinarti mai più a me in quel modo davanti agli altri prigionieri. Entra nel prossimo capannone, quello in cui smistano gli occhiali». Le indicò con un gesto l'uniforme a righe. «Strappa gli orli della tua divisa. Rotolati nel fango prima di entrare». La donna si graffiò il volto, lasciando lunghi segni rossi sulle sue guance bianche. «Andiamo». Christopher si slacciò la cintura e la trascinò nel magazzino. Era in servizio Ganz, il giocatore di carte. Christopher la gettò sul pavimento davanti a lui.

«Che succede?», chiese Ganz.

«Pensa di potermi prendere per un braccio davanti a tutti gli altri, pensa di potermi chiedere favori. Le ho fatto vedere di quali favori sono capace. Falla tornare al lavoro». Ganz la prese per la collottola e la trascinò verso uno dei tavoli. Le altre prigioniere non alzarono lo sguardo quando la gettò a terra. La donna si alzò in piedi e zoppicò verso il tavolo. Christopher uscì di nuovo sotto la pioggia scrosciante.

Pioveva ancora quando il carico arrivò. Non aveva visto nessuno, né fatto nulla da quando Martina lo aveva avvicinato, quella mattina. Il cappello bagnato era gelido contro la sua pelle quando se lo mise. Infilò le braccia nel cappotto. Breitner si stava preparando per andare alla stazione con Flick, quando Christopher riemerse dal suo ufficio.

«Andrò io alla selezione, questo pomeriggio. Breitner, resta qui e riesamina i libri mastro di ieri. E Breitner, non c'è bisogno di mostrarsi così sorpresi». Breitner si sfilò il cappotto e mormorò qualcosa sul fatto che fosse contento di non dover uscire con quella pioggia. Flick seguì Christopher.

«C'è qualcosa che non va, Herr Seeler?», chiese Flick nel breve tragitto in macchina verso la stazione.

«No, sto bene. È solo un po' di ansia per il lavoro. C'è sempre qualcosa di cui preoccuparsi». Avrebbe voluto continuare, parlare davvero con quell'uomo, ma si trattenne.

Arrivarono alla stazione con qualche minuto di ritardo. Le selezioni erano già state fatte. Se voleva farlo davvero, doveva agire subito. L'avrebbe trovata nella fila delle donne con bambini. Quella fila significava la morte certa. Spedì Flick a occuparsi delle valigie che i Sonderkommando stavano scaricando dal treno. La pioggia era ancora più fitta, l'odore di umidità impregnava ogni cosa. La fila degli adulti in salute selezionati per il lavoro si stava incamminando verso il campo principale di Auschwitz. L'altra fila aspettò. I medici del campo stavano tornando in tutta fretta verso Auschwitz, le selezioni erano fatte, il lavoro lì era finito. Christopher ne fermò uno, un uomo di mezz'età alto e di bell'aspetto. «Sto cercando un prigioniero», esclamò, la voce quasi si perdeva nella pioggia scrosciante. Il medico gli indicò il Rapportführer in servizio, un uomo imponente con un manganello nero in mano. *Non è per questo che sono venuto fin qui. Sto facendo un'idiozia.*

«Herr Rapportführer, sono l'Obersturmführer Seeler, di Birkenau. Lavoro nel Canada».

«Ah, il nuovo Re del Denaro?». Il Rapportführer lasciò ricadere il manganello lungo un fianco. Passarono diversi secondi. «Cosa succede?»

«Lei ha una delle mie prigioniere».

«Cosa? Chi?»

«Il suo nome è Petra Kocianova. È una delle donne che lavorano per me nel Canada».

«Com'è finita in questo gruppo?». Un rivolo di pioggia scivolava lungo il profilo del suo volto.

«È stata trasferita fuori ed è tornata con i suoi figli. Ma è una dei miei lavoratori. Apprezzerei molto se facesse questa cosa per me. Non lo dimenticherei».

«È del tutto irregolare».

«Gliene sarei molto grato, davvero molto grato».

«Herr Obersturmführer...».

«Molto grato».

«Va bene allora, mi chiamo Heinrich Schwarz. Mi aspetto che ricambierà questo favore».

«Naturalmente».

Schwarz afferrò Christopher per la manica del cappotto mentre si allontanava. «Herr Obersturmführer, i figli, restano con me».

Christopher provò a farsi venire in mente qualcosa per aggirare questo problema. Mille pensieri si affollarono nella sua testa. Non c'era nulla che potesse fare. Riprese a camminare. Chiamò il nome della donna percorrendo la fila che procedeva verso i crematori. Aveva più o meno la sua età, lunghi capelli castani e il volto di porcellana sporco di terra. I due figli erano stretti a lei, aggrappati alle gambe. «Petra Kocianova? Vieni con me». La donna si mosse per seguirlo insieme ai suoi bambini. «No, mi dispiace, solo tu».

I figli avevano entrambi meno di sei anni. «Che ne sarà dei miei figli? Non li lascerò».

«Puoi vederli più tardi, dopo che avranno fatto la doccia. Saranno portati nel nostro giardino d'infanzia, subito dietro i tuoi alloggi. Potrai andare a trovarli ogni giorno». Quelle menzogne gli lacerarono l'anima. La fila continuava ad avanzare. L'ufficiale in carica lo fissava. Gli restavano pochi secondi. «Dobbiamo andarcene». I due bambini piangevano, adesso, le loro braccia stringevano le cosce della madre.

Christopher fece un cenno a una donna anziana. «Puoi badare tu a questi bambini, madre?». La donna si avvicinò per prendere i bambini, ma loro le sfuggirono girando intorno alle gambe della madre. La fila si stava allontanando. Il Rapportführer Schwarz s'incamminò verso di loro, scuotendo la testa. «Per favore, devi venire con me, adesso». Gli tremava la voce.

«Non lascerò i miei figli».

«Vieni con me, subito!». La afferrò per un braccio. La vecchia signora riuscì a prendere il bambino più piccolo, che poteva avere tre anni. Petra s'inginocchiò e abbracciò i figli. Gli sussurrò qualcosa mentre se li stringeva al petto.

Christopher la portò nel Canada verso la fine della giornata di lavoro. Martina Culikova cominciò a piangere quando la vide. Christopher si chiese quando le avrebbe detto che non avrebbe mai più rivisto i suoi figli, che quello era l'ultimo giorno delle loro brevi vite.

Capitolo 26

Quei bambini non lo abbandonarono mai. Aver salvato Petra Kocianova sembrava un gesto insignificante. Christopher la vide nel magazzino, nei giorni seguenti, il volto esanime, cereo. Nulla sembrava avere alcun senso. Tutto quell'orrore sarebbe finito, un giorno. E quando quel giorno sarebbe arrivato, chi avrebbe mai creduto alle sue vere intenzioni? Tutti gli assassini avrebbero fatto atto di contrizione. Uno in più, il suo, non sarebbe stato neanche notato. Era colpevole, per complicità e altro, e quella colpa stava cominciando a eroderlo dall'interno. Doveva poter fare di più. Doveva poter fare di più che impedire l'uccisione sommaria dei suoi lavoratori. Non c'era modo di fermare i pestaggi. Continuavano regolarmente. Le donne del Canada tornavano ogni giorno al lavoro zoppicando, con il volto ricoperto di lividi viola.

Christopher contava le ore che lo separavano dal prossimo viaggio a Berlino, ma quando quel giorno arrivò, lo accolse con scarso sollievo. Nulla era mai abbastanza, ormai. Si svegliava con la bocca secca e l'odore di whisky ancora nelle narici. Bere con Lahm e i suoi amici sembrava l'unico modo per prendere sonno. Era più facile uscire con loro, più facile bere, che resistere alle loro continue insistenze. Lahm dormiva quando l'Obersturmführer Seeler s'infilò l'uniforme. Gli stivali entrarono facilmente. Erano diventati come una seconda pelle, ormai, e facevano poco rumore quando camminava sulle assi del pavimento. Sollevò il bavero del suo cappotto da ss per proteggersi dal gelido freddo invernale. I prigionieri marciavano al lavoro, i soldati delle ss e i kapò gli sbraitavano contro mentre camminavano. Il caratteristico scoppio di un fucile risuonò nell'aria. Una fitta di dolore gli attraversò il petto propagandosi in tutto il corpo. C'era uno storno sul cofano della sua macchina. Le sue piume marroni risplendevano nella tenue luce dell'alba. Aveva un filo d'erba nel becco che si agitava quando si muoveva. Dopo pochi secondi spiccò il volo e scomparve dello sterminato cielo grigio sopra di lui.

Pensò a quei bambini per tutto il viaggio verso Berlino, il modo in cui si aggrappavano alle gambe della madre, bramando quella protezione che lei non gli avrebbe più potuto dare. Tentò di convincersi di aver fatto una buona azione, perché aveva salvato una vita, perché almeno lei era sopravvissuta, ma non ci riuscì. Pianse per loro mentre guidava. Il ricordo del bambino cui avevano sparato in faccia durante le selezioni e dell'uomo che aveva ucciso Northen. Il ricordo di Rebecca, che tentava di scacciare tutti gli altri. Provò a tornare con la memoria agli anni che avevano preceduto tutto quello, quando il sole proiettava i lunghi raggi nella cucina di suo padre, illuminando di riflessi dorati i capelli di Rebecca.

Stavolta lo aspettavano, a casa. Alexandra corse verso di lui e gli gettò le braccia al collo. Karolina uscì sulla soglia tenendo per mano il piccolo Stefan. Alexandra lo baciò. Il padre avvolse le sue braccia ancora forti intorno a lui. Christopher si liberò e sollevò il cuginetto, stringendosi a Karolina appena Stefan fu tra le sue braccia. Il dolore che lo tormentava si placò, scivolò via. Alexandra lo raggiunse da dietro per prenderlo per mano e condurlo all'interno. Harald e Steffi erano lì, nell'ingresso.

«Bentornato, nostro eroe». Harald sorrise.

«Sono così felice di vedervi tutti. Vorrei solo potermi trattenere di più, ma devo tornare al campo».

«Forza, unisciti a noi per una tazza di caffè, almeno», disse suo padre. Alexandra lo spinse verso il soggiorno. Si sedette accanto a lui, e il padre si accomodò dall'altra parte. Karolina sorrise e lo abbracciò prima di congedarsi dicendo che doveva portare Stefan a fare una passeggiata. Harald e Steffi si avviarono verso la cucina. Il padre di Christopher chiuse la porta. Il volto di Alexandra mutò espressione.

«Oh, mio Dio, Christopher. Stai bene?»

«Certo che sì. Di cosa stai parlando?»

«La tua pelle, sembri malato». La sorella sollevò una mano per accarezzargli una guancia. «Sembri ghiacciato, e grigio».

«Grazie. Sto bene. È stato un lungo viaggio. Tu come stai? Come va il lavoro? Tom deve mancarti molto».

«Vivere qui è peggio di quanto potessi mai immaginare».

«Sono tempi duri, questo è certo», disse il padre.

«Nostro padre mi ha raccontato dei campi».

«Avevi intenzione di tenerglielo nascosto?»

«No... Non lo so. Ha senso che sappia anche lei?».

«Non può essere vero. Un campo pensato per assassinare la gente?», disse Alex. Era magra. Le rughe che le segnavano il volto erano molto più pronunciate di quelle che ci si sarebbe aspettati da una ventitreenne. Aveva gli occhi incavati, e i capelli spenti e privi di vita.

«È fin troppo vero».

Christopher sollevò la tazza vuota davanti agli occhi, osservando gli elaborati motivi sulla porcellana. Rimasero in silenzio quando Steffi entrò nella stanza con il bricco di caffè. Lo posò sul tavolo e indietreggiò lentamente senza dire una parola. Il padre di Christopher prese il bricco e ne versò per tutti. «Sei al sicuro, lì?»

«Sì, abbastanza. Sono diventato abbastanza bravo a nascondere il mio vero io. Finché farò in modo che i soldi continuino ad arrivare, sarò al sicuro».

«Hai notizie di Rebecca?», chiese Alex.

«No, non ancora, i miei contatti stanno ancora cercando».

«Sono sicuro che sia ancora lì fuori», disse il padre.

«Lo spero. Cosa sapete di Uli?»

«Nulla, niente lettere, neanche una parola dalla Wehrmacht. È ancora sul Fronte orientale».

«Quante persone muoiono nei campi?», chiese Alexandra. «Non riesco ancora a crederci. Non posso credere che possano fare una cosa del genere. È mostruoso. Sapevo che gli ebrei erano scomparsi, ma nessuno parla mai di loro. Come se fossero svaniti nel nulla».

«Ne ho visti morire almeno sessantamila, forse anche di più. Questo nelle otto settimane in cui sono stato lì. Non avrei mai potuto immaginare un simile girone dell'inferno. In qualche modo, cercare Rebecca non mi sembra più abbastanza». Gli faceva bene parlarne, come se versasse acqua sull'incendio che consumava la sua anima. «Ho tentato di aiutare le donne che lavorano per me. Sono circa seicento. Sto provando a tenerle in vita».

«Ma adesso vuoi fare di più», affermò il padre.

«Sì. Devo».

«E se le ss scoprissero che stai aiutando i prigionieri?», chiese Alexandra.

«Sarei giustiziato». Alex cominciò subito a piangere. «Ma penso che preferirei morire piuttosto che restare inerte. Non potrei vivere il resto della mia vita sapendo che non ho fatto nulla».

«C'è qualcuno con cui puoi parlare? Qualche persona fidata? Cosa pensano le altre ss di quello che succede lì dentro?».

«No, non c'è nessuno. Le altre ss sono convinte di fare il loro lavoro per il bene del Reich, del mondo intero. Sono così illusi, così corrotti, da credere che ciò che fanno sia giustificato». Bevve un sorso di caffè. Era ancora bollente, e si bruciò le labbra. «Cos'è successo a queste persone, alle altre ss intendo, per spingerle ad agire in questo modo? Non credereste mai alle cose che ho visto. Donne e bambini trucidati... Come posso fare una cosa del genere? È un tarlo che sta scavando una voragine nella mia mente. Conosco queste persone. Mangio con loro. Gioco a carte con loro e bevo con loro. Di notte sembrano normali, semplici ragazzi, persone con cui passeresti piacevolmente il tempo se non sapessi chi sono davvero».

«È incredibile cosa riescano a fare anni di condizionamento e propaganda», rispose il padre. «Nessuno nasce con una simile brutalità dentro di sé».

«Spesso mi chiedo se sarei anch'io come loro, se fossi stato sottoposto allo stesso trattamento».

«Non potresti mai essere come loro», disse il padre.

«Non lo so. Se non faccio nulla, non sono molto diverso da loro. Eseguire gli ordini, ecco cosa fanno le altre ss lì dentro. È pieno di feroci assassini, persone che amano ciò che fanno, ma la maggior parte delle ss è passiva. Fanno solo il loro lavoro».

«Un lavoro che brutalizza e uccide persone innocenti?», chiese Alex.

«Sì».

«Nessuno dice niente?»

«Nessuno. Se qualcuno ci provasse, sarebbe spedito sul Fronte orientale, a trasportare cadaveri. Non c'è nessun altro. Sono completamente solo».

«Hai noi».

«Non potete capire quanto mi faccia bene parlare con qualcuno. Mi sembra di essere sul punto di affogare, lì dentro».

«Allora, cosa pensi di fare?», chiese il padre. «Hai ragione, devi fare qualcosa».

«Davvero non so cosa posso fare. Ho il denaro, è vero, e nessuno che mi controlli. Sono solo io a contare i soldi. C'è un fiume, un mare di denaro che passa per il campo».

«Usali», disse il padre.

«Aspetta, andiamoci piano. Potrebbe essere giustiziato», disse Alexandra. «Penso solo che debba stare molto attento».

«Ho già vietato le esecuzioni sommarie nella mia sezione del campo. È un mese che non sparano più ai prigionieri che lavorano nei miei capannoni».

«È già una buona cosa. C'è qualcos'altro?», chiese il padre.

«*Deve* esserci qualcosa che possa fare per loro».

«Hai ragione, Christopher. Deve esserci».

Capitolo 27

Christopher sedeva con la schiena perfettamente dritta, immobile. Era stato sorprendentemente facile ottenere un appuntamento con il Lagerkommandant Höss. Sembrava che il Lagerkommandant fosse ansioso di incontrarlo di nuovo. Christopher tossì e si lisciò il colletto, nonostante sapesse che era immacolato, perché l'aveva stirato e ristirato più volte. Si passò le mani sul volto sbarbato e sorrise alla segretaria di Höss, che ricambiò. Höss aprì la porta.

Non c'era nulla di eccezionale in quell'uomo, il Kommandant di tutto. Era di media statura, più basso di Christopher, e aveva folti capelli castani. Nulla colpiva o spiccava sul suo volto, niente cicatrici né ferite di guerra. Era un individuo ordinario, sulla quarantina. Era il genere d'uomo che nessuno avrebbe degnato di uno sguardo o della minima attenzione, se lo avesse incontrato per strada, eppure era il signore di quello sterminio. Gli bastò guardarlo per sentirsi male. Höss rispose pigramente al saluto nazista del giovane Obersturmführer. Christopher entrò nel suo ufficio appena Höss lo invitò ad accomodarsi e si sedette su una lussuosa poltrona di pelle rossa, una delle tre che si trovavano davanti all'enorme scrivania rivestita di pelle di Höss. Il ritratto di Hitler li scrutava dall'alto quando Höss cominciò a parlare.

«Sono stato a Berlino la scorsa settimana», disse accendendosi una sigaretta. Ne offrì una a Christopher, porgendogli un portasigarette d'argento. Le iniziali incise all'interno non erano quelle di Höss. «Ho incontrato lo Standartenführer Kohl, al quartier generale delle SS. Credo sia il suo contatto, vero?»

«Sì, sì, è così. L'ho incontrato due volte finora». *Quanto denaro trat-*

tiene per sé Kohl? E quanto Höss? «Ma ancora non ho avuto modo di parlare con lui...».

«Sì, è una persona davvero piacevole. Ormai lo conosco da diverso tempo. Anche lei è membro del partito, Seeler?»

«No, non lo sono».

Höss prese un fascicolo dalla scrivania davanti a lui. «Sì, ricordo di averlo letto nella sua scheda. Lei viene da...».

«Jersey, Herr Lagerkommandant». Pensò ai morti, ai cadaveri che marcivano in attesa di essere cremati.

«Sì, certo. Siete stati liberati nel 1940. Questo non ha mai fatto vacillare la sua lealtà, spero?»

«Assolutamente no, Herr Lagerkommandant».

«Certo che no», disse Höss scansando il fascicolo. «Non c'è spazio per i sentimentalismi qui, dove si svolge il lavoro più importante dell'intero Reich. Lo Standartenführer Kohl mi ha riferito che la produzione è aumentata, significativamente aumentata, da quando ha cominciato a lavorare qui. Berlino è felice, e questo rende felice me».

«Ne sono lieto, Herr Lagerkommandant».

«Sì, la mia iscrizione al partito risale al 1922». Il suo sguardo si perse nel vuoto, come se stesse richiamando alla memoria quell'epoca d'oro.

«Ho avuto modo di leggere il suo stato di servizio durante l'ultima guerra, come fosse uno dei più giovani sottufficiali dell'esercito tedesco. So che ha cominciato a lavorare in un campo di concentramento nel '34, come guardia». Höss non rispose. «Anche mio padre ha combattuto durante la Grande Guerra. E adesso sono lieto di poter dare il mio contributo al servizio della patria».

C'era un bicchiere di whisky sulla scrivania. «Sono felice di scorgere in lei una simile dedizione. Sono rimasto molto impressionato dal lavoro che ha svolto finora nel Settore economico. Ma, come sa, sono un uomo molto impegnato. Per quale motivo ha chiesto di essere ricevuto quest'oggi?»

«C'è qualcosa che mi preoccupa dal primo giorno in cui sono arrivato in questo campo».

«E cosa può essere, Obersturmführer Seeler?»

«La corruzione, Herr Lagerkommandant». Höss sorseggiò dal bicchiere. «Non ho idea di cosa succedesse nel mio dipartimento prima del mio arrivo, e di certo non voglio esprimere sentenze sui soldati delle ss che lavorano con me nel Settore economico, ma mi sono giunte voci. E ho anche visto certe cose».

«È una piaga», commentò Höss. «Non ho dubbi che sia una malattia trasmessa dagli ebrei stessi, la piaga dell'avidità. Alcuni uomini si sono fatti contagiare, questo è un dato di fatto. Sta a ufficiali scrupolosi come lei fornire l'esempio di cui questi uomini hanno bisogno».

«È proprio di questo che volevo parlarle».

«Vada avanti».

«Ritengo che si debba introdurre un sistema di controlli e bilanci. Troppa ricchezza si disperde prima che possa essere restituita al Reich, dove può essere utilizzata nel modo migliore». Höss gli versò un bicchiere di whisky e, senza chiedergli nulla, lo spinse verso di lui sulla scrivania. «C'è bisogno di qualcuno sul campo che acceda ai libri mastro, alle somme di denaro, ai magazzini, che possa controllare i prigionieri e sì, anche le guardie, per essere certi che qualsiasi scorrettezza sia intercettata nel momento stesso in cui si verifica». Christopher bevve un sorso di whisky dal suo bicchiere. «Fin dal mio arrivo ho osservato l'intero Settore economico, ogni giorno, ogni minuto, e credo che i risultati siano stati evidenti. Ma non è ancora abbastanza. Secondo le mie stime, il dieci percento, se non di più, di tutta la ricchezza che deve essere riconsegnata al Reich non arriva mai a destinazione. Ho stimato che per ogni duemila deportati che finiscono nei crematori ogni giorno, raccogliamo solo quattromila reichsmark, escluso l'oro e i gioielli che i prigionieri portano con loro. Logica vuole che i prigionieri portino con sé di più. Dev'essere così. Vorrei che rientrasse nel mio lavoro, sotto la mia responsabilità, assicurarmi che nulla vada disperso».

«Non rientra già nel suo lavoro, sotto la sua responsabilità?».

«È uno dei molti ruoli che ho assunto, ma vorrei essere il depositario dei libri mastro, controllare e ricontrollare il personale, le guardie e i prigionieri stessi. Ho bisogno di un mandato che mi permetta di perquisire ogni guardia o armadietto, ogni furgone, e la stanza di chiunque sia sospettato di furto ai danni del Reich».

«Quindi vorrebbe che ogni questione relativa alla corruzione nel Settore economico ricadesse sotto la sua diretta responsabilità?».

«Nulla mi renderebbe più felice, Herr Lagerkommandant».

«È troppo tempo ormai che la corruzione rappresenta un problema per il campo. Ne ho parlato con Herr Himmler stesso appena il mese scorso».

«Inoltre stilerei rapporti settimanali, solo per lei. Credo che non si debba coinvolgere nessun altro. È una questione troppo importante».

«Idea interessante, Herr Obersturmführer». Höss spense la sigaretta. «Valuterò sicuramente la sua proposta. Un giovane ufficiale zelante come lei potrebbe fare molto per porre un freno alla corruzione». Höss si alzò e gli porse la mano. «Ben fatto, Herr Obersturmführer. Mi dia un po' di tempo e le farò sapere».

«C'è anche un'altra questione, Herr Lagerkommandant».

«Ha la mia completa attenzione, Herr Obersturmführer, fin da quando ha mostrato il suo coraggio nel Crematorio III».

«Be', vorrei chiederle dei... bambini che passano per il campo».

«Cosa vuole sapere?».

«Stavo pensando che forse potremmo rimpatriare alcuni di loro, i neonati per esempio, che non sono stati ancora contagiati dalle ideologie e dalle menzogne ebraiche. Potremmo imporre loro i nostri princìpi ariani, per purificarli. Un'opera di misericordia».

«Comprendo perfettamente le sue parole, e ci ho pensato io stesso, ma purtroppo sono nemici del Reich proprio come i genitori. Ce l'hanno nel sangue. Non hanno altra scelta. Un ebreo sarà sempre un ebreo, niente di più, niente di meno. Devono essere estirpati».

«Capisco, ma che mi dice allora dei bambini di tre, quattro e cinque anni? Potremmo farli lavorare nelle fabbriche, per pulire tubature, entrare tra gli ingranaggi, le loro agili dita potrebbero raggiungere punti inaccessibili agli adulti». Sorrise. «È un puro calcolo economico. Se c'è una cosa che non posso sopportare sono gli sprechi».

«Un punto di vista davvero convincente, Herr Obersturmführer, ma sfortunatamente il sangue ebreo è sangue ebreo».

«Ogni settimana centinaia di ebrei di robusta costituzione lavorano per il Reich. Solo che non capisco che senso abbia imporre un limite di età, tutto qui. Io penso in termini economici, o bianco o nero. È colpa di mio padre, è un uomo molto razionale». Si vergognò a parlare del padre in quel posto.

«È stato un piacere incontrarla, Seeler. Lei è un ufficiale esemplare, con molte buone intuizioni. L'idea di far lavorare i bambini? Be', anche qui, vale la pena rifletterci. Ma ora devo salutarla».

Christopher strinse la mano del Lagerkommandant e batté i tacchi per fargli il saluto nazista. Höss ci pensò tre giorni. Christopher sarebbe stato a capo di un'unità operativa che avrebbe indagato sulla corruzione all'interno del campo e avrebbe istituito nel giro di due settimane un nuovo sistema che impedisse ogni furto di denaro a monte. Non si accennava all'idea di far lavorare i bambini, non ancora. Christopher guardò il sole che tramontava all'orizzonte. Pensò a Rebecca, ai bambini che non aveva potuto salvare e alle migliaia di morti senza volto che erano passati per quel posto. Per la prima volta dopo molto tempo, sentì rinascere in lui la speranza.

Capitolo 28

Le guardie salutarono Christopher quando entrò nella cupa stanza satura di fumo. Erano tutti lì: Lahm, Ganz, Meyer, Schlegel, Dreier, Bruns, Mohr e Grüne, insieme ad altre due SS che Christopher non conosceva. Gli avevano tenuto un posto. Il tavolo era disseminato come sempre di sigarette e alcolici vari sgraffignati nei depositi. Grüne spinse verso di lui un bicchiere di whisky.

«Mi auguro che stiate tutti bene, signori», esordì Christopher. Fu accolto da una serie di grugniti tutt'intorno al grande tavolo. «E spero che siate pronti a darmi il vostro denaro». C'era un mucchio di soldi in mezzo al tavolo, soprattutto reichsmark, ma c'erano anche sterline inglesi, dollari americani e złoty polacchi. Christopher bevve un sorso di whisky, aspettando la mano successiva. «Temo di non poter restare molto, stasera. Domattina devo svegliarmi presto, per incontrare i grandi capi. Sto per mettere insieme una nuova commissione anticorruzione sancita dal Lagerkommandant». Diversi uomini misero giù le carte. «Sarò a capo della commissione. È stato lo stesso Lagerkommandant a chiedermi di farmene carico». Erano tutti intenti ad ascoltarlo, adesso. «Sono sicuro che le mie indagini non interesseranno nessuno degli uomini in questa stanza». L'Obersturmführer Seeler posò il suo bicchiere di whisky. «Se avete qualsiasi dubbio o domanda, venite da me. Se conoscete qualcuno che potrebbe essere implicato in qualunque cosa possa sembrarvi illegale, parlategli. Mettetelo in guardia. Ditegli di smettere, almeno per qualche settimana, finché la Commissione Anticorruzione farà il suo lavoro». Posò una mano sulla spalla dell'uomo accanto a lui. «Non ho alcuna voglia di mettere qualcuno dei miei compagni dietro le sbarre, ragazzi, anzi. Dite ai vostri amici cosa sta per succedere. Ovviamente non c'era bisogno che mi rivolgessi direttamente a voi... Ve ne ho parlato solo nel caso in cui qualche vostro amico, qui nel campo...».

«Sì, abbiamo capito», disse Lahm. Non ci fu più alcun accenno alla commissione, quella notte.

La prima riunione della Commissione Anticorruzione di Auschwitz-Birkenau si tenne l'indomani mattina nell'edificio dell'amministrazione, a poche porte di distanza dall'ufficio di Liebermann. I primi timidi fiocchi di neve della stagione volteggiavano fuori dalla finestra. Christopher si sedette a capotavola. Breitner era subito alla sua sinistra. A quanto sembrava aveva stirato la propria uniforme apposta per la riunione. Anche Flick e Müller erano lì, e davanti a loro sedevano i Kommandoführer Kuntz, Strunz e Roenhig, a capo dei crematori. All'altro capo del tavolo, lontano da tutti gli altri, c'era Jan Schultz, il capo dei Sonderkommando del Canada.

«Grazie per essere venuti qui oggi, signori, per il primo incontro della nostra commissione», esordì Christopher. «La farò breve, perché so che siamo tutti molti impegnati e che c'è un carico in arrivo tra meno di un'ora cui dovremo assistere tutti. Voglio ringraziare soprattutto i Kommandoführer Kuntz, Strunz e Roenhig per aver trovato il tempo di venire qui nonostante il loro intenso programma di lavoro. Vi ho convocato perché so di potermi fidare di voi e, in questioni di tale importanza, la fiducia è essenziale. Gira voce che presto avremo un nuovo Lagerkommandant, dal momento che Herr Höss sarà trasferito a Berlino per assumere un ruolo di primo piano nello sforzo bellico. Il nostro lavoro consiste nel preparare il campo per l'arrivo del nuovo Kommandant, nel dimostrargli che non abbiamo intenzione di tollerare il cancro della corruzione, che si sta lentamente insinuando in ogni angolo di Auschwitz-Birkenau. Un'efficace campagna anticorruzione ci permetterà di conseguire un enorme prestigio personale e garantirà al campo un futuro florido. Non dimentichiamo il vero motivo per qui siamo tutti qui, signori, ovvero promuovere gli ideali che il nostro Führer ci ha trasmesso e salvaguardare il futuro del nostro mondo e della nostra civiltà». Il volto di Schulz era impassibile, non lasciava trapelare alcuna emozione. «Come avrete notato, ho invitato qui tra noi anche il capo dell'unità di Sonderkommando che lavora presso il Settore economico. So che molti di voi saranno sorpresi di vederlo in questa commissione, ma sono convinto che per riuscire nel nostro compito dobbiamo lavorare in collaborazione con i prigionieri».

Christopher parlò per altri venti minuti, di controlli, procedure, riservatezza e pene per i trasgressori. Ogni uomo aveva davanti a sé un fascicolo che avrebbe dovuto compilare personalmente, con precise istruzioni su ogni passaggio delle operazioni. Kuntz si contorse a disagio sulla sedia appena lesse i documenti. L'incontro durò meno di un'ora. Ogni uomo lasciò la stanza con una chiara idea di quale fosse la nuova regolamentazione, per quanto non ne fosse del tutto contento.

Christopher percorse il corridoio dopo che gli altri se ne furono andati. Non si preoccupò di bussare alla porta, si limitò ad aprirla.

«Liebermann. Immagino abbia saputo chi è il nuovo capo dell'unità operativa anticorruzione del campo?»

«Sì, l'ho saputo. Congratulazioni per il suo nuovo incarico. Chi diavolo ha pensato di affidare questo ruolo proprio a lei?»

«Nientemeno che il Lagerkommandant in persona. Sa riconoscere un bravo ufficiale delle SS quando ne vede uno».

«Forse è un bene che si trasferisca a Berlino, dopotutto».

«Lei mi conosce troppo bene, Herr Liebermann, ma anch'io conosco lei. Non se ne dimentichi. Ora che sono a capo della Commissione Anticorruzione... be', che dire?»

«Non provi a usare le maniere forti con me, Herr Obersturmführer. Non dimentichi chi è il suo superiore».

«Certo che no, Herr Hauptsturmführer. Io voglio ciò che vuole lei, servire la patria e il Führer».

«Naturalmente. A proposito della sua dedizione alla patria e al Führer, potrei avere qualche informazione sulla prigioniera».

«Dove si trova?»

«Sembra ansioso, Herr Obersturmführer».

«Vuole dirmelo o no?»

«Sono riuscito a trovare alcuni prigionieri di Jersey in un campo nel Baden-Württemberg. Non so se la sua amica è tra loro, non ancora, almeno».

«Quando lo scoprirà?»

«Ho scritto un'altra lettera. Dovrei ricevere risposta in una settimana o giù di lì, dipende».

Christopher si alzò, le gambe tremavano sotto il suo peso. «Molto bene allora, tornerò a trovarla tra qualche giorno. Continui a fare un buon lavoro, Herr Hauptsturmführer». Se ne andò senza aggiungere altro. La speranza che sentiva dentro di sé gli rese impossibile trattenere un sorriso.

La giornata trascorse come tutte le altre. Migliaia di prigionieri arrancarono nella neve verso la morte, tra loro c'erano molti bambini. Che aspettava il Lagerkommandant a fargli sapere cosa avesse deciso? Doveva rivolgersi direttamente ai capi delle fabbriche? Christopher sapeva che doveva essere paziente, ma il supplizio che provava nel vederli entrare negli spogliatoi era diventato insopportabile. Si congedò per tornare nel suo ufficio. Rimase seduto lì per molte ore, con la testa china su rapporti e fascicoli, libri mastro e registri, tutto pur di distrarsi.

La sera era buia e gelida. Nevicava ancora quando lasciò l'ufficio per incontrare Schultz nel Crematorio IV. Alzò il bavero del suo lungo cappotto per coprirsi le orecchie, mentre camminava nell'oscurità. La giornata di lavoro era ufficialmente finita, ma c'erano ancora dei Sonderkommando che portavano a termine i loro incarichi. Gli fecero tutti il saluto quando li superò. I capannoni erano vuoti, le donne del Canada erano tornate nelle loro baracche a poche decine di metri da lì. I riflettori si accesero e uno di essi proiettò il suo cono di luce su di lui. Fece un cenno di saluto verso la guardia nella torre di controllo sopra di lui e riuscì appena a distinguere il suo gesto di rimando.

Il cortile davanti al Crematorio IV era deserto, tranne che per una coppia di Sonderkommando che spingevano carrelli colmi di valige verso i magazzini del Canada. Gli alloggi dei Sonderkommando erano di lusso, in confronto a quelli del resto del campo. A ognuno era stata assegnata una branda, con lenzuola pulite, dentro dormitori riscaldati. Consumavano i loro pasti da soli e gli veniva lasciata l'opportunità di rubare quanto più alcol riuscissero a bere. Erano queste le ricompense per il lavoro che svolgevano, oltre alla possibilità di vivere un giorno di più. Schultz non era lì. Christopher chiese informazioni a un Sonderkommando, un giovane polacco di appena vent'anni, che gli rispose di controllare nella stanza dove tagliavano i capelli, al piano di sotto, vicino ai forni.

Schultz si girò di scatto quando Christopher lo trovò. C'erano altri quattro Sonderkommando con lui. Erano tutti pratici di quel lavoro, alcuni di loro prestavano servizio nel crematorio da più di due mesi. Era raro che un Sonderkommando sopravvivesse così a lungo. I cinque uomini erano in fila davanti a una panca appoggiata contro il muro in fondo.

«Che succede qui dentro?».

«Herr Obersturmführer, cosa la porta quaggiù?», chiese Schultz. «È venuto a controllare i progressi della Commiss...?».

«Cosa succede qui dentro?», ripeté Christopher.

«Niente, Herr Seeler», rispose di nuovo Schultz. Christopher lo sentì, un debole gemito, e desiderò di non essere mai entrato in quella stanza. Estrasse la pistola.

«Che cos'era?».

«Non ho sentito nulla, Herr Obersturmführer», disse uno degli altri Sonderkommando, un polacco di nome Becker.

Sparagli. Corri a chiedere aiuto. Chiama l'ufficiale a capo del crematorio. «Cosa c'è lì dietro? Allontanatevi, allontanatevi o giuro che vi sparo!». Gli uomini si separarono. Il corpo rannicchiato di una bambina, forse di otto anni, giaceva sulla panca, il suo petto si sollevava a fatica mentre si sforzava di respirare. I suoi lunghi capelli castani arruffati sfioravano il pavimento e le coprivano per metà il volto sporco. Indossava una camicia grigia da uomo. «Da dove viene?»

«Era nell'ultimo carico», disse Schulz. «L'abbiamo trovata nella camera a gas, sotto il corpo del padre». Stava camminando verso Christopher, adesso. Christopher gli puntò contro la pistola, mirando al volto. «Era viva. Era ancora viva dopo che hanno spruzzato il gas». Continuava ad avvicinarsi, ora era a pochi metri da lui.

«Fermati lì, Schultz, o ti sparo dritto in faccia. Giuro che lo faccio». Schultz si fermò a un paio di metri da lui.

«È sopravvissuta al gas. Non abbiamo mai visto nessuno sopravvivere alla camera a gas. Dev'essere rimasta intrappolata in una bolla d'aria. È un miracolo, non c'è altra spiegazione». Schultz s'interruppe. «Le sparerà?»

«Sparerò a te, Schulz».

«Avanti», disse restando immobile con le braccia tese davanti a lui.

«Non costringermi a farlo. Sarete tutti morti nel giro di dieci minuti se faccio rapporto. Mi basterebbe...».

«Lo sappiamo, Herr Obersturmführer. Le nostre vite sono nelle sue mani, compresa quella della bambina». Abbandonò le braccia lungo i fianchi. Gli uomini alle sue spalle erano rimasti immobili. La bambina tossì ancora. Uno di loro si volto e si inginocchiò per premere un orecchio contro il suo petto. Disse qualcosa in polacco. Un altro uomo si inginocchiò accanto a loro e cominciò a comprimerle il petto e a soffiarle aria nella bocca. Christopher non si mosse. Stava ancora puntando la pistola contro la faccia di Schultz. Il prigioniero allontanò la bocca dalla bambina, che ricominciò a tossire e boccheggiare.

«Sopravviverà?», chiese Christopher.

«Forse, non lo sappiamo. Tomas è un dottore», rispose Schultz indicando uno di loro. «Tomas, come sta?»

«I suoi polmoni sono danneggiati, ma credo che ce la farà».

«Adesso dipende tutto da lei, Herr Obersturmführer. La ucciderà? Ucciderà noi? Oppure uscirà e farà finta di non aver visto nulla?», lo incalzò Schultz.

Christopher ripose la pistola nella sua fondina. «Cosa pensate di farne? La farete lavorare nel crematorio, a bruciare cadaveri? Sapete che in questo campo non c'è posto per i bambini». Diede una spallata a Schultz mentre gli passava accanto per avvicinarsi alla bambina. Si fermò a un metro da lei. «Per prima cosa dobbiamo portarla via di qui. Ci sono troppe guardie in giro». Superò gli altri, e s'inginocchiò accanto a lei. Il battito era debole e il petto si sollevava a ogni stentata boccata d'aria. «Portiamola nel mio ufficio».

«Come faremo ad arrivare fin lì?», chiese uno degli uomini.

«Prendete un carrello», disse Schultz. «Caricatelo con tutti i vestiti che riuscite a trovare. Ce la nasconderemo sotto. E prendete vestiti anche per lei».

«Ma gli spogliatoi sono stati ripuliti», disse l'uomo.

«Be', allora improvvisate. Andate, tutti e quattro, e fate in fretta», ordinò Schultz.

La mano di Christopher era posata sul petto della bambina, per controllare il ritmo del suo respiro, dentro, fuori, dentro, fuori. Schultz era in piedi accanto a lui, ma Christopher non si voltò. «Herr Obersturmführer, forse potrebbe mettersi sulla porta, nel caso...».

«Schultz, se vi lasciate sfuggire una sola parola su questa...».

«Certo che no, Herr Seeler, sarei colpevole quanto...».

«Non m'interrompere, Schultz. Se lo dite a qualcuno, spedirò tutta l'unità di Sonderkommando nel blocco punitivo, dove vi tortureranno a morte».

«Sì, Herr Obersturmführer, non accadrà mai».

Schultz si prese cura della bambina, mentre aspettavano. Christopher rimase accanto alla porta, a controllare che non passasse nessuna guardia. Non si avvicinò nessuno. Si sentiva solo il suono del respiro affannato della bambina. «Sai come si chiama? Da dove viene? Era nell'ultimo carico da Praga?»

«Non ha parlato, a stento ha ripreso conoscenza, ma sì, era nell'ultimo carico».

«Cosa diavolo faremo una volta che l'avremo portata nel mio ufficio?».

«Potrebbe portarla nel blocco dei bambini, nel campo per le famiglie?».

«Non lo so. Potrei tentare. Ma non so se voglio sottoporla a una cosa del genere». Il blocco dei bambini era uno dei peggiori di tutto il campo. Se riuscivano in qualche modo a sopravvivere, venivano prelevati per esperimenti scientifici o persino da predatori sessuali. Molti kapò disponevano a loro piacimento di bambini e bambine. Christopher allungò una mano verso la bambina e le passò le dita tra i capelli. Forse una morte rapida sarebbe stata migliore del blocco dei bambini.

Si sentì bussare e le voci sommesse degli altri quattro Sonderkommando trapelarono dalla porta. Christopher l'aprì. Avevano raccolto lenzuola e vestiti nei loro alloggi. Uno degli uomini disse qualcosa in ceco e un altro parlò in polacco. «Dov'è il carrello?», disse Schultz in tedesco.

«Davanti alla porta principale», rispose Becker. «Non c'è nessuno là fuori». Erano le otto passate e la maggior parte delle guardie era fuori servizio. Questo non significava che sarebbe stato facile. C'erano sempre guardie in giro. E i riflettori del campo erano pronti a illuminare cortili e capannoni a ogni minimo movimento.

La bambina fu avvolta con coperte e cappotti in pochi secondi. Due uomini la sollevarono delicatamente, uno per le spalle, l'altro per i piedi. Christopher aprì la porta e scrutò su e giù il cupo corridoio di cemento prima di fargli cenno di passare. Uscirono, la posarono sul carrello e la coprirono con altri vestiti.

«Non servono cinque uomini per spingere un carrello pieno di vestiti. Tomas, la bambina sta bene?», chiese Christopher.

«Ha solo bisogno di riposare, e di bere. Ma credo che starà bene. È un vero miracolo».

«Aspetta a parlare di miracolo. Schultz, spingi il carrello, voialtri, tornate nei vostri alloggi». Il carrello traballò sulla fanghiglia e sulla neve. Erano a centinaia di metri dall'ufficio di Christopher. Una guardia gli passò accanto. Schultz abbassò lo sguardo. Continuarono a camminare. La bambina cominciò a tossire, il suono si sentiva chiaramente sotto al mucchio di vestiti. «Sta soffocando?», sussurrò Christopher a Schultz mentre gli camminava accanto.

«Non lo so». C'era un gruppo di guardie sotto a una pensilina accanto al primo capannone. Stavano andando dritti verso di loro, e non c'era modo di aggirarli. I colpi di tosse sotto i vestiti si fecero più forti.

Christopher camminò disinvolto verso le guardie a una cinquantina di metri da Schultz e dal carrello. «'Sera ragazzi», disse. «Vedo che la neve comincia ad attaccare. Avete una sigaretta?». Una delle guardie gliene offrì una.

«Lavora fino a tardi, Herr Obersturmführer», disse un'altra guardia.

«Sì, non c'è pace per gli empi. Avete saputo della nuova Commissione Anticorruzione? Già, il mio consiglio è di stare attenti nelle prossime settimane». Il carrello avanzò lentamente vicino a loro, i rantoli della bambina si sentivano chiaramente. Schultz cominciò a tossire. Nessuna delle ss lo degnò di uno sguardo. Christopher aspettò che passasse per gettare la sigaretta mezza fumata. «State attenti, ragazzi. Con la nuova amministrazione, dobbiamo tutti guardarci le spalle». Le guardie lo ringraziarono. Si avviò verso il carrello. Camminò a cinque metri da Schultz finché non fu certo di essere fuori dalla loro visuale. Si mossero silenziosamente. I colpi di tosse si erano fermati.

Christopher sapeva che era morta. Raggiunsero l'ufficio e aprirono la porta. Portarono dentro il mucchio di vestiti, tutto taceva sotto la stoffa, e adagiarono la bambina per terra. L'unica luce che rischiarava l'ufficio proveniva dai raggi argentati dei riflettori del campo. Christopher avvicinò un orecchio al suo petto.

«Non posso crederci. È viva». Diede una sonora pacca sulle spalle di Schultz.

La bambina tossì ancora e aprì gli occhi. Era sdraiata davanti alla scrivania di Breitner.

Capitolo 29

Schultz le avvicinò un bicchiere di acqua alle labbra, il liquido scivolò lungo il suo mento quando la bambina tossì ancora. L'ufficio era buio. Entrambi gli uomini tacevano, l'unico suono nella stanza era il suo respiro. Le sue gambe nude tremavano. Trovarono un paio di pantaloni tra le coperte e Schultz glieli infilò. Christopher prese la coperta appoggiata alla sedia di Flick e Schultz ce l'avvolse. L'adrenalina di un attimo prima stava scemando, e Christopher aveva ricominciato a pensare, nel tentativo di trovare una soluzione a una situazione che sembrava senza speranza. Non c'era un posto in cui poteva stare. Di certo Schultz non avrebbe potuto portarla negli alloggi dei Sonderkommando. Era già stata una fortuna che fossero riusciti a farla uscire dal crematorio. Dove avrebbe potuto nasconderla? Come avrebbe potuto farla scappare dal campo? C'era una sola via d'uscita, dicevano i prigionieri, ed era attraverso i camini dei crematori. Le posò una mano sulla fronte, era un po' più calda di prima. Probabilmente tutta la sua famiglia era morta, i loro corpi erano ammucchiati nei crematori, o forse erano già stati inceneriti nei forni. Era stato davvero un gesto di misericordia salvarle la vita? Prese il bicchiere d'acqua e ne fece colare qualche goccia nella sua bocca. Schultz cominciò a parlare, disse qualcosa in ceco.

«Riesce a sentirti?»

«Non lo so».

La bambina sbatté le palpebre, apri gli occhi e guardò Christopher nell'oscurità. Era viva, era viva davvero. «Si è svegliata. Chiedile come si chiama». Diede una gomitata a Schultz, per punire il suo mezzo secondo di esitazione. «Fallo». I suoi occhi ora erano spalancati. Schultz le accarezzò una guancia prima di chiederle in ceco il suo nome. Non disse nulla. «Chiediglielo di nuovo», insistette Christopher.

«È terrorizzata. I genitori e i fratelli sono morti, e adesso è tutta sola».

«Anka», rispose la bambina. Christopher le prese la mano, calda nella sua.

«Ora puoi andare, Schultz».

«Ne è sicuro? Dove la porterà?».

«Be', di certo non puoi portarla con te al crematorio, no? Mi prenderò cura di lei. Torna nei tuoi alloggi». Schultz le accarezzò di nuovo il volto e si chinò verso il suo orecchio. Christopher riuscì a stento a distinguere i sussurri attutiti in quella lingua sconosciuta, ma sentì pronunciare il suo nome. Schultz si alzò. «Cosa le hai detto?»

«Le ho spiegato chi è lei. Le ho detto che sarà sempre al sicuro finché resterà con lei».

La bambina ricominciò a tossire e Christopher le si sedette accanto. La abbracciò e sentì le sue braccia stringersi intorno al suo torace. Aspettò che le allontanasse, ma dopo due minuti erano ancora aggrappate a lui. Christopher scostò le braccia. Le lacrime sulle sue guance risplendevano al chiaro di luna. Anka disse qualcosa, così piano che anche se Christopher avesse parlato ceco probabilmente non avrebbe capito. Sentì Rebecca, come se fosse stata nella stessa stanza con loro.

«Mi dispiace, non riesco a capirti». Lei parlò di nuovo, e Christopher capì dall'inflessione nella sua voce e dall'espressione confusa sul suo volto che gli stava chiedendo qualcosa. Forse a proposito dei suoi genitori. Fu felice di non essere in grado di risponderle. «Ora resta qui». Allontanò una mano da lei e puntò il dito prima contro il suo petto, poi verso il pavimento. «Resta qui. Torno subito». Si alzò. Fuori il carrello era scomparso, come sperava. Frugò nella tasca per prendere una sigaretta, prima di gettarla senza accenderla. Non c'era nessuno nei paraggi. Tornò dentro. Anka era ancora seduta lì, proprio come le aveva chiesto di fare. Non aveva fatto né detto nulla. Christopher prese le coperte da dove Schultz le aveva lasciate e aprì la porta del suo ufficio. Le gettò a terra e tornò da lei. «Resteremo lì, nel mio ufficio», disse allungando un braccio per prenderla per mano. Anka strinse le dita intorno alle sue e si alzò. Adagiò le coperte davanti alla scrivania.

Sto rischiando la mia vita e la vita di Rebecca per una bambina che ho conosciuto appena un'ora fa? Distese le coperte e le fece cenno di sdraiarsi, ma lei non si mosse. «Vieni». Piangeva a dirotto, adesso. Christopher la abbracciò e lei gli gettò le braccia al collo. «Shhh», le disse portandosi un dito alle labbra. «Devi stare tranquilla, Anka. Va tutto bene, sono qui. Non lascerò che ti succeda qualcosa». Quelle parole affiorarono dalle sue labbra con naturalezza. La abbracciò ancora e si distese su un fianco sfilandosi gli stivali e la giacca, che avvolse intorno al corpo della bambina per coprirla. Si sdraiò, tenendola tra le braccia e cullandola finché non si addormentò.

Christopher si svegliò all'alba, con le braccia ancora strette intorno ad Anka. Era calda, ancora viva, fu la prima cosa che controllò. Erano da poco passate le sette. Due ore dopo ci sarebbe stato un altro incontro della Commissione Anticorruzione, e sarebbe stato impegnato quasi tutto il giorno. Sarebbero arrivati altri due carichi. Müller, Flick e Breitner sarebbero andati e venuti dall'ufficio. Gli occhi di Anka erano ancora chiusi quando si agitò nel sonno. *C'è qualche speranza? Che senso ha tutto questo?* Le scostò i capelli sporchi e annodati dal volto. Doveva esserci un modo per nasconderla finché non fosse riuscito a farla uscire di nascosto dal campo durante il suo prossimo viaggio a Berlino. Avrebbe potuto tenerla suo padre, avrebbe potuto trovarle qualsiasi altro posto in cui stare. Mancavano cinque giorni alla partenza, cinque lunghi giorni in cui avrebbe dovuto nasconderla, ma dove? Forse durante il giorno avrebbe potuto pensarci Schultz, o forse avrebbe potuto chiedere aiuto a qualche donna del Canada. Il suo corpo era indolenzito per aver dormito sul pavimento. Anka dormiva ancora. Si sedette davanti alla sua scrivania e la fissò per almeno venti minuti. Poi sentì bussare. Anka aprì gli occhi e Christopher balzò in piedi. Tentò di calmarsi, di restare immobile, ma sapeva che la persona dall'altra parte della porta doveva averlo sentito.

«Obersturmführer Seeler?». Era la voce di Friedrich. «È lì dentro?»

«Sì, Herr Rapportführer, mi dia solo un secondo. Devo essermi addormentato alla scrivania ieri notte». Gli occhi di Anka erano spalancati e si mise seduta. Christopher si portò un dito alle labbra e si guardò intorno, i suoi occhi saettarono dall'armadio strapieno alla cassaforte alla scrivania in meno di un secondo. Avvicinò di nuovo il dito alle labbra. Anka rimase in silenzio.

«Herr Seeler, vorrei parlare un attimo con lei».

«Arrivo, Herr Rapportführer». Christopher liberò Anka dalle coperte e le gettò sulla sua sedia. La bambina strisciò sotto la scrivania, apparentemente nascosta. Christopher si avvicinò alla porta, lisciandosi indietro i capelli prima di girare la chiave. Schiuse la porta di pochi centimetri.

«Qual è il problema, Seeler? Perché aveva chiuso a chiave?»

«Nessun problema, Herr Rapportführer, volevo solo rendermi presentabile», rispose tentando di scivolare fuori dal suo ufficio. Friedrich lo bloccò. Erano faccia a faccia, a pochi centimetri di distanza.

«Preferirei parlare nel suo ufficio, Seeler».

«Sarebbe meglio di no, se non le dispiace, c'è una gran confusione lì dentro».

«Le sto dicendo espressamente che non intendo parlare qui fuori. Dobbiamo discutere di una questione delicata».

«Ma, Herr Rapportführer...».

«Seeler, non me lo faccia ripetere. Non parlerò qui fuori». Friedrich spinse la porta. Christopher fece appena in tempo a lanciare un'occhiata al pannello frontale della sua scrivania. Anka era completamente nascosta. Arretrò e si fermò davanti al tavolo. Friedrich si sedette, e avvicinò la sedia a mezzo metro dal nascondiglio di Anka. Christopher girò intorno alla scrivania e si accomodò. Allontanò la sedia e gettò a terra le coperte.

«Vedo che ha avuto una lunga nottata».

«C'è... c'è sempre tanto lavoro da fare».

«E so che si è offerto volontario per farne altro».

«Immagino si riferisca alla Commissione Anticorruzione...». Sentì Anka muoversi, strusciare la gamba dei suoi pantaloni.

«Sono sorpreso che abbia deciso di istituire questa unità operativa senza prima consultarsi con me, il suo diretto superiore».

«Mi perdoni, Herr Rapportführer. Avrei dovuto metterla a parte dei miei progetti. È solo che so quanto sia impegnato, quante responsabilità gravino sulle sue spalle». Sentì Anka aggrapparsi alla sua gamba sotto la scrivania. «Se volesse accompagnarmi nei capannoni, vorrei farle vedere...». Si alzò.

«Si sieda, Obersturmführer», ringhiò Friedrich. «Non dimentichi chi è l'ufficiale più alto in grado qui dentro, anche se è riuscito a leccare i piedi del Lagerkommandant».

«Herr Rapportführer, le assicuro che in nessun modo il mio ruolo all'interno della Commissione Anticorruzione mi induce a farmi false idee sulla mia posizione. Sono solo un contabile, ed è di questo che hanno bisogno. Mi scuso per non averla coinvolta prima in questa operazione, ma è appena agli inizi. C'è ampio spazio per i suoi suggerimenti». Anka era aggrappata al suo polpaccio destro, adesso, e sentiva sussultare il suo corpo mentre si sforzava di non tossire. «Se vuole partecipare a qualcuno dei nostri incontri...».

«E quali saranno esattamente i metodi che la commissione utilizzerà?»

«Intensificheremo i controlli durante tutte le fasi di rimpatrio dei beni verso il Reich. I controlli cominceranno dalla... selezione iniziale fino alla preparazione del carico da rispedire a Berlino. Il sistema impostato dal mio predecessore è troppo... blando, ci sono troppe lacune». Aveva le mani sudaticce.

Friedrich esitò per qualche secondo prima di riprendere a parlare. «Cosa mi dice di questi controlli? Cosa possono aspettarsi le mie guardie?»

«Ci è stato dato libero accesso a tutte le proprietà del personale, armadietti, guardaroba, tutti i luoghi che possiamo perquisire in cerca di beni di contrabbando. Se le guardie non rubano, non hanno ragione di preoccuparsi».

«Capisco». Friedrich raddrizzò la schiena. Si udì un colpo di tosse da sotto la scrivania. Friedrich guardò Christopher, che sentì una goccia di sudore scivolargli lungo la schiena. «Lei ha...».

«Se è tutto, Herr Rapportführer...».

«Cos'era?». Friedrich si alzò e si precipitò verso la finestra. Christopher balzò in piedi, e sentì Anka lasciare la sua presa sotto la scrivania. «Sono sicuro di aver sentito qualcosa».

«Non ho sentito nulla».

«No», disse alzando la mano. Christopher riusciva chiaramente a distinguere i respiri di Anka nel silenzio. «Ha sentito, veniva da fuori?»

«Cosa? Da fuori? Crede sia un prigioniero?».

«C'è solo un modo per scoprirlo». Friedrich uscì a grandi falcate dall'ufficio. Christopher lo seguì intorno all'edificio, il sole diffondeva una luce giallastra su tutto il campo.

«Doveva essere un prigioniero che passava di qui. Mi creda, Herr Rapportführer, capita spesso. C'è un gran via vai sotto la mia finestra». La fredda aria del mattino gli gelò il sudore sulla pelle. «Alle dieci ho appuntamento con il Kommandoführer Strunz del Crematorio IV a proposito delle nuove procedure che vorremmo istituire. Vuole unirsi a noi?»

«Sì, sì, certamente», rispose Friedrich dopo qualche secondo di esitazione. «Nel suo ufficio alle dieci?». Friedrich se ne andò.

Christopher si precipitò nel suo ufficio e si chinò dietro alla scrivania. Anka disse qualcosa quando Christopher la tirò fuori e la strinse tra le braccia, con una mano sotto di lei e l'altra sulla testa. «Non posso farcela», disse in inglese. «Sei stata brava, piccola. Sei stata brava». Gli occhi di Christopher erano colmi di lacrime. La baciò una guancia e la cullò dolcemente con timidi movimenti. I suoi occhi marrone chiaro risplendevano nella luce del mattino. Christopher tirò la tenda. Il suo volto era sporco e le labbra screpolate erano piene di tagli, eppure era bellissima. «Anka, adesso devi aspettare qui mentre vado a prenderti qualcosa da mangiare e cerco di capire dove potrai stare oggi». Sembrava che Anka non avesse alcuna idea di cosa stesse tentando di dirle, e si sedette sulla sedia che Friedrich aveva appena occupato.

Christopher armeggiò con la chiave mentre chiudeva la porta del suo ufficio dall'esterno. Tra meno di un'ora sarebbe arrivato un carico di prigionieri. Scarabocchiò un appunto in cui chiedeva a Breitner e agli altri di andare direttamente alla selezione e sorvegliare tutte le operazioni lì. Avrebbero capito, avrebbero pensato che rientrasse nelle nuove attività anticorruzione. Appese il foglietto alla porta. La bicicletta che utilizzava per raggiungere Auschwitz era legata sotto la pensilina fuori. Ci volevano dieci minuti per raggiungere il refettorio di Auschwitz, non poteva lasciarla da sola così a lungo. Pensò a una soluzione migliore e camminò a passo spedito verso il Crematorio IV. Il cortile del crematorio era pieno di Sonderkommando che spingevano avanti e indietro carrelli colmi di vestiti, valigie, cadaveri. Non c'era traccia di Schultz, ma Tomas, il medico della sera prima, era lì, che spingeva un carrello straripante di corpi nudi con la bocca spalancata. Christopher lo fermò, tentando di non guardare il suo carico. «Dov'è Schultz?»

«Dentro, negli spogliatoi». Si sentì sfiorare il braccio mentre s'incamminava. «Come va con quella cosa di ieri sera?»

«Direi bene». Tomas allontanò la mano, e lui proseguì all'interno.

Schultz radunò tutto il cibo che riuscì a trovare, più che sufficiente per la colazione della bambina. Tornarono insieme verso l'ufficio di Christopher senza dire una parola. L'ufficio sembrava deserto. Christopher si sentì gelare il sangue nelle vene finché non vide il suo nascondiglio sotto la scrivania. La tenda nel suo ufficio era sempre tirata, fece fatica a trovarla nella semioscurità. Schultz disse qualcosa in ceco, e la testa di Anka spuntò fuori. Quasi sorrise quando li vide. Si ficcò il cibo in bocca con foga, masticava un paio di volte prima di mandare giù. Mormorò qualcosa a Schultz, e parlarono di nuovo.

«Di cosa state parlando?», chiese Christopher.

«Dei suoi genitori, dei suoi fratelli. Mi ha chiesto dove sono».

«Cosa le hai detto?»

«Le ho detto che non lo so, che deve stare vicino a lei, che deve restare calma e che li cercheremo».

«Cosa?».

«Cos'avrei dovuto dirle?».

«Lascia stare. Sa che rischia la vita?»

«Non credo che capisca».

«Credo che nessuno di noi ci riesca», ribatté Christopher in inglese.

«Cos'ha detto?».

«Non importa», rispose Christopher. Strinse Anka tra le braccia, anche se sapeva che Schultz lo stava guardando. «Puoi badare a lei durante il giorno? Io non posso».

«Secondo lei posso portarla al crematorio? No che non posso. Ha visto cosa faccio lì dentro?», disse Schultz. «Perdoni il mio tono, Herr Obersturmführer».

«Non importa, Schultz, in questo momento il tuo tono è l'ultima cosa che mi preoccupa. Ho riunioni tutto il giorno. E dovrò occuparmi del denaro che arriverà oggi pomeriggio. Ci sarà un via vai continuo in questo ufficio. Se fa il minimo rumore…».

«Non può nasconderla in un magazzino?»

«No, sono pieni di guardie, e con la nuova Commissione Anticorruzione gli è stato chiesto di perquisire tutti i capannoni due volte al giorno».

«Allora cosa possiamo fare?»

«Dobbiamo lasciarla qui. Proverò a farla uscire di nascosto dal campo giovedì prossimo».

«Non è facile sopravvivere cinque giorni qui dentro».

Schultz se ne andò per primo, lasciandolo da solo con la bambina. La tosse, l'unica traccia che fosse sopravvissuta alla camera a gas, era quasi scomparsa. La strinse per qualche secondo e le baciò la testa. «Resta qui, Anka. Tornerò appena posso».

Capitolo 30

Pensò ad Anka, Rebecca e poco altro durante gli incontri della mattina. Le informazioni acquisite furono riportate nei dossier, e molti incontri consistettero nel placare i diversi ufficiali, nel convincerli che il morale delle truppe non avrebbe risentito delle indagini e nel rassicurarli, facendogli capire che non sarebbero finiti in prigione. Un'unità speciale proveniente da un altro campo sarebbe arrivata nel giro di poche ore per procedere alle prime perquisizioni. I primi controlli si sarebbero concentrati sugli alloggi delle ss e sui loro armadietti personali. Poi le ricerche si sarebbero spostate negli alloggi dei prigionieri. Schultz e gli altri erano riusciti a spargere la voce tra gli internati. Ogni ss colpevole sarebbe stata sottoposta alla corte marziale, ogni prigioniero colpevole avrebbe trovato la morte immediata. Friedrich rimase in silenzio tutto il tempo, e nonostante il Kommandoführer Strunz si fosse mostrato sicuro di sé e favorevole a tutta quella iniziativa, Christopher sapeva che erano tutti colpevoli, come chiunque altro.

Christopher fece ritorno nel suo ufficio dopo mezzogiorno, portando con sé gli avanzi del pranzo per darli ad Anka. Chiuse immediatamente a chiave la porta. L'ufficio era vuoto, Flick, Müller e Breitner stavano obbedendo ai suoi ordini. La trovò addormentata sotto la scrivania, come sperava. Si svegliò con un sussulto, ma sembrò calmarsi appena lo vide, e si avventò sul cibo. Christopher si sedette accanto a lei abbracciandola e stringendole un polso. Il suo battito era forte e regolare, i colpi di tosse sempre più rari. L'orologio sul muro gli impose di allontanarsi da lei. Cominciò a lavorare con Anka nascosta sotto la scrivania, dove le aveva dato un quaderno e delle matite per passare il tempo.

Due ore dopo i soldati fecero irruzione negli alloggi delle ss. Flick rimase accanto a lui, per supervisionare le ricerche. Breitner era sulla porta, a impartire inutili ordini mentre le ss assistevano alla scena. C'erano una cinquantina di uomini impegnati nella perquisizione degli alloggi delle ss. Ci misero quasi tre ore. Ogni tanto qualcuno di loro lanciava una voce, quando trovava banconote, gioielli o persino alcolici trafugati, e usciva dalla stanza brandendoli come trofei prima di inscatolarli tra le prove. Christopher si chiese chi si sarebbe appropriato delle casse delle prove, una volta che il processo davanti alla corte marziale si fosse concluso. Ci furono ventisette arresti, nessuno che conoscesse, solo membri delle ss che erano stati troppo avidi. Uno di loro aveva una scatola di orologi nell'armadietto. Un altro aveva otto denti d'oro nascosti tra i calzini puliti. La maggior parte degli uomini aveva ascoltato gli avvertimenti. Trovarono gioielli buttati nella spazzatura, monete d'oro gettate sotto le baracche e banconote disseminate nel cortile davanti agli alloggi delle ss. Ciononostante, il ricavato fu così consistente che avrebbe impressionato qualsiasi superiore, e fu un giorno di trionfo per la Commissione Anticorruzione.

I controlli sui prigionieri furono fatti durante e dopo la giornata di lavoro. Furono costretti a spogliarsi davanti alle guardie e a depositare i vestiti su un tavolo mentre venivano perquisiti. Gli alloggi dei prigionieri furono quasi distrutti durante le ricerche, ma non trovarono nulla. Non ci furono esecuzioni.

Quel giorno il bottino di beni di valore e contanti che ricavarono dai carichi fu enorme, molto più ricco del solito, rispetto al numero di prigionieri liquidati. Era evidente a tutti cosa fosse successo, ma nessuno fece domande. Gli ufficiali di Berlino avrebbero solo visto l'enorme afflusso di ricchezza che sarebbe arrivata da Auschwitz. Stava a Christopher fare in modo che continuasse.

Alle cinque del pomeriggio la truppa anticorruzione aveva imperversato per tutti gli alloggi delle ss e dei prigionieri di stanza ad Auschwitz. Le pile di merce trafugata furono caricate su furgoni per essere conservate come prove nei processi che sarebbero seguiti. La maggior parte degli uomini poteva aspettarsi di finire in prigione. Alcuni sarebbero stati spediti sul Fronte orientale. Christopher non provò alcun piacere per la dura lezione che aveva inflitto, tutt'altro. Ne era turbato, ma si sentiva un traditore. Si accese una sigaretta e si allontanò dagli alloggi. I suoi pensieri si concentrarono ancora una volta su Anka.

Doveva tornare da lei. Breitner lo avvicinò.

«Felice del lavoro di oggi, Herr Obersturmführer?»

«Felice come lo si può essere nel vedere arrestare dei compagni delle SS».

«Già, i vermi non piacciono a nessuno, vero?». Breitner se ne andò.

Christopher tornò nel suo ufficio. Non era entrato nessuno, ma gli sarebbe stato impossibile tenere alla larga Flick, Müller e Breitner per altri quattro giorni. Il fumo dei crematori si sollevava in ampie volute nel cielo cupo del tramonto. Non c'era modo di sfuggire alla morte che lo circondava come un mantello. Eppure Anka era riuscita a sopravvivere. Gli altri avevano parlato di miracolo, come se Dio fosse sceso e l'avesse toccata tenendola in vita per qualche ragione che solo lui conosceva. Ma non c'era nessun Dio laggiù. Era l'unica cosa di cui Christopher fosse certo.

Anka era nascosta sotto le coperte nell'angolo, quando entrò.

«Anka, vieni fuori. Sono Christopher».

La bambina uscì dalle coperte.

Il telefono squillò, squarciando il silenzio. Christopher impietrì, tentando di distinguere i suoni delle SS che venivano a portarli via entrambi. Ma non si sentì nulla, solo il trillo acuto del telefono.

«Obersturmführer Seeler?», disse la voce all'altro capo della linea. Era Liebermann.

«Salve, Herr Hauptsturmführer».

«Ho novità per lei. Venga immediatamente». Attaccò.

Christopher si sentì gelare e si strofinò la fronte per asciugare una goccia inesistente di sudore. «Resta qui. Capito? Era una telefonata molto importante. Molto importante. Tornerò appena posso. Porterò cibo, e un po' d'acqua. Potremo lavarti». Anka sussurrò qualche parola in ceco. «Tornerò», disse chiudendosi la porta alle spalle. Girò la chiave nella toppa, ed era quasi uscito dall'ufficio quando si rese conto di averla lasciata lì. Tornò indietro e la prese, tentando di ricomporsi.

Calò l'oscurità, la luce del giorno svanì nella cupa notte del campo. I riflettori che correvano lungo la recinzione di filo spinato si accesero con uno sfarfallio. Asciugò la condensa sul sellino della bicicletta e la inforcò talmente in fretta che per poco non cadde. Era sudato quando raggiunse il posto di guardia per uscire da Birkenau. La guardia fece un commento, cui rispose con un sorriso, anche se non l'aveva neanche sentito. Se Rebecca stava arrivando, forse avrebbe potuto portare via sia lei che Anka. Doveva esserci un modo per nasconderle nella macchina, o, nella peggiore delle ipotesi, per portare Rebecca al Canada, dove sapeva che sarebbe stata al sicuro. Anka era abbastanza piccola da entrare nel bagagliaio. Nessuno lo aveva mai controllato. Tutte le guardie lo conoscevano. Si fidavano tutti di lui. Perché non avrebbe dovuto riuscirci?

Scese dalla bici davanti all'edificio dell'amministrazione, ad Auschwitz, sentiva le gambe in fiamme, per quanto aveva pedalato veloce. Ci mise pochi secondi a lisciarsi i capelli all'indietro e appoggiare la bicicletta contro il muro.

«Salve, Obersturmführer Seeler», disse la guardia all'ingresso.

Christopher bussò alla porta di Liebermann e aspettò che rispondesse per entrare. Liebermann gli fece cenno di accomodarsi.

«È l'argomento del giorno, Seeler. Un giovane Obersturmführer arrivato da appena due mesi e già a capo di un'unità operativa anticorruzione? I suoi progressi sono stati stupefacenti».

«Sto solo facendo del mio meglio per servire il Reich e il Führer in persona».

«Oh, già, dimenticavo, il Führer in persona, certo, certo».

«Allora, ha qualche novità?»

«Oh, sì, la ragione per cui l'ho chiamata. Mi perdonerà, Seeler, ho una certa età, non sono una giovane testa calda come lei».

«Allora, ha intenzione di parlarmene?».

«Non abbia fretta, giovane Herr Seeler. Ho ricevuto una telefonata da un mio vecchio collega che lavora in un campo che si chiama Ilag V-B Biberach. Sembra che abbia la sua signorina Cassin».

Il suo cuore si incendiò. «Dunque è viva?»

«Così sembra».

«E quando possiamo farla trasferire qui? Era questo l'accordo».

«So bene quale fosse l'accordo, Herr Obersturmführer. Arriverà mercoledì con l'ultimo treno».

«Questo mercoledì? Tra tre giorni?».

Liebermann annuì.

Christopher si morse il labbro inferiore, tentando di trattenere un sorriso. «Da dove partirà?».

«Ha importanza?».

«No, immagino di no. Arriverà mercoledì sera, non giovedì, perché dovrò partire per Berlino giovedì mattina, all'alba. Starò via tutto il girono».

«Che c'è? Vuole essere sicuro di essere qui per darle il benvenuto?».

«Si attenga ai dettagli, per favore, Herr Liebermann».

«Fossi in lei modererei i toni, ragazzo», ribatté Liebermann puntando un dito contro Christopher. «Che direbbero se il nuovo ragazzo prodigio, il capo della nuova Commissione Anticorruzione, fosse sorpreso mentre corrompe un ufficiale più anziano?».

«E cosa direbbero se scoprissero che un ufficiale più anziano si lascia corrompere? Mi ascolti, gliel'ho già detto, non offro tangenti. A che ora arriverà quel treno, Herr Hauptsturmführer?»

«Alle cinque e trenta di mercoledì pomeriggio. Ho inserito la signorina Cassin sulla lista di coloro che saranno trasferiti direttamente nel complesso del Settore economico per smistare i beni che andranno rimpatriati».

«Eccellente. Questo pone fine alla nostra collaborazione, Herr Liebermann. Lasci che mi complimenti con lei per il lavoro svolto. Se avesse mai bisogno di rivolgersi a me per...».

«Oh, non si preoccupi, Seeler. Non esiterò a contattarla».

Christopher tornò in fretta nel suo ufficio. «Vieni qui, Anka», sussurrò. «Ho una splendida notizia, piccola mia». Parlava in inglese, per qualche ragione. La bambina sembrava confusa, e gli mormorò qualcosa. «Mi dispiace, Anka, non parlo ceco», rispose tornando di nuovo al tedesco. «Ma oggi ho saputo che Rebecca è viva e sta per essere trasferita qui». Si chinò su di lei e la sollevò stringendola tra le braccia. «Forse ne uscirà qualcosa di buono, alla fine di tutta questa sofferenza, per entrambi». Allontanò il suo volto dal petto per guardarla in faccia, era ancora sporco e trasandato, i capelli le ricadevano sul viso. «Ti porterò via da qui, Anka. Ti porterò via da tutto questo. Giuro che ci riuscirò».

Capitolo 31

Christopher le lavò i capelli meglio che poté e usò un fazzoletto per pulirle il viso. Quando Anka si sdraiò per dormire, Christopher finì il suo lavoro, ricontrollò e tirò le somme del giorno, cifre che di certo avrebbero soddisfatto Höss. Il totale superava di più del dieci percento quello che raccoglievano di solito. I suoi superiori sarebbero stati felici che gli oggetti di valore e il denaro che saccheggiavano non fosse rubato. Lui e Anka dormirono di nuovo sul pavimento dell'ufficio, stavolta con cuscini e coperte che aveva recuperato dai magazzini per proteggersi dal gelo invernale che assediava la finestra. Il cono di luce dei riflettori sfiorò la finestra, illuminando la stanza quanto bastava perché potesse vedere il suo viso assopito, le braccia strette intorno a lei.

Immaginò che venisse da un piccolo villaggio fuori Praga, la vide giocare con i suoi amici, i fratelli, le sorelle. La immaginò mentre tornava a casa dai genitori, e il padre la sollevava in aria e l'abbracciava prima di schioccare un bacio sulla sua guancia. La sua famiglia non esisteva più, erano morti tutti, la sua casa era occupata da coloni insediati lì dal Reich o da vicini invidiosi. Che destino l'aspettava, se fosse tornata? Forse quando fosse riuscito a farla uscire da lì, avrebbe potuto portarla da suo padre. Stefan l'avrebbe tenuta nascosta, al sicuro, finché la guerra non fosse finita. Quando lui e Rebecca fossero usciti da quell'inferno, avrebbero potuto tenerla con loro, crescerla come una figlia, e restituirle la vita che le avevano rubato. Nel mondo esistevano ancora posti come la spiaggia della sua infanzia. Poteva esistere ancora la felicità.

L'aria fredda dell'alba lo svegliò. Anka dormiva ancora. Sembrava dormire tutto il tempo. Christopher la liberò delicatamente dal suo abbraccio e si alzò, l'unico suono che si sentì fu lo scricchiolio delle sue giunture. La speranza irrazionale che ardeva dentro di lui lo consumava. Sentì di nuovo Rebecca lì con loro.

Durante la notte era caduta altra neve, che ammantava capannoni e crematori di una bellezza che posti come quelli non meritavano. Christopher spazzò via la neve dal sellino della bicicletta e pedalò verso gli alloggi ad Auschwitz. Lahm era sveglio quando arrivò. Era in piedi davanti allo specchio, che si radeva.

«Dove sei stato la notte scorsa?», gli chiese.

«C'è tanto lavoro da fare in questo periodo. Temo di essermi addormentato di nuovo sulla scrivania».

Lahm non rispose, continuò a radersi. Christopher si avvicinò al suo armadietto e tirò fuori dei vestiti puliti. I due uomini rimasero in silenzio per un minuto o più, prima che Lahm riprendesse a parlare.

«Sì, dev'essere un lavoro davvero stancante, fare arrestare i tuoi compagni delle SS». Continuava a fissare il suo volto allo specchio.

«Ho un incarico, come tu hai il tuo. E come il tuo, il mio lavoro non è sempre piacevole. Per dire, dubito che ti piaccia lavorare nel blocco punitivo, no?».

«In realtà sì. Mi piace dare a quei parassiti quello che si meritano. Non esiste al mondo un solo ebreo innocente».

«Be', immagino che non tutti amino questo lavoro, ma è importante per la sicurezza e il futuro del Reich», ribatté. «Il mio lavoro funziona allo stesso modo. Ho fatto tutto ciò che potevo per proteggere i miei compagni. Se alcuni di loro erano troppo stupidi per seguire i miei consigli, non è colpa mia. Non sono stato io a chiedere di fare questo lavoro, Lahm, sto solo cercando di servire il Führer meglio che posso».

«Sbattendo in galera uomini con mogli e figli?».

«L'ordine di istituire un'unità operativa contro la corruzione viene direttamente da Himmler. Stai mettendo in dubbio una sua decisione? E poi? Metterai in dubbio il Führer stesso?». Quelle parole gli lasciarono un sapore amaro in bocca. Le pronunciò come se fosse qualcun altro, come se fosse un estraneo intrappolato nella sua stessa pelle.

Lahm posò il rasoio e si asciugò il viso. Appoggiò le mani sui bordi del lavandino e lanciò un'occhiataccia a Christopher attraverso lo specchio. Christopher si voltò e si infilò la camicia e quando si girò per guardarlo di nuovo la sua espressione era cambiata. «Conoscevo alcuni degli uomini arrestati, Seeler».

Per la prima volta Christopher fu felice di quegli arresti, come se fosse stata fatta finalmente giustizia. «Erano guardie del blocco di detenzione?»

«Alcuni di loro, sì».

«Perché non li hai avvisati? Ti avevo detto di metterli in guardia». Era felice di poter pronunciare quelle parole, adesso.

«Pensavo di averlo fatto. Non sono riuscito a incontrare tutti. Pensavo di averlo detto alla maggior parte dei ragazzi».

«Probabilmente ti hanno sentito ma non ti hanno creduto. Ci hai provato, Lahm. Ci abbiamo provato entrambi. Non potevamo fare altro». Christopher prese i vestiti e uscì dalla stanza verso le docce. Si stava sforzando di non sorridere.

Rebecca era un pensiero fisso ormai. Sentiva il suo respiro sulla pelle, i suoi morbidi capelli contro il collo. Il pensiero di rivederla gli infuse una felicità totalmente estranea a quel posto. Quando sarebbe arrivata, tutto sarebbe cambiato. Avrebbe dovuto proteggerla dalla morte ogni giorno che fosse rimasta lì.

Christopher aveva gli avanzi della colazione in tasca mentre arrancava accanto ai magazzini del Canada verso il suo ufficio e verso Anka. Sentì un rumore a una trentina di metri da lui. Era Frankl, il kapò. Trascinava una delle donne per i lunghi capelli castani arruffati e la gettò nella neve. Le urlò qualcosa e impugnò il manganello. Christopher aveva assistito a scene come questa fin troppe volte. Frankl sollevò il manganello e lo abbatté sulla testa della donna. Christopher sentì scricchiolare il suo cranio. L'impulso di correre verso Frankl per afferrargli il braccio e gettarlo nella neve era come un cane che gli sbranava il petto, ma sapeva che era meglio tenerlo a freno. Affrettò impercettibilmente il passo perché nessuno potesse accorgersene. Frankl infierì di nuovo sulla donna. Il sangue schizzò sulla neve candida. Due prigionieri passarono lì vicino mentre spingevano un carrello pieno di pentole e padelle. Fecero finta di non vedere lo spettacolo di fronte ai loro occhi, sforzandosi di ignorare le urla della donna mentre veniva picchiata ancora, e ancora. Frankl le colpì la mano quando la donna tentò di proteggersi. Urlò ancora. I secondi che impiegò per raggiungerli sembravano ore.

«Frankl?», disse Christopher quando finalmente fu da loro. «Cosa sta succedendo qui?». Il suo tono era calmo, la voce pacata, imperturbabile.

Frankl si girò su se stesso, con il braccio ancora sollevato per colpire la donna, che giaceva prona ai suoi piedi. «Questa canaglia, pensa...», aveva il fiato corto, le parole faticavano a uscire. «Questa canaglia pensa di potersi addormentare sul tavolo mentre lavora». Guardò Christopher come per chiedergli il permesso di continuare, di picchiarla a morte, o finché si fosse tolto lo sfizio.

«E tu pensi di risolvere i problemi menomando i miei operai, Frankl?». Christopher scosse la testa. «Se si addormenta, schiaffeggiala fino a svegliarla, falla marciare nella neve senza scarpe, ma non menomarla. Per ogni lavoratore che uccidi, devo trovarne un altro che lo sostituisca, e questo significa altro lavoro per me. Sai quanto sono impegnato, Frankl?»

«Certo, Herr Obersturmführer, è solo che...».

«Frankl, apprezzo lo... scrupolo con cui ti dedichi al lavoro, ma devi anche riflettere». La donna a terra si lamentava. Christopher non le rivolse neanche uno sguardo. Due prigionieri passarono di lì spingendo un carrello vuoto. Christopher gli fece cenno di avvicinarsi. «Prendete questa prigioniera, portatela in ospedale». Nonostante la testa della donna fosse ricoperta di sangue, gli occhi erano ancora aperti. Forse poteva ancora sperare di sopravvivere. I prigionieri la sollevarono e la adagiarono sul carrello. «Ricorda che questa operazione dipende dai lavoratori, Frankl, e lo stesso vale per il nostro lavoro». Christopher dovette fare appello a tutta la forza di volontà per dare una pacca sulla spalla a Frankl. «Torna nel capannone».

Breitner, Müller e Flick erano seduti alle loro scrivanie quando Christopher arrivò in ufficio. «C'è un carico in arrivo tra un'ora circa. Vi voglio tutti e tre lì, a osservare tutto e tutti». Si diresse verso la sua porta. Anka era sotto la scrivania quando entrò. Si avvicinò a lei, con un dito sulle labbra. Anche lei accostò il dito alle labbra. Uscì da sotto la scrivania e si inginocchiò accanto a lui quando si sedette. Christopher lavorò, e Anka disegnò, in assoluto silenzio. Passò un'ora. Stava per arrivare il prossimo carico. Volle uscire dall'ufficio per essere certo che se ne andassero tutti. Entrò nell'ufficio principale. Era rimasto solo Müller, che stava per chiudersi la porta alle spalle.

«Ho visto cosa è successo prima con Frankl. Passavo di lì», disse Müller.

«Oh, davvero? Non posso permettere che i miei operai...».

«Frankl è un animale. Si dice che la odi, perché non può più soddisfare la sua sete di sangue».

«Di certo non mi sento minacciato da lui. Sono un ufficiale delle ss. Lui un semplice kapò».

«Ha ucciso più prigionieri di qualunque altro kapò. L'Obersturmführer che c'era prima gli faceva fare quel che voleva. Avrà ucciso quattro, cinque, dieci prigionieri a settimana. L'ho visto picchiare a morte i prigionieri con una pala per prendere le otturazioni d'oro. A ogni modo, pensavo solo che dovesse saperlo».

«Grazie».

Müller si mise il cappello. «Oh, c'è un'altra cosa. Credo che ci sia un topo nel suo ufficio. Giurerei di aver sentito dei rumori provenire da lì, prima che arrivasse».

Il volto di Christopher impallidì, il suo corpo divenne gelido come un cadavere. «Controllerò. Grazie di nuovo, Müller».

Christopher accarezzò la testa di Anka quando si sedette dietro la scrivania. La sollevò e se la mise sulle ginocchia.

«Cosa c'è che non va in questa gente, Anka? Giovedì mattino arriverà presto. Potremo ricominciare a vivere, perché questa non è vita, Anka. Questa è solo assenza di morte». La strinse a sé e le baciò le guance morbide. «Oh, perché non l'ho fatto prima? Perché ne ho lasciati morire tanti?». Anka si piegò all'indietro tra le sue braccia e afferrò il bavero della sua giacca. Sembrava felice, come se avesse fatto visita al padre in ufficio e fosse seduta sulle sue ginocchia. Gli sussurrò qualcosa in ceco.

Capitolo 32

Era mercoledì mattina, l'ultimo giorno al campo di Anka, il primo di Rebecca. Ogni minuto che passava lo avvicinava all'arrivo di Rebecca e alla liberazione di Anka. I minuti si trascinavano come lame di rasoio. Aveva già predisposto ogni cosa per il secondo giorno di Rebecca nel campo. Sarebbe stata immediatamente assegnata a uno dei gruppi di lavoro del Canada. Aveva preparato una valigia per Anka, grande abbastanza da contenere il suo esile corpo. Vi aveva aperto dei fori per l'aria, ma avrebbe aspettato fino all'ultimo minuto per mettercela dentro, per non rischiare. Gli incarichi del giorno erano già stati comunicati. L'arrivo del carico di Rebecca era previsto per le cinque e mezza del pomeriggio, più o meno un'ora dopo che il tramonto avesse oscurato la tetra luce invernale che rischiarava il campo. Il pensiero di vederla lo riempì di una gioia che non credeva potesse ancora esistere, e strinse Anka a sé appena si svegliò.

Si alzò infilandosi la giacca. Anka sapeva che non doveva fare il minimo rumore. Sarebbe rimasta lì al sicuro per l'ultimo giorno. Avrebbe funzionato. Christopher si chinò per abbracciarla prima di uscire. Appena afferrò la maniglia, la sentì chiamare il suo nome. Anka gli fece un cenno di saluto con la mano e lui uscì dall'ufficio con un ampio sorriso dipinto sul volto. Si passò una mano sul mento ispido. Alle dieci avrebbe dovuto incontrare gli altri membri della Commissione Anticorruzione ad Auschwitz. Dovevano mettere insieme i risultati della prima settimana di indagini per presentarli al Lagerkommandant. La commissione si era rivelata un successo. Nessuno si era domandato perché ci fossero stati così pochi arresti e allo stesso tempo un aumento così consistente delle entrate del Canada. Sembrava non interessasse a nessuno.

Tornò nel dormitorio per farsi la doccia e radersi. Non vedeva Lahm dalla mattina in cui avevano parlato, e non era in camera quando Christopher entrò. In tutta fretta si fece la doccia, si cambiò e andò dritto al refettorio per ingurgitare la colazione, assicurandosi di tenere da parte un po' di cibo per Anka. Tornò verso il Canada e nel suo ufficio, che era sempre deserto a quell'ora del mattino. Fece mangiare Anka. Ormai era una routine che gli sarebbe mancata. Ma dal giorno dopo ci sarebbe stata una nuova routine, con Rebecca.

Alla riunione erano presenti tutti i membri della commissione, insieme a Friedrich, che era lì in veste di osservatore. Christopher si alzò per parlare. Gli tremavano le mani. Le mise dietro la schiena. La tensione che provava si placò quando parlò dei numeri, delle cifre che erano emerse dalle attività della commissione. Schultz arrivò in ritardo, e si sedette da solo in un angolo. Christopher li vide tutti intorno a sé, Anka, Rebecca, persino suo padre e sua sorella. I suoi pensieri erano autonomi rispetto alle sue parole mentre si rivolgeva alla commissione seduta davanti a lui. I suoi pensieri erano tutti per le persone che poteva vedere solo lui, accanto a sé in quella stanza.

L'incontro si concluse con strette di mano e pacche sulle spalle, ma Friedrich sembrava meno soddisfatto degli altri. Se ne andò senza dire una parola. Nessuno strinse la mano a Schultz, che tornò al crematorio per assistere all'eliminazione dei deportati uccisi da poco. Il rapporto era pronto, e Christopher l'avrebbe presentato da solo al Lagerkommandant. Girava voce che presto sarebbe stato promosso, e che forse la commissione sarebbe diventata un organo permanente all'interno del campo, ma Christopher non si curava delle voci. Müller, Flick e Breitner si avviarono verso la stazione per supervisionare la prima selezione della giornata. Christopher tornò nel suo ufficio solo per vedere Anka, per raccontarle dell'incontro e cosa fosse successo. Era sotto la sua scrivania, che disegnava su un foglio che le aveva lasciato. Christopher uscì per riempire la teiera e tornò da lei, prendendola in braccio mentre sedeva dietro la scrivania.

«Ci siamo quasi, piccola mia», sussurrò in inglese. «Domani a quest'ora saremo in viaggio insieme. Non ti preoccupare. Non ti terrò nella valigia per tutto il viaggio, potrai nasconderti sul sedile posteriore. Quanto sarà sorpreso mio padre?». La strinse, premendo la sua testa al petto. Le baciò i capelli e sentì le sue braccia cingergli il busto.

Sentì bussare, e la voce attutita di Schultz al di là della porta. «Herr Obersturmführer?».

Aprì la porta quanto bastava per vedere il volto del Sonderkommando. «Cosa c'è?».

«Posso parlare con la bambina?». Christopher lo lasciò passare. Schultz s'inginocchiò davanti ad Anka e le mise una mano dietro la nuca per accarezzarle i capelli. «Come sta?»

«Direi molto bene, date le circostanze. Ogni tanto piange».

«Non lo facciamo tutti?», rispose Schultz. Cominciò a parlare con lei in ceco. Christopher si sforzò di capire più che poté, ma non ci riuscì. Schultz indicò Christopher e Anka sorrise. Parlò per un minuto, forse più. Anka gli rispose qualcosa. Schultz si alzò. «Gliel'ho detto. Ora sa».

«Cosa sa?»

«Sa che la farà uscire domani. Le ho detto che deve stare zitta quando la porterà via. Le ho detto che saremo sempre al suo fianco e che la proteggeremo».

«E lei cos'ha detto?»

«È felice. Non vede l'ora di rivedere la sua famiglia».

Schultz la strinse tra le braccia e se ne andò. Christopher rimase nella stanza, guardandola mangiare il pranzo che le aveva portato. Era l'una passata. Il viaggio di Rebecca da Biberach stava per finire. Avrebbe dovuto spiegarle molte cose. Non si sarebbe aspettata di trovarlo lì. Avrebbe dovuto mantenere le distanze, dal loro incontro non sarebbe dovuta trapelare alcuna emozione. Non poteva far scivolare via la sua maschera, non in quel momento.

Pulì il volto di Anka con il fazzoletto che aveva in tasca quando finì il pane e il latte che le aveva portato. L'abbracciò per l'ultima volta e uscì nella neve.

Una folla di nuovi arrivati era radunata nel cortile davanti al Crematorio IV, ma ormai era diventato insopportabile anche solo vederli. Le false speranze che gli ufficiali delle SS istillavano in quelle persone gli laceravano l'anima. Breitner gironzolava per il cortile, con un registro in mano. Si avvicinò a Christopher.

«È arrivata una chiamata per lei poco fa, Herr Obersturmführer. Il Rapportführer Friedrich vuole incontrarla subito nell'edificio dell'amministrazione».

«Ad Auschwitz?».

«Così mi ha detto. Credo che la stia aspettando lì».

Cosa poteva volere Friedrich da lui? Aveva a che fare con Liebermann? Di certo non poteva avergli detto nulla, sarebbe stato colpevole quanto Christopher. C'era la neve a terra, e le strade non erano ancora state liberate. Sarebbe stato difficile raggiungere Auschwitz in bicicletta. Avrebbe dovuto farsi prestare la macchina da Strunz. Andò nell'ufficio del Kommandoführer Strunz nel Crematorio IV. Strunz era seduto alla sua scrivania, chino su alcuni documenti. Acconsentì a dargli le chiavi. Mentre Christopher lasciava il crematorio, i deportati stavano entrando in fila negli spogliatoi. Si sforzò di non guardare nessuno in faccia. Era troppo straziante.

Corse verso la macchina e imprecò quando il motore non si avviò. Stava per uscire a dare un'occhiata sotto il cofano quando finalmente il motore prese vita. Ci mise meno di cinque minuti per raggiungere l'ingresso principale di Auschwitz, e nonostante Christopher conoscesse la guardia in servizio gli mostrò comunque i documenti quando passò. Una neve leggera cominciava a fioccare quando accostò davanti all'edificio dell'amministrazione. Balzò giù dalla macchina e per poco non dimenticò di chiudersi dietro la portiera quando si precipitò verso la porta.

«Obersturmführer Seeler?». Liebermann sembrava infastidito dalla sua presenza. «Cosa ci fa qui?»

«Il Rapportführer Friedrich mi ha fatto chiamare perché lo incontrassi qui...».

«Cosa? Non ne so nulla. Oggi non l'ho mai visto da queste parti».

Christopher sentì i palmi delle mani velarsi di sudore. «Grazie, Herr Hauptsturmführer, chiederò al segretario». Aumeier era seduto alla sua scrivania con i piedi in aria quando Christopher entrò. Non si disturbò ad abbassarli. «Aumeier, il Rapportführer Friedrich è qui?»

«No. Perché dovrebbe? E francamente mi sorprende che lei sia qui, con quello che accadrà nel pomeriggio».

«Cosa?».

«Le perquisizioni nel Canada. Era previsto che cominciassero alle, be', circa dieci minuti fa. Pensavo volesse essere presente, soprattutto quando controlleranno i suoi uffici». Aumeier sorrise.

«Oh, sì». Christopher riuscì in qualche modo a ricambiare il sorriso. «Non volevo intralciarli. Forse è meglio che vada adesso». Christopher era spacciato. Era già morto. Avrebbero trovato Anka, e lui era un uomo morto. Capì per quale motivo fosse stato spedito dall'altra parte del campo. Era la vendetta di Friedrich, in combutta con Breitner. Ma che importava ormai? L'ultimo ufficio era vuoto, c'era un telefono sulla scrivania e Christopher sgattaiolò all'interno chiudendosi la porta alle spalle. C'era solo un'ultima speranza. Chiamò il Crematorio IV, il telefono ci mise un'eternità a prendere la linea. Rispose l'assistente del Kommandoführer Strunz.

«Pronto, parla l'Obersturmführer Seeler, Schultz è lì? Devo parlargli con la massima urgenza». Aspettò trenta secondi prima di sentire la voce di Schultz. L'ufficio del Kommandoführer era subito accanto alle fornaci. «Sono cominciate le perquisizioni?».

«Perquisizioni?».

«Stanno controllando il Canada, mentre parliamo. C'è dietro Friedrich. Io sono ad Auschwitz, mi hanno fatto venire qui con l'inganno. Devi andare a prendere Anka».

La linea tacque per due strazianti secondi. «Sento i soldati. Le perquisizioni stanno cominciando. Vado… vado a prenderla».

«La porta è chiusa a chiave», disse Christopher, poi calò il silenzio. Schultz era scomparso. Christopher girò la manovella del telefono, provò ancora, ma non ci fu alcuna risposta. Corse fuori dall'ufficio e perse quasi l'equilibrio scivolando sulla neve.

«Faccia attenzione, Herr Seeler», esclamò dietro di lui la guardia in servizio.

Spalancò la portiera della macchina e batté un pugno sul volante quando il motore non si avviò. Ruggì un'imprecazione che gli lacerò la gola. Girò di nuovo la chiave. La macchina partì. Le ruote slittarono sulla neve prima di fare presa sulla strada, e il suo unico pensiero era Anka. Rallentò per attraversare il cancello e poi accelerò più che poté verso l'ingresso di Birkenau. Tutto il suo corpo tremava quando gli apparvero i magazzini del Canada. I soldati li stavano rivoltando.

Mucchi di vestiti, coperte e valigie erano sparsi sulla neve. Christopher fermò la macchina a cinquanta metri dal suo ufficio proprio mentre la truppa stava entrando dalla porta principale. Era arrivato troppo tardi. Non c'era modo di fermarli, ormai. Non c'era nessuna via di fuga. Flick, Müller e Breitner marciarono fuori quando i soldati si riversarono nella stanza. Sentì ogni speranza abbandonarlo, e una voragine di dolore e rabbia prese subito il suo posto.

Aveva solo una possibilità. Doveva intralciarli. Si avvicinò alla porta dell'ufficio e cercò l'ufficiale al comando. Era Friedrich in persona. «Che sta succedendo? Non ero informato di questa perquisizione», disse Christopher.

«Controlli di routine come in ogni altro luogo del campo. Nessuno è immune, neanche il capo della Commissione Anticorruzione».

Christopher lo scansò ed entrò. I soldati stavano buttando all'aria tutto. Alcuni di loro stavano per abbattere la sua porta.

«Ho la chiave!», urlò Christopher, ma le ss lo ignorarono e sfondarono la porta. Molti di loro vi fecero irruzione e Christopher si precipitò dietro di loro. Nulla. Dov'era Anka? La finestra del suo ufficio era rotta e i frammenti di vetro coprivano il pavimento. I soldati girarono intorno alla sua scrivania. Non c'era nulla. Si udì uno sparo, fuori, poi un grido. Christopher uscì di corsa.

Friedrich era in piedi davanti all'ufficio. «Che succede?», ruggì.

Schultz apparve da dietro l'angolo con le mani sopra la testa. C'era un'ss dietro di lui, che lo costringeva a camminare puntandogli una pistola alla schiena. A qualche passo da loro c'era Frankl, che trascinava Anka per un braccio. *No! No!* «Abbiamo trovato questi due dietro l'ufficio. Pare che il capo dei nostri Sonderkommando stesse tentando di nascondere questa bambina», disse Frankl. Anka piangeva, tentando di divincolarsi. Frankl la trattenne. Friedrich estrasse la pistola. La puntò alla testa di Anka e premette il grilletto. La sua testa balzò all'indietro e il suo corpo si accasciò. Spostò l'arma verso la fronte di Schultz. Schultz disse qualcosa in ceco, le lacrime gli rigavano il volto. Friedrich sparò. Il corpo di Schultz crollò nella neve accanto ad Anka. I suoi occhi erano ancora aperti, i capelli della bambina era intrisi di sangue nero. Friedrich rinfoderò la pistola e se ne andò. Usò una manica per pulire gli schizzi di sangue sulla sua uniforme.

Christopher si girò dall'altra parte, disperatamente consapevole di dove si trovasse, di essere osservato. Chinò la testa e si appoggiò alla parete del capannone davanti a lui con una mano, tentando di soffocare il dolore che minacciava di sopraffarlo. Non poteva piangere per lei. Non poteva emettere neanche un suono.

«Si sente bene, Herr Obersturmführer? Sembra turbato».

Christopher si rese conto che il soldato delle ss non gli avrebbe sparato. Si sforzò di alzare la testa per guardarlo. «Sì, è solo che... sa, vedere il sangue di quella bambina». L'ss scosse la testa, brontolò qualcosa su chi faceva solo lavori d'ufficio e si unì agli altri soldati che si muovevano confusamente davanti ai magazzini.

Capitolo 33

La perquisizione durò meno di quindici minuti. I soldati se ne andarono per controllare i crematori prima che la luce del giorno svanisse del tutto. Christopher barcollò in ciò che rimaneva del suo ufficio. Una lacrima gli attraversò il volto ma l'asciugò in fretta com'era spuntata. Sulla scrivania non c'era più nulla, tutti i documenti erano per terra, gli scaffali di fronte erano stati abbattuti. La valigia che aveva preparato per Anka era stata aperta e rivoltata, e i vetri della finestra da cui Schultz era entrato per tentare di salvarla erano disseminati su tutto il pavimento. La cassaforte dietro la scrivania, zeppa di valigie piene di soldi, era rimasta inviolata. Si chiuse la porta alle spalle. Il gelo invernale penetrava dalla finestra rotta. Raccolse la sedia da terra e la mise dietro alla scrivania. La porta si aprì. Friedrich sollevò l'altra sedia e si sedette davanti a lui.

«Ho alcune domande da farle, Herr Obersturmführer», disse Friedrich volgendo gli occhi verso la finestra rotta e guardandosi intorno. «I miei uomini dicono che la finestra era già rotta quando sono entrati nell'ufficio».

Christopher toccò la pistola attaccata al fianco, vi posò la mano sopra. *L'arrivo di Rebecca ti sta salvando la vita, Friedrich.* «Non ho idea di cosa sia successo alla finestra. Nessuno dei suoi uomini stava controllando l'esterno dell'edificio?»

«No, si trovavano tutti davanti all'ingresso. È stato solo grazie al kapò Frankl se abbiamo sorpreso Schultz e la bambina che stava nascondendo. Come diavolo è potuto accadere?»

«Di nuovo, non ne ho idea. Forse dovrebbe parlarne con il Kommandoführer Strunz. Schultz dev'essere riuscito a farla scappare dal campo dei bambini e a nasconderla nel Crematorio IV».

«Non si trovava nel campo dei bambini. Non era tatuata».

«Vorrei poterla aiutare, Herr Rapportführer, ma non so cosa dirle di Schultz e di quella bambina». Un disegno giaceva a terra sotto la finestra, ricoperto di vetri rotti. «Mi era stato comunicato di andare ad Auschwitz per incontrarla, Herr Friedrich, poco prima che cominciassero i controlli».

«Mi dispiace per tutta questa confusione, Seeler, ma nessuno è al di sopra della legge qui. Mi sono reso conto che l'unico posto che non era stato controllato a dovere era proprio il suo ufficio. Non era giusto, non trova?»

«No, infatti, Herr Rapportführer, immagino che non lo fosse».

«Allora, tornando alla finestra. Pare sia stato il Sonderkommando Schultz a romperla. Ho parlato con la guardia sulla torre di controllo qui vicino, ma non ha visto nulla. Perché Schultz avrebbe fatto una cosa del genere, Herr Obersturmführer?».

«Posso solo immaginare che volesse approfittare della confusione per entrare nel mio ufficio e rubare qualche oggetto prezioso».

«Con una bambina al seguito?».

«Chi può dire cosa passi per la mente di un ebreo, Herr Rapportführer?».

Passarono cinque secondi prima che Friedrich si decidesse di nuovo a parlare. «Be', presto non ce ne dovremo più preoccupare, no?», disse alzandosi. I suoi stivali scricchiolarono sui vetri rotti e sul disegno di Anka. «Penserò io a supervisionare le perquisizioni di oggi. Lei avrà parecchio da fare, qui». Se ne andò. Christopher girò intorno alla scrivania e allungò una mano verso il disegno, sollevandolo per un angolo prima di soffiare via le schegge di vetro che lo ricoprivano. Era nuovo, l'aveva fatto quella mattina: una fattoria con sopra un sole alto nel cielo limpido, mucche nei campi e omini stilizzati accanto. Le sue lacrime bagnarono il foglio.

Si costrinse ad alzarsi. Era un ufficiale, doveva farsi vedere mentre riprendeva in mano la situazione. Andò nell'ufficio principale, dove Müller e Flick stavano raccogliendo i documenti per terra. Di Breitner non c'era traccia, probabilmente era ancora al fianco di Friedrich, a dirigere le perquisizioni. Chiese che qualcuno venisse a sostituire la finestra e fece chiamare alcuni Sonderkommando perché li aiutassero a mettere a posto l'ufficio. In meno di un'ora era tutto come prima, se non fosse che tutto era diverso.

L'ora si stava avvicinando. Erano le cinque, l'arrivo del treno era previsto di lì a mezz'ora. Andò in bagno, si guardò allo specchio, ma vide solo i capelli insanguinati di Anka sulla neve. Si chiese se Rebecca l'avrebbe riconosciuto. Persino lui faceva fatica a riconoscersi. I giorni passati nel campo lo avevano cambiato. La sua anima era affollata di volti. Le sue cicatrici erano troppo profonde? Rebecca sarebbe riuscita ad amare l'uomo che era diventato? Gli sembrava che i luoghi in cui l'aveva conosciuta non potessero più esistere, non in un mondo in cui esistesse un posto come Auschwitz-Birkenau. E che dire di lei, le esperienze che aveva vissuto l'avevano cambiata? Rebecca aveva sempre avuto una forza straordinaria. Gliene sarebbe servita ogni briciola, lì dentro. Guardò l'orologio, era il momento di andare.

Si avviò verso la stazione con Müller. Breitner era già lì quando arrivarono. Non gli parlò, non voleva che infangasse quel momento. Giunsero i dottori, i loro cappotti bianchi spiccavano tra gli altri. Incarnavano il potere assoluto, stava a loro decidere chi dovesse vivere o morire. Era fondamentale che non ci fossero equivoci, così Christopher si avvicinò a loro, in attesa che il treno arrivasse. Alcuni Sonderkommando del Canada erano lì. Sarebbe mai riuscito a mostrare la nobiltà d'animo, il coraggio che aveva mostrato Schultz? Lo immaginò precipitarsi sulla neve verso il suo ufficio, vedere le truppe già lì, capire che aveva poche probabilità di riuscire, e allo stesso tempo rifiutarsi di abbandonare la bambina lì dentro.

In lontananza s'intravide il fumo del treno, grigio contro il cielo nero. Apparve la locomotiva, sempre più vicina alla stazione. Rebecca era su quel treno. I Sonderkommando aprirono le pesanti porte dei carri merci, e cominciarono le urla. I prigionieri frastornati scesero sulla ghiaia, e Christopher cominciò a camminare avanti e indietro cercando il suo volto. Non c'erano molte donne sul treno, soprattutto uomini di mezza età e bambini. Formarono due file, distinte per sesso, e i dottori di fronte a ognuna di esse decidevano chi sembrava in grado di lavorare e chi solo di morire. Vide un membro del personale amministrativo muoversi avanti e indietro sulla banchina con una cartellina in mano, pronto a chiamare i nomi, e lo sentì urlare: «Rebecca Cassin, Rebecca Cassin». Il sollievo che gli diede sentire quel nome riuscì quasi a smorzare l'orrore che sentiva dentro, seppure per pochi secondi. Non ci fu risposta. L'ss si spostò lungo le due file di persone chiamandola per cognome stavolta. «Cassin, Cassin». Un braccio si alzò. Christopher non riusciva a vedere altro tra la folla e si spostò da una parte all'altra tentando di vederla. Si fece largo tra la folla verso quel braccio che a stento riusciva a vedere, nell'oscurità della sera. Tutto quello che aveva passato stava per acquistare un senso. L'aveva trovata. Finalmente era di nuovo con lei. Scansò l'ultima persona che lo separava da lei, sforzandosi di non sorridere. Impietrì. Davanti a lui c'era Pierre Cassin, con il braccio alzato.

Cassin sembrava più vecchio, il volto era persino più segnato di prima, come se ogni bicchiere di alcol che aveva bevuto fosse riuscito a prendersi la rivincita. Aveva la barba incolta, sembrava dimagrito, e che il suo stato di salute non fosse diverso da come lo ricordava Christopher. Cassin si scostò di un passo dalla fila. Christopher si fermò. *Come può essere? Dov'è lei?* Cassin si strinse nelle spalle quando l'uomo dell'amministrazione si rivolse a lui. Christopher gli si avvicinò. Cassin non lo aveva ancora guardato in faccia.

«Sì, questo sta con me», disse Christopher indicando Cassin, che strabuzzò gli occhi quando lo riconobbe. Christopher lo afferrò per una spalla e lo fece allontanare dalla fila, accanto ai dottori e alle guardie con i cani. Cassin non disse nulla. Si erano allontanati abbastanza quando Christopher si voltò verso di lui parlando in inglese. «Dov'è Rebecca? È su questo treno?»

«No. Io... non so di cosa stai parlando... perché Rebecca dovrebbe essere su questo treno?»

«Perché doveva essere trasferita qui, su questo treno. Cosa diavolo ci fai tu qui?», esclamò. Una delle guardie si voltò verso di lui, fissandolo per un secondo.

«Ho ricevuto un ordine di trasferimento. Non ero nella posizione di rifiutare», disse Cassin. «Ti prego non uccidermi. Lo so che...».

«Ma tu avresti dovuto essere qui! Dov'è Rebecca?».

«Io... io...».

«Risponda alla domanda. Lei dov'è? Dov'è Rebecca?»

«Rebecca non c'è più».

«Cosa?». Il dolore lo trafisse come un pugnale incandescente piantato nel petto. «Di cosa stai parlando?». L'ss li guardò ancora, ma a Christopher non importava.

Cassin si ritrasse impaurito come se Christopher stesse per picchiarlo. «L'hanno uccisa. Mi dispiace. Hanno trasferito me».

L'ufficiale in carica sul posto si avvicinò a loro. «Chi è questo prigioniero, Obersturmführer?».

Christopher si mise subito sull'attenti e gli fece il saluto. «Un deportato che è stato trasferito qui per essere portato nel Canada, Herr Haupsturmführer».

«Quindi è sotto la sua responsabilità?». Christopher annuì. «Bene, allora lo porti via di qui prima che lo metta insieme agli altri. È vecchio, non sembra di grande utilità per questo campo».

«È altamente specializzato, Herr Haupsturmführer. Grazie». Christopher spinse Cassin per una spalla e lo condusse verso la macchina. Faceva fatica a camminare, il dolore per Rebecca, per Anka, stava avendo la meglio su di lui. Eppure riuscì a trascinare una gamba davanti all'altra, ogni passo era un trionfo della sua forza di volontà. Pierre Cassin era tutto ciò che gli restava di lei, la sola persona, in quel luogo dimenticato da Dio, che sapesse cosa significava averla nella propria vita.

Capitolo 34

Il tragitto in macchina con Breitner e Flick non gli diede l'opportunità di parlare con Cassin. Christopher aprì la portiera prima che la macchina si fermasse e trascinò Cassin per un braccio fino al suo ufficio. Cassin vide il fumo dei crematori, il filo spinato e le guardie. Guardò nell'ultimo magazzino, dove le prigioniere stavano smistando un cumulo di scarpe. L'ufficio principale era vuoto. Christopher accese la luce. Non si scambiarono neanche una parola mentre Christopher apriva la porta dell'ufficio. Non era rimasto nulla di Anka. Il disegno nella sua tasca era l'unica traccia della sua esistenza. Christopher fece sedere Cassin davanti a lui e prese posto dietro la scrivania. Ogni movimento di Cassin era circospetto. Sedeva rigido come fosse fatto di pietra.

«Cos'è successo a Rebecca?». Cassin lo fissò, sembrava incapace di articolare qualsiasi suono. «Me lo dica». La voce di Christopher era apatica, la gola e gli occhi erano gonfi e stanchi.

«L'hanno uccisa».

«Chi? Chi l'ha uccisa?». Le lacrime che premevano con forza per uscire vinsero ogni sua resistenza e gli inondarono il volto. Provò a pensare a Rebecca, ma l'immagine di lei adulta era in qualche modo offuscata, e quando la vedeva, era bambina. La bambina di sei anni che aveva trovato. Si alzò. La sua uniforme, tutto ciò che era diventato, tutto ciò che stava cercando di fare lì. Tutto per lei. Si chinò verso il cassetto della scrivania. Per qualche motivo la bottiglia di whisky era rimasta intatta. Trovò due bicchieri, li posò sul tavolo e afferrò la bottiglia mezza piena. Riempì entrambi i bicchieri, poi estrasse la pistola e la posò sulla scrivania, accanto alla bottiglia. Cassin sollevò il bicchiere davanti a sé come per capire cosa potesse contenere. «Avanti, bevi», disse Christopher, le lacrime gli appannavano gli occhi.

Cassin si portò il bicchiere alle labbra e bevve la metà del whisky in un solo sorso. «Le guardie del campo l'hanno portata via». Erano passati più di cinque minuti da che Christopher gli aveva fatto quella domanda.

«Cosa le è successo? Quando?».

«Che ci faccio qui? È la tua vendetta? Perché non ci passi sopra e basta?».

«Faccio io le domande! Cosa le è successo?». Bevve un sorso di whisky. Incendiò il suo stomaco vuoto come una palla di fuoco.

Cassin bevve ancora. «È successo verso la fine dell'estate. Eravamo al campo da qualche mese. Non era male lì, niente a che vedere con alcune storie che avevamo sentito».

«Sapevate di questo campo?».

«Solo dalle poche parole dei prigionieri che erano stati trasferiti da qui. Questo è il centro dello sterminio che voi crucchi state perpetrando. L'ho sempre saputo che...».

Christopher si appoggiò allo schienale della sedia. «Cos'è successo?», lo interruppe.

«Le condizioni di vita nel campo erano accettabili. Ci davano da mangiare e ci costringevano a lavorare, ma nulla di troppo pesante. Nulla che non riuscissi a sopportare». Christopher si chiese quale lavoro riuscisse a sopportare un uomo che non aveva mai lavorato in vita sua. «Ma poi è arrivato un nuovo Kommandant, e le cose sono cambiate. Le razioni di cibo sono diminuite e sono cominciati i pestaggi. Rebecca non è mai stata in grado di tollerare ciò che riteneva... un'ingiustizia». Cassin finì il suo whisky e Christopher gliene versò ancora. «C'era una prigioniera, anche lei di Jersey. Faceva parte di una delle famiglie che erano state deportate per essere internate lì, non ebrei, solo persone che avevano combattuto durante la Grande Guerra. Era la figlia del sergente Higgins, Anna. Era forte come Rebecca. Una delle guardie aveva un debole per lei. Cominciò a molestarla, tutto il tempo. Suo padre era malato, e Anna non aveva nessuno che la difendesse. Nessuno tranne la mia Rebecca, ovviamente».

«La tua Rebecca?», disse Christopher, ma poi si trattenne. «Va' avanti».

«Una mattina, alla fine di agosto, la guardia tentò di prenderla con la forza. Rebecca stava andando a lavorare quando li trovò. Sentimmo le urla della guardia dall'altra parte del campo. Era un posto piccolo, c'erano meno di un migliaio di prigionieri. La guardia barcollò fuori da dietro la baracca, con una mano sulla testa e il sangue che gli scorreva tra le dita, Rebecca l'aveva colpito con una vanga. Poi vedemmo Anna zoppicare fuori da lì dietro con un braccio sulle spalle di Rebecca. Tutto qui».

«Che significa tutto qui?».

«L'hanno portata via. È stata giustiziata».

Christopher era di ghiaccio, le lacrime erano scomparse. Paura, perdita e orgoglio per il gesto di Rebecca lo invasero. Non riusciva a percepire il corpo, come se qualcun altro fosse seduto lì al posto suo. Poté solo sentire Cassin che si allungava verso la bottiglia di whisky. A stento riuscì ad alzare gli occhi di pochi centimetri per posarli sulla pistola. Avrebbe potuto ucciderlo su due piedi. Nessuno gli avrebbe fatto domande. Anzi, avrebbe giovato alla sua causa, sviando i sospetti. Uccidere Cassin lo avrebbe aiutato a salvare gli altri. Posò una mano sul metallo freddo della pistola. I loro occhi si incontrarono. Cassin si bloccò, con il bicchiere a mezz'aria.

«L'hai vista mentre succedeva? L'hai vista morire?».

«Non ero nella posizione di poter fare una simile richiesta».

«Le sei stato accanto, lì nel campo? Ti parlava spesso di me?».

«Siamo stati l'uno accanto all'altra. L'odio per la tua gente e tutto ciò che rappresenta ci ha unito. Tutte le persone nel campo, tutti quelli di Jersey traevano forza da lei. Non so da chi abbia preso, di certo non da sua madre. Dio solo sa che fine abbia fatto quella donna...».

«Non voglio parlare di questo. Dimmi di Rebecca». Christopher sollevò la pistola e la puntò contro Cassin. Stringeva il bicchiere di whisky nell'altra mano, e lo portò alle labbra.

Cassin abbandonò la mano con il bicchiere mezzo pieno lungo il fianco. «Non abbiamo parlato molto di te. Non ho mai voluto sentirti nominare, e lei lo sapeva. Potrei mentirti...».

«Già, perché no? Non sarebbe la prima volta».

«L'ho sentita parlare di te con altri prigionieri». Cassin stava sudando. «A volte facevano commenti su di te, sul fatto che fossi tedesco... ma lei ha sempre preso le tue difese, diceva che la nazionalità non contava nulla, neanche in tempi come questi».

Christopher sentì l'impulso di dirgli perché si trovasse lì, con un'uniforme delle ss indosso, immaginò quanto si sarebbe sentito meglio se qualcun altro avesse conosciuto le sue vere intenzioni, il suo vero io. «Sono un ufficiale delle ss», disse con voce gracchiante. «Ecco cosa sono».

«Perché mi hai portato qui?».

«Non volevo portare *te* qui», ringhiò. «Perché mai avrei voluto *te* qui? Ho provato a far trasferire Rebecca, e hanno mandato te. Uno schifoso scherzo del destino. Dopo quello che gli ho raccontato, immagino abbiano pensato che tu potessi essere una specie di premio di consolazione. Devono aver pensato che avrei potuto far riscattare te al posto suo».

«Riscattare? Da parte di chi? I Durrell? Non capisco».

«Zitto, sta' zitto».

Cassin finì il suo whisky. «Cos'hai intenzione di farmi? È la tua vendetta?».

Christopher vide la testa di Anka che balzava all'indietro mentre il proiettile le perforava il cranio, le lacrime sul volto di Schultz mentre Friedrich lo ammazzava. Provò a immaginare la morte di Rebecca, ma era troppo doloroso. Gli sudavano le mani nella stanza gelida. Avrebbe potuto provare alle altre ss quanto fosse devoto alla causa. Avrebbe potuto conquistarsi la libertà di aiutare persone che meritavano di vivere. Sentì il suo indice stringersi intorno al grilletto. Cassin si contorse contro lo schienale della sedia. Christopher posò la pistola sulla scrivania. «Sarai assegnato al gruppo di lavoro che supervisiono, qui nel Settore economico. La vita nel campo è dura, ma ti proteggerò. Finché lavorerai, sarai al sicuro, farò del mio meglio per tenerti in vita». Christopher si alzò. «Tu cosa puoi fare?»

«Posso fare tutto ciò che vuoi».

«Limitati a fare del tuo meglio. Se qualcuno scopre perché sei qui, allora avrò la mia vendetta. Se dici a qualcuno che ci conoscevamo o che conoscevo Rebecca, sei un uomo morto. Hai capito?»

«Sì, certo».

«Non c'è legge qui. Non per i prigionieri, comunque. Rispettami e io ti proteggerò, o almeno farò del mio meglio».

Christopher si versò un ultimo bicchiere e passò la bottiglia a Cassin.

Capitolo 35

La sua notte insonne terminò con l'alba.

I movimenti di Christopher erano lenti, faticosi, mentre scendeva dal letto e posava i piedi nudi sul pavimento ghiacciato. Il vuoto nella sua anima si era propagato in tutto il corpo. Si sentiva un vecchio. Non accese la luce mentre si vestiva. Ormai i suoi occhi si erano abituati all'oscurità. Si trascinò sulla fanghiglia grigia fino alla macchina che aveva il privilegio di usare per i suoi viaggi a Berlino. I riflettori del campo e i fari illuminavano la strada quanto bastava per vedere i volti dei prigionieri che si erano svegliati dal loro sonno per cominciare a lavorare e si schieravano per l'appello come morti viventi.

Fermò la macchina e scese per guardare il punto in cui Anka era stata ammazzata insieme all'uomo che aveva tentato di salvarle la vita. Il sangue era ancora lì, una pozza nera sulla fanghiglia marrone-grigia che la circondava.

La macchina fu carica e pronta per partire nel giro di dieci minuti. C'erano sei valigie, tutte così piene di banconote che aveva fatto fatica a portarle e impilarle una sopra l'altra nel bagagliaio. Non gli restava più nessuna missione, ormai.

Era solo un uomo delle ss che tentava di fare il proprio lavoro, che tentava di sopravvivere. Non aveva più nessuno scopo, nessuna ragione che lo aiutasse ad assistere all'omicidio di migliaia di persone innocenti. Avrebbe potuto prendere la macchina e continuare a guidare, scaricare gran parte del denaro a Berlino e poi disertare. Avrebbe potuto prendere Alexandra e suo padre e raggiungere il confine con la

Svizzera con tutti i soldi di cui avrebbe avuto bisogno per corrompere qualcuno. Ma tutto questo non gli sembrava comunque abbastanza.

Guidò attraverso i cancelli verso il paesaggio desolato oltre essi. Pensò alla pistola che portava alla cintura e a cosa avrebbe potuto farci. Uccidere Friedrich avrebbe estinto il dolore? Accostò lungo la strada, forse a una ventina di chilometri dai confini del campo. Era completamente solo. Ci avrebbero messo un giorno o più per trovare il suo corpo nella boscaglia. Di certo le ricerche sarebbero cominciate appena i soldi non fossero arrivati a destinazione.

La pistola era pesante, fredda nella sua mano, e la canna gelida contro la tempia. La sentì premere sulla pelle liscia. Come poteva continuare a far parte di tutto questo, adesso? Era meglio finirla in quel modo, che assistere agli orrori del campo. Chiuse gli occhi. La pistola ricadde sulle sue ginocchia. Per la prima volta da quando era bambino vide sua madre, vide la donna che sarebbe potuta essere, con le rughe e i capelli bianchi, una versione invecchiata di Alexandra, e ripose la pistola nella fondina. La strada era deserta. La chiave del bagagliaio entrò nella serratura agilmente, e le valigie si aprirono con la stessa facilità. Ne prese un po' da ognuna, ricordando a se stesso di correggere i registri. Quando ebbe finito, aveva tre grosse mazzette di dollari e sterline, all'incirca l'equivalente di tremila dollari.

Andò a casa del cugino Harald per vedere il padre e la sorella. Piansero quando raccontò loro di Rebecca. Si abbandonò contro lo schienale e li guardò, era così annebbiato e sconvolto che non riuscì a condividere il loro dolore. Alex si avvicinò a lui e gli cinse le spalle con le braccia per stringerlo a sé, ma se ne accorse a stento.

«C'è un'altra cosa di cui devo parlarvi». Un senso di apatia lo sopraffece ancora una volta, tanto che fece fatica a parlare. Raccontò di Anka, di Schultz, della loro uccisione.

Fu Alexandra a parlare per prima. «Christopher, ciò che hai fatto è stato molto coraggioso, ma se ti avessero scoperto...».

«Se fossi stato sorpreso al posto di Schultz, adesso sarei in prigione, o forse mi avrebbero giustiziato, ma lui è morto, assassinato in un battito di ciglia. Conosceva i rischi. Eppure ha provato a salvarla. Eppure l'ha fatto».

«Christopher, non voglio che metta a repentaglio la tua vita», disse lei.

«Questi uomini di cui ci hai parlato, Friedrick, Breitner, Frankl, Lahm, sembrano tutti mostri. Non avrebbero esitato un istante a rivoltarsi contro di te», intervenne il padre.

«Lo so, ma perché mi sono unito alle ss, papà? Per promuovere la causa del Reich, per servire il Führer?»

«Certo che no, Christopher, ma...».

«Ho già preso la mia decisione. Avrò bisogno del vostro aiuto. Non potrò farcela senza voi due».

«E che mi dici del sistema di sicurezza del campo? Sei un contabile, per l'amor di Dio, non un soldato», commentò Alex.

«Sistema di sicurezza? Dovete preoccuparvene solo per quel che riguarda i contanti. Diamanti, oro, quelli sono tutta un'altra storia. Vengono trasferiti separatamente. Ma sono io a occuparmi dei contanti. Sta a me raccoglierli, contarli, registrarli e trasportarli. Non c'è nessun altro, almeno per il momento. Il Lagerkommandant si fida di me. Sono a capo della Commissione Anticorruzione, e ho saputo che le procedure che ho introdotto stanno per essere adottate anche negli altri campi. Non posso fare nulla. Posso solo essere un ufficiale delle ss. Soprattutto adesso. Lo devo a Rebecca. Lo devo ad Anka e a Schultz».

«Ti chiedo solo una cosa», lo interruppe il padre.

«Quale?»

«Di aspettare. Mi sembra ci sia troppa confusione nel campo, in questo momento. Aspetta finché il nuovo Lagerkommandant non sarà arrivato, finché non lo conoscerai, finché non si fiderà di te come fa Höss. Fa' il tuo lavoro come tutti gli altri, per un mese o giù di lì, e poi, con l'arrivo del nuovo anno, penseremo al tuo piano. Così avrò il tempo di preparare tutto».

Capitolo 36

Era il 5 gennaio del 1944 quando Christopher incontrò Rudolf Herz, il capo dell'impianto metallurgico della fabbrica Krupp ad Auschwitz III, il complesso industriale costruito intorno ad Auschwitz che sfruttava il lavoro degli internati. Herz strinse la mano di Christopher appena aprì la porta e fece cenno alla sua segretaria di liberarlo dalla valigetta di pelle che portava.

«Grazie, ma no», rispose.

La valigetta toccò terra con un rumore sordo sul raffinato tappeto che copriva il pavimento.

Herz era un uomo grasso, con una calvizie incipiente, prossimo ai sessant'anni. C'era un bicchiere di whisky quasi vuoto sulla sua scrivania. Offrì subito da bere anche a Christopher, che accettò. Christopher portò il bicchiere alle labbra. Un enorme ritratto di Hitler incombeva sulla scrivania.

«Allora, gli affari vanno bene in questo periodo, immagino?»

«Oh, sì, anche se i costi stanno salendo. Non scendono mai, salgono sempre. Prima ci addebitavano sette reichsmark per ebreo, poi nove, ora dodici. Voglio dire, quanto può valere davvero un ebreo?»

«Dipende dall'ebreo, suppongo».

La faccia di Herz divenne paonazza quando scoppiò a ridere. «Sì, ma non mi posso lamentare, credo. Almeno possiamo contare su un considerevole rifornimento di ebrei. Si consumano in fretta, sa?».

«Immagino che durerebbero di più se li faceste mangiare un po' di più». Christopher sorrise.

«Dobbiamo tutti rispondere a degli ordini, Herr Obersturmführer.

Non posso contravvenire alle decisioni delle ss. Dovrebbe saperlo più di tutti».

«Lo so eccome, mi creda. Una volta ho provato a convincere il mio superiore del contrario. Lasci che glielo dica, non è stato un bello spettacolo. Ma seriamente, cerchiamo tutti di fare il nostro lavoro meglio che possiamo per servire il Führer, in attesa della vittoria finale».

«Naturalmente, il che ci porta all'incontro di oggi. A cosa devo questo piacere, Herr Seeler?».

«Sì, l'incontro di oggi. Le dispiace se fumo?». Herz lo assecondò con un gesto e avvicinò il posacenere verso di lui. Christopher estrasse un portasigarette d'argento.

«Molto carino», commentò Herz.

«Grazie», disse Christopher prendendo un fiammifero. Prese una profonda boccata ed espirò il fumo sopra la testa di Herz. «Parlavamo della manodopera, poco fa, un argomento delicato per i datori di lavoro. Anche mio nonno era un industriale, faceva mobili. Ricordo le storie che mi raccontava da bambino, le lamentele sui lavoratori, i sindacati, i diritti... Ma questo, naturalmente, non rientra più nelle nostre preoccupazioni, no?»

«No, direi di no».

«A ogni modo, con il continuo ricambio di lavoratori che avete qui, immagino abbiate costante bisogno di prigionieri in salute, non è così?».

«Be', non direi che sia proprio un bisogno costante, ma alcune guardie che lavorano qui sanno essere alquanto brutali, e c'è poco da fare per evitarlo».

«Sì, certo, capisco. Avete mai bisogno di bambini, qui in fabbrica? Ho sentito dire che sono richiesti, di tanto in tanto».

«A volte, sì. Lo scorso anno li abbiamo utilizzati per pulire i macchinari. Sono più piccoli, e ovviamente sono perfetti per entrare nei piccoli spazi».

Gli venne in mente di chiedergli dove fossero adesso quei bambini. «Quindi, se le capitasse di richiedere una partita di bambini, non ci sarebbe nulla di strano?».

«Come le ho detto, ne richiediamo qualcuno, ogni tanto. Dove vuole arrivare, Herr Seeler?».

«Be', come reagirebbe se le dicessi che ho bisogno di una partita di bambini per un'iniziativa imprenditoriale fuori da qui?».

«Suo nonno vuole utilizzare manodopera infantile proveniente dai campi?»

«No, mio nonno è andato in pensione da tempo. Questo ufficio è davvero incantevole. Che tappeto è questo, persiano?»

«Sì, l'ho portato da casa».

«Sì, davvero di buon gusto. Lei sembra un uomo che ama le cose belle. Davvero accorto, Herr Herz, davvero molto accorto. Ma per chi non ha contatti diretti con le SS, reperire manodopera infantile ebraica è molto difficile».

«Non può limitarsi a...».

«Oh, è stato tutto considerato. Il mio contatto ha amici ovunque, amici che gli hanno assicurato che non intralceranno gli affari». La sigaretta tremava tra le dita di Christopher, così l'abbassò perché Herz non potesse vederla. «Quindi, ciò di cui il mio contatto avrebbe bisogno sono lavoratori, lavoratori che lei potrebbe, indirettamente, fornirgli».

«E come potrei farlo?». Herz si piegò in avanti, intrecciando le dita sulla scrivania.

«Be', come dicevamo prima, non ci sarebbe nulla di strano per lei, in quanto uomo d'affari, a richiedere che un gruppo di una quarantina di bambini ebrei, che altrimenti sarebbero liquidati, sia trasferito direttamente qui dal campo principale».

«No, non del tutto».

«E se un camion carico di questi bambini, o lavoratori, fosse reindirizzato verso una località esterna senza che le autorità del campo lo venissero a sapere?».

Herz si piegò all'indietro, fingendosi indignato. «Ma è oltraggioso! Che uomo d'affari pensa sia?». La sua interpretazione non era molto convincente.

«Uno che sa riconoscere una buona opportunità in cui tutti ne escono vincitori». Christopher spense la sigaretta. «Dovrebbe solo firmare qualche carta e presentare la richiesta. Noi ci occuperemmo di tutto il resto, compreso il pagamento della quota per i lavoratori, ovviamente. La fabbrica non si farebbe carico di alcuna spesa. So che lei è l'uomo giusto a cui rivolgersi, un uomo che sa fare le scelte giuste, un uomo che pensa con la propria testa». Christopher si alzò. «Per il momento la lascio, sono sicuro che vorrà del tempo per pensare. Ma avrei bisogno di una risposta entro un giorno o due. Non intendo metterle fretta, è solo che le esigenze del mio contatto sono abbastanza pressanti e abbiamo un paio di altre offerte da valutare». Christopher lasciò la valigetta sulla sedia.

Herz lo chiamò mentre camminava verso la porta. «Ma lei non è a capo della Commissione Anticorruzione?»

«Non più», rispose, e uscì.

Gli incontri della Commissione Anticorruzione erano diventati più brevi ma più regolari, da quando Friedrich vi si era insediato come presidente. Friedrich occupava la sua sedia a capotavola, con Breitner accanto. Gli ufficiali a capo dei crematori non vi partecipavano più, e non c'era più un rappresentante dei prigionieri. Friedrich procedette con l'ordine del giorno. Non c'erano stati arresti il giorno prima. Non c'erano arresti da settimane. La riunione proseguì come sempre negli ultimi tempi, con una lista di numeri. Le confische erano poche, ormai, e gli incontri consistevano in una sequela di elogi dei risultati del Settore economico. Christopher lesse le cifre sul registro, le quali, nonostante i soldi che sottraeva regolarmente, erano straordinarie. La frequenza delle uccisioni stava aumentando. Sempre più treni arrivavano alla stazione, sempre più denaro e oggetti di valore venivano saccheggiati e contati. Non avevano mai lavorato tanto.

L'incontro si concluse e tutti si alzarono. Friedrich fece cenno a Christopher di avvicinarsi. Friedrich aspettò che l'ultimo uomo se ne fosse andato per cominciare a parlare.

«Alcuni mesi fa, quando è arrivato, ha imposto un nuovo sistema di regole nel Canada, che ha vietato le esecuzioni sommarie».

«Sì, ha dato ottimi risultati. E i numeri lo dimostrano».

«Sì, be', ci stavo riflettendo. La mancanza di disciplina sta indispettendo alcuni uomini. Questa è la sola sezione del campo in cui esistano regole simili».

«È anche l'unica sezione del campo in cui il lavoro dei nostri prigionieri consiste nel maneggiare ogni giorno beni di valore. Se cominciamo a uccidere i nostri lavoratori, la produzione ne risentirà sicuramente. L'inversione di rotta che c'è stata da quando ho assunto l'incarico è evidente ne...».

«Ho parlato con le guardie e i kapò stamattina. Saranno loro a decidere se un prigioniero è colpevole o innocente, e saranno loro ad applicare la punizione che riterranno più opportuna».

«Devo insistere perché questo non accada. I miei lavoratori sono tra i più qualificati del campo. Se perdiamo alcuni di loro, l'intero sistema crollerà. Ora, cosa direbbe il nuovo Lagerkommandant se le cifre del Settore economico dovessero cominciare a calare?».

«La decisione è già stata presa, Seeler».

«Non intendo mancarle di rispetto, Herr Rapportführer. È solo che le cose stanno funzionando così bene, al momento, perché cambiare?».

«Quelli non sono lavoratori. Quelle persone, ammesso che si possano chiamare così, sono parassiti, nemici dello Stato che vogliono distruggere ogni nostro valore. Se non si rende conto di questo, Herr Seeler, forse sarebbe più utile al Reich da qualche altra parte».

«Grazie per avermi comunicato la sua decisione, Herr Rapportführer». Christopher se ne andò.

Tornò al Canada, vide una pozza di sangue in mezzo al magazzino. Il corpo era stato portato via. Conosceva le donne che lavoravano lì, conosceva quella che era stata uccisa, e sapeva che era successo perché aveva respinto le avance di una guardia. Le donne nel capannone non alzarono lo sguardo quando Christopher lo percorse avanti e indietro. Avrebbe voluto implorare il loro perdono. C'erano due guardie in servizio. Estrasse un pacchetto di sigarette dalla tasca mentre si incamminava lentamente verso di loro. Sorrise appena intercettò il loro sguardo e gli fece cenno di avvicinarsi. Un grido proveniente da un altro capannone squarciò l'aria.

«Ehi, ragazzi, come va oggi?». Porse il pacchetto di sigarette e accettarono entrambi. «Bene, buono a sapersi. Ho solo una domanda per voi». Li guardava entrambi mentre parlava, volute di fumo di sollevarono sopra di loro. «Cos'è successo qui?»

«Abbiamo sorpreso una di queste puttane con la mano in una scatola», rispose Schlesinger, la prima guardia. Christopher lo conosceva, veniva da Amburgo. L'altra guardia, Hauser, era suo cugino.

«Oh, ho capito. Buffo, però».

«Cosa le sembra buffo, Herr Obersturmfüher?», domandò Hauser.

«Buffo che vogliano rubare occhiali usati, perché in questa stanza non si smista altro». C'erano otto donne nel capannone, una in meno quella mattina, che frugavano in una montagna di occhiali. La pozza purpurea si stava seccando sul pavimento lurido. Nessuna delle due guardie parlò, ma non distolsero lo sguardo. «Vi piace lavorare nel Settore economico, vero?»

«Certo, Herr Seeler», rispose Hauser.

«Certo che sì. Ora fate ripulire questo sangue, è rivoltante».

L'aria gelida gli ghermì la pelle quando uscì. L'adrenalina che scorreva nelle sue vene gli spingeva un piede davanti all'altro sempre più in fretta. L'atmosfera nei capannoni era cambiata. Nessuno alzava lo sguardo verso di lui quando si affacciava a guardare all'interno. Il terrore era ovunque. Gettò la sigaretta e sentì un urlo e il rumore sordo del manganello di Frankl che si abbatteva sulla testa di una ragazza. Si contorse quando la vide strisciare fuori da un magazzino, nella neve, con le mani disperatamente tese verso Christopher in cerca di quell'aiuto che non poteva più darle. Frankl la colpì ancora e la ragazza crollò a terra. Infierì ancora, e ancora, finché il suo cranio non implose sotto il peso dei colpi. Non c'era nient'altro da fare se non andarsene.

Gli tremavano le mani quando allungò un braccio dentro la cassaforte verso le bottiglie di cui aveva fatto incetta. Ne prese una di vodka e se ne versò un bicchiere colmo. La cornetta del telefono era gelida quando la sollevò.

Il Lagerführer Fritz Ekhoff era secondo solo al nuovo Lagerkommandant dell'intero complesso dei campi. E da quando Arthur Liebehenschel, il nuovo Lagerkommandant, si era rivelato impossibile da incontrare fin dal suo arrivo a novembre, Ekhoff era il solo uomo sopra Friedrich che Christopher potesse incontrare. Ekhoff lo accompagnò nel suo ufficio. Si erano visti solo in qualche rapida occasione. Ekhoff era un uomo alto, muscoloso, con una barba corta e scura e una salda stretta di mano. Non ricambiò il sorriso che Christopher gli accennò.

«Cosa c'è, Seeler, c'è qualcosa che non va nel Settore economico?»

«No, Herr Lagerführer, va tutto a meraviglia. Sembra quasi che stabiliamo nuovi primati ogni mese solo per superarli il mese successivo».

«Ne sono felice. Se la produzione dovesse calare, avrete di certo mie notizie. Ora, cosa la porta qui?».

«So che è un uomo molto impegnato, quindi arriverò dritto al punto. Voglio sostituire uno dei kapò del Settore economico».

«Di quanti kapò disponete?»

«Be', ne abbiamo diversi, ma ce n'è uno che ha più potere di altri, troppo potere, per come la vedo io. Se fosse retrocesso, sarebbe un'eccellente lezione per gli altri. Sta abusando del potere che gli abbiamo dato. È diventata una minaccia per la produzione».

«Chi è quest'uomo?»

«Ralf Frankl, Herr Lagerführer».

«Perché è venuto da me e non dal Rapportführer Friedrich?»

«Il Rapportführer Friedrich è un ottimo capo, e le cifre del Settore economico parlano da sole, ma non può passare abbastanza tempo sul campo per vedere ciò che vedo io. Ha così tanti impegni, così tante responsabilità, quasi quanto lei. Ho l'impressione che si sia legato troppo a questo kapò, e sta a me tagliare questo ramo secco».

«Uwe Friedrich che si lega a un kapò, eh? Adesso le ho davvero sentite tutte. Cosa propone di fare?»

«Solo di farlo tornare tra i detenuti comuni, e sostituirlo con qualcun altro».

«Bene, faccia ciò che ritiene opportuno».

«Grazie, Herr Lagerführer. Avrei dovuto farlo già molto tempo fa». Christopher si alzò e strinse di nuovo la mano di Ekhoff. Si voltò per andarsene quando il Lagerführer lo richiamò.

«Sa cosa accadrà a questo Frankl quando tornerà tra i detenuti comuni, vero? Non durerà un'ora».

«Oh, davvero?», disse Christopher, e se ne andò.

Capitolo 37

Il giorno dopo Christopher sentì bussare alla porta come si aspettava. Era seduto alla sua scrivania, e la porta si aprì prima che potesse rispondere. Friedrich ricambiò il suo saluto con uno sguardo carico di disprezzo. Si sedette prima che Christopher lo invitasse ad accomodarsi.

«C'è qualche problema, Herr Rapportführer?».

«Gli ordini di trasferimento arrivati questa mattina, Herr Seeler».

«Oh, volevo parlargliene, ma con tutti gli impegni di cui si è fatto carico, non sono riuscito a trovare un momento in cui potessi trovarla libera».

«Perché ha fatto destituire Frankl? Per qualche malriposta compassione per i prigionieri? Perché se è così, la spedirò sul Fronte orientale così in fretta che si ritroverà a trasportare cadaveri entro la fine della settimana».

«L'ho fatto solo perché lavorava qui da troppo tempo». Christopher si interruppe e recuperò nella mente le battute che aveva pensato e ripassato fino a quel momento. «Perché ci tiene tanto a Frankl?»

«Sa mantenere la disciplina».

«Non abbiamo problemi di disciplina nel Canada. Da quando la Commissione Anticorruzione ha messo in piedi il nuovo sistema, non abbiamo avuto perdite. Non c'è bisogno di giustiziare i lavoratori, qui, e più sono specializzati, più lavorano, e più mettono in buona luce la nostra sezione, soprattutto lei».

«Perché è andato da Ekhoff? A lui interessa solo che i soldi continuino ad arrivare».

«Ecco perché sono andato da lui». Christopher sollevò un bicchiere vuoto. «Posso offrirle da bere, Herr Rapportführer?». Christopher versò due bicchieri di vodka. Friedrich prese il bicchiere e fece turbinare il liquido trasparente un paio di volte prima di mandarlo giù tutto d'un fiato.

«Non mi importa per quale ragione l'ha fatto, queste decisioni spettano a me».

«Concordo, ma temevo non si fosse accorto di quanto fosse diventato indolente Frankl».

«Non ho notato alcuna indolenza in lui».

«Io sì, molte volte. Lasci che glielo ripeta, lei non può essere ovunque nello stesso momento. È per questo che esistono i gradi inferiori, per aiutare chi deve prendere le decisioni, come lei».

«Davvero convincente, Seeler». Posò il bicchiere sulla scrivania. «Ha sempre la battuta pronta, vero? Sarebbe stato un fantastico attore, ne sono convinto. Vediamo come le sue doti l'aiuteranno sul Fronte orientale».

«Herr Rapportführer, di che utilità potrei essere sul Fronte orientale? Sono solo un contabile».

«Sono certo che troveranno qualcosa che faccia al caso suo, Herr Obersturmführer. Proprio come capiterà alle due guardie che ha fatto trasferire lì stamattina. Credo si chiamassero Schlesinger e Hauser? Sono sicuro che saranno elettrizzati quando la rivedranno».

Non poteva finire in quel modo. C'erano ancora troppe cose da fare. Herz non aveva ancora richiesto il carico di bambini. Non poteva lasciarsi intralciare dall'ego di quell'uomo. «Sono sicuro che possiamo fare qualcosa per risolvere questa faccenda, Herr Rapportführer. Il Lagerkommandant pensa stia facendo un ottimo lavoro qui».

«No, Seeler, l'ex Lagerkommandant pensava che stesse facendo un ottimo lavoro qui. E devo ammettere che lo pensavo anch'io, una volta, ma adesso è passato sopra la mia testa per l'ultima volta». Difficile capire se Friedrich gli stesse facendo tutto ciò per togliersi una soddisfazione personale oppure no. Comunque sul suo volto c'era un sorriso compiaciuto che non accennava a scomparire.

«Le posso assicurare, Herr Rapportführer, che ho il massimo rispetto per lei e per le decisioni che prende…». Non c'era nulla che potesse fare sul Fronte orientale, nessuna ragione per vivere.

«Ho già trovato la persona che la rimpiazzerà, qualcuno che obbedirà ai miei ordini, qualcuno che conosce bene l'organizzazione di questa sezione del campo».

«Capisco, quindi la decisione è già stata presa». Christopher percepì il tono aspro nella sua voce e si versò un altro bicchiere di vodka. Pensò ai soldi nella cassaforte. Quanti gliene sarebbero serviti per comprare quell'uomo?

«Sì, le posso assicurare che è già stata presa. Inoltrerò l'ordine domani mattina. Ci vorranno un paio di giorni perché la richiesta sia elaborata, a quel punto potrà servire il Reich in prima linea. Sa, se fossi un po' più giovane, lo farei io stesso. Sono quasi invidioso di lei, Seeler».

«Cosa posso dire per farle cambiare idea, Herr Friedrich? Le assicuro che servirei meglio il Reich da qui. Ci sono due tipi di uomini in questa guerra: i combattenti, come lei, e gli scribacchini, come me. Non so sparare, ma ho organizzato questa sezione meglio di chiunque altro prima di me, e di certo meglio di quanto non possa fare Herr Breitner».

Friedrich si stava evidentemente godendo quel momento. Si dondolava indietro sulla sedia, la rabbia di un attimo prima si era dissipata. Non parlò, ma fece cenno a Christopher di riempirgli di nuovo il bicchiere.

Christopher sentì pulsare la testa. Gli sembrava di essere sul punto di implodere. Il solo pensiero di combattere sul fronte per propagare tutto quello era più di quanto non potesse sopportare.

«Grazie, Herr Seeler. Sentiremo di certo la sua mancanza».

«Un giorno o due non bastano per il passaggio di consegne. Ho bisogno di più tempo, almeno una settimana. Tra due giorni dovrò partire per Berlino. Il nostro contatto conosce me. Dovrò istruire Breitner, presentarlo ai Kommandoführer, ai Blockführer e al nuovo kapò. C'è troppo lavoro da fare. Non lo faccia. Se mi caccia da qui tutta la sezione ne risentirà».

«Immagino che possa essere controproducente. Lei è stato un bravo contabile, dopotutto, e non vorrei che perdessimo colpi».

«L'unica cosa che il Lagerführer ha detto è che se la produzione dovesse rallentare, sarebbe molto contrariato».

«Crede che non lo sappia?», scattò Friedrich. Bevve un altro sorso di vodka e lo trattenne in bocca prima di mandarlo giù. «Va bene, Seeler, le darò una settimana, ma se non si sarà organizzato per allora, le sparerò io stesso, solo per risparmiare ai russi questa fatica».

Una settimana gli avrebbe lasciato il tempo per pensare. «Ha preso la decisione giusta per il campo, Herr Rapportführer».

Friedrich si alzò, porgendo la mano a Christopher. «Grazie per il prezioso lavoro che ha fatto qui, Herr Seeler. Ha un futuro scintillante davanti a sé, ma non qui».

«Mi conceda qualche giorno prima di inoltrare l'ordine, finché non sarò tornato da Berlino, giovedì».

«Ha tempo fino a venerdì mattina».

Aspettò che Friedrich se ne andasse per versarsi un altro bicchiere di vodka. Pensò a Uli, che era stato sul Fronte orientale per più di due anni. Forse stavano per condividere lo stesso destino e morire in qualche acquitrino senza nome in Bielorussia. Non c'era tempo da perdere. Sollevò la cornetta.

«Herz? Sono io, Christopher Seeler».

«Herr Seeler, lieto di sentirla». Difficile dire se fosse già ubriaco oppure no.

«Ha preso la sua decisione?»

«Sì, l'ho presa, e non vedo per quale motivo non possiamo fare affari insieme».

Il contenuto della valigetta deve aver influito. «Bene, sono felice che abbia capito. C'è stato un cambio di programma, tuttavia».

«Di che genere?»

«È necessario che si faccia questa settimana».

«Questa settimana? Perché tanta fretta?».

«Non dipende da me, sfortunatamente. Può inoltrare la richiesta questa settimana, entro venerdì?». Tutto tacque. «Herz, è ancora lì? Può farlo o no?»

«Sì, dovremmo riuscirci».

«Ci vediamo domattina alle dieci per gli ultimi dettagli». Attaccò.

Non c'era tempo per scrivere a suo padre. La prossima telefonata sarebbe stata più rischiosa, ma cosa avrebbero potuto fargli? Giustiziarlo? Una gita sul Fronte orientale era praticamente la stessa cosa. Sollevò di nuovo la cornetta e disse al centralinista del campo che si trattava di un'emergenza, che il padre stava per morire. Era così facile mentire, ormai. L'operatore inoltrò la telefonata e il telefono squillò. Rispose il cugino Harald. La sorpresa fu subito scalzata dall'affetto sincero nella voce di Harald. Christopher gli chiese di parlare con suo padre più educatamente che poté. Sentì l'eco in sottofondo e capì che la Sezione politica stava ascoltando.

«Non lavori oggi?», disse Christopher appena suo padre rispose.

«No, sono molto impegnato con i nostri preparativi».

«Come va la tua salute, papà?»

«Come al solito. Tiro avanti».

«Ti chiamo proprio a proposito dei nostri preparativi. C'è stato un cambio di programma. Mi è stata offerta la meravigliosa opportunità di servire il Reich direttamente sul Fronte orientale». Si interruppe. «Molto probabilmente partirò la prossima settimana».

«Allora va tutto a monte?»

«No, ma è stato tutto anticipato a questo venerdì».

«Venerdì? Ma oggi è martedì?»

«Sì, lo so che giorno è oggi. Possiamo fare solo così. Credi di farcela?».

«Be', immagino di non avere altra scelta, giusto?»

«Sì. È il solo modo. Vale tutto quello che ci siamo detti, solo che questo venerdì».

«Capisco. Stammi bene, figlio mio, pensiamo a te tutto il tempo».

«Buona fortuna, papà». Ripose la cornetta.

Il passaggio di consegne non sarebbe stato facile, sotto molti punti di vista. Doveva esserci un modo per fermare tutto. Se non ci fosse stato lui a proteggere le donne del Canada... C'era così tanto da fare. Solo quel giorno erano previsti tre carichi, e ancora non si era messo al passo con il lavoro del giorno prima. Si alzò e spalancò la porta del suo ufficio. Breitner e Flick erano seduti alle loro scrivanie.

«Herr Breitner, posso parlarle un istante?».

Breitner sollevò la testa, la sua pelle grigia era più pallida del normale. Si alzò ed entrò nell'ufficio.

«Si sieda, Wolfgang», disse Christopher appena Breitner si chiuse dietro la porta. «Non abbiamo mai avuto occasione di conoscerci, vero?».

«Cosa intende, Herr Obersturmführer?».

«Da un punto di vista informale, voglio dire. Non si è mai fatto vedere al tavolo da gioco con noi. Dove va? Cosa fa?».

Breitner prese una penna dalla scrivania e cominciò a giocherellarci. «Il mio dormitorio si trova da un'altra parte, è abbastanza lontano dal suo».

«È abbastanza lontano, sì, si potrebbe dire così». I lineamenti sottili di Breitner si contorsero in preda a un senso di disagio di cui Christopher godeva. «Le piace lavorare qui, Breitner?»

«Sì».

«Ma non troppo, eh? Sente che sarebbe più felice se fosse più vicino all'azione, non è vero? Ciò che sto cercando di dire è... Sarebbe più soddisfatto se fosse al fronte, a combattere con altri valorosi compagni? Non tutti sono tagliati per una cosa del genere. Forse lei non lo è».

«Cosa le fa pensare che non ne sarei in grado?».

«Non ho mai detto una cosa del genere. È solo che non è molto bravo come contabile e devo compilare un rapporto per il Lagerkommandant in cui non posso omettere questa informazione. Fa troppi errori, il suo lavoro è troppo scadente, Wolfgang, spero che capisca».

«Be', questo è quello che pensa lei. Nessuno in questo ufficio lavora tanto quanto me. Forse non sono un politico come... tanti altri, ma lavoro sodo».

«Sì, ma una cosa è il lavoro, una cosa è fare presenza. Questo lavoro richiede abilità e pazienza. Ho appena visto il Rapportführer Friedrich. Ha detto praticamente la stessa cosa e, sfortunatamente, siamo d'accordo a proposito del suo destino». Christopher assunse un tono meno aggressivo, nonostante si sentisse ribollire.

«Davvero? Herr Friedrich ha davvero detto questo?».

«Sa qualcosa che io non so, Wolfgang?»

«No, certo che no».

«Questo è tutto, Breitner», disse Christopher, e Breitner se ne andò. La cospirazione contro di lui doveva essere sventata prima di venerdì mattina. Ma adesso? Che ne sarebbe stato di Pierre Cassin? Lavorava nel Crematorio IV con altri uomini, tagliava i capelli ai morti, capelli che sarebbero stati trasformati in coperte e imbottiture. Cos'avrebbe potuto fare? Anche se Christopher fosse riuscito in qualche modo a convincere lui, o un altro prigioniero, a uccidere Friedrich e a farla franca, eventualità che sembrava impossibile, la rappresaglia sarebbe stata orribile. Doveva esserci un altro sistema.

Capitolo 38

L'alba di venerdì gli portò in sogno Rebecca, o era Anka? I loro volti s'inseguivano come correnti di uno stesso fiume, che si mescolavano nella sua mente fino a diventare una cosa sola. Rimasero con lui quando si vestì, quando si rase, in tutto ciò che fece. Lahm si rigirò nel letto e aprì un occhio per lanciargli un'occhiata prima di chiuderlo di nuovo. Non c'era nulla che potesse fare per fermare Lahm, adesso, ma quel giorno sarebbe arrivato. Quella guerra sarebbe finita, prima o poi, e il dominio esercitato da Lahm e da quelli come lui sarebbe stato spezzato. Tutto sarebbe finito, tutto. E chi avrebbe saputo che lui, Christopher Seeler, era diverso da Lahm e dagli altri? Chi avrebbe saputo cosa aveva tentato di fare? Estrasse il disegno di Anka dalla tasca, con le pieghe profonde nella carta sottile. Lo osservò ancora una volta, il sole giallo alto nel cielo sopra una fattoria rettangolare, e nei campi, tre mucche marroni. Forse era casa sua, disegnata a memoria, o forse no. Non l'avrebbe mai saputo. Avrebbe voluto portare sempre con sé una fotografia di Rebecca, una traccia della sua bellezza. Invece si guardò allo specchio e la vide nei suoi occhi.

La neve era alta quando si avviò verso il casotto delle biciclette. Le strade erano state già ripulite. Alle ss piaceva la neve, gli piaceva farla spalare ai prigionieri. Christopher aveva visto Blockführer e kapò che costringevano prigionieri a ricoprire la strada con la neve che avevano appena spalato solo per fargliela togliere di nuovo. Pedalò accanto a scheletri a piedi nudi che si sforzavano di sollevare le pale per affondarle nella neve. Udì le urla di un kapò contro un uomo che gli era sembrato troppo lento, e altre urla quando un'ss si avvicinò. Accelerò, tentando di sfuggire ai suoni che ne sarebbero seguiti, ma invano. Uno sparo riecheggiò nell'aria. Lo scacciò dalla sua mente, come faceva sempre, come doveva fare. Controllò l'ora. Non mancava molto. Il primo carico della giornata, i bambini che provenivano dalla stessa regione della Cecoslovacchia di Schultz, il tributo che Christopher gli aveva riservato.

Arrivò per primo in ufficio, come sempre. Prese la busta che giaceva sulla sua scrivania, la aprì, e lesse la lettera che conteneva. Sarebbe bastata. La ripose nella busta, se la mise in tasca e uscì. Entrò in uno dei magazzini, dove quindici donne frugavano tra cappotti, sciarpe e cappelli. Rivolse lo sguardo verso la guardia in servizio, che stava fumando una sigaretta in un angolo. La stanza era gelida, poco più calda rispetto a fuori, tutte le lavoratrici erano infagottate a loro volta in sciarpe e cappotti e il loro respiro si condensava in dense spirali di vapore bianco davanti a loro. Petra Kocianova stava lavorando al tavolo accanto alla porta, sua sorella, Martina, era accanto a lei. Christopher si sentì trascinare verso di lei, e senza neanche accorgersene, le si ritrovò accanto. Alzò lo sguardo su di lui. Christopher voleva scusarsi con lei, per non essere riuscito a salvare i suoi figli, per aver lasciato che lei vivesse e loro morissero. Si voltò, tenendo una mano sul tavolo. Sentì delle dita stringersi intorno alle sue. Petra continuava a guardarlo, con la mano sulla sua. Martina sorrideva tra le lacrime, fissandolo negli occhi.

Era lì quando il treno arrivò e i prigionieri si riversarono fuori dai carri bestiame e sulla ghiaia sotto di essi. Le urla, i latrati dei cani e le selezioni cominciarono. Aspettò che l'ufficiale dell'amministrazione leggesse ad alta voce gli ordini. Finalmente si decise. La Krupp aveva bisogno di quarantacinque bambini, bambini sotto i sette anni, che cominciarono a fare un passo avanti. Le ss camminarono su e giù lungo le file per prelevare i bambini che Christopher aveva comprato. Li radunarono in un gruppo tremante. Molti di loro piangevano e tendevano le braccia verso le madri. Altri rimasero in silenzio, quasi sapessero cosa stava succedendo. Poi furono fatti salire su un camion che li avrebbe portati via. Non c'era molto spazio, ma le ss ce li ammassarono dentro, alcuni in braccio agli altri. Non avevano idea del lungo viaggio che li aspettava, prima verso la fabbrica, poi verso il punto di ritrovo con il padre di Christopher e Alexandra a Leipzig.

Da lì sarebbero stati portati nell'orfanotrofio di un convento. Il padre di Christopher aveva comprato e arredato una vecchia ala in disuso perché i bambini potessero vivere lì. Avrebbero avuto cibo e un posto dove dormire in cui la guerra non li avrebbe mai raggiunti. Sarebbero stati considerati orfani di guerra, con tanto di documenti falsi. I bambini salutarono con la mano e a gran voce i genitori che lasciavano lì sulla banchina. Poi partirono.

Ricominciò a nevicare, minuscoli fiocchi bianchi si posavano sulle spalle dei prigionieri che si mettevano in fila per la selezione. Christopher era abbastanza vicino da sentir pronunciare ai dottori la loro sentenza di morte, o di vita in condizioni di schiavitù, ogni decisione veniva presa in cinque secondi, forse anche meno. Friedrich stava parlando con Breitner. Christopher si avvicinò a loro.

«Buongiorno, Rapportführer, buongiorno, Herr Breitner».

«Buongiorno a lei, Herr Seeler, si è goduto il suo ultimo viaggio a Berlino, ieri? Credo che mi occuperò io stesso di questo incarico, dopo la sua partenza. La prossima settimana, a quest'ora, sarà uno dei valorosi soldati che combattono sul Fronte orientale. Eccitante, non trova?».

«Scommetto che riesce a contenere la gioia a stento», intervenne Breitner.

«Volevo parlarvi proprio di questo», esordì Christopher. «Ha già inoltrato la richiesta di trasferimento, Herr Rapportführer?»

«No, non ancora, ma non si preoccupi, Seeler, è questione di ore...».

«Bene, sono felice che non abbia dovuto sprecare il suo tempo. So bene quanto sia prezioso».

«Di cosa sta parlando?», chiese Friedrich ancora con un ghigno sulla faccia.

Christopher infilò la mano in tasca e passò la busta a Friedrich, che guardò Breitner prima di aprirla. Christopher osservò i suoi occhi, e aspettò che scorressero la pagina prima di parlare.

«Come vede, le voci circa il mio trasferimento erano esagerate. Pare che resterò qui, dopotutto».

«Non è vero», disse Friedrich tenendo la lettera davanti agli occhi mentre Breitner provava a spostare la testa da una parte all'altra per leggere cosa ci fosse scritto. «Non può essere vero».

«Controlli la firma, e il sigillo. Scoprirà che è assolutamente autentico. Breitner, la richiesta per il trasferimento di cui abbiamo avuto modo di parlare arriverà in giornata». Si girò verso Friedrich. «Mi aspetto che la controfirmerà, Herr Rapportführer, non vorremo infastidire il Lagerführer con simili inezie? A ogni modo ripristinerò le norme che vietano le esecuzioni sommarie nel Canada, e riprenderò il comando della Commissione Anticorruzione». Friedrich tacque, si limitò a restituirgli la lettera. Christopher guardò la firma e il sigillo del Reichsführer- ss Heinrich Himmler in fondo alla lettera prima di ripiegarla nella busta. *Non male. Incredibile cosa si riesca a comprare con tremila reichsmark*. Il segretario di Himmler avrebbe dovuto chiedergli di più, soprattutto perché gli aveva assicurato che avrebbe confermato il contenuto della lettera se qualcuno avesse chiamato per controllare. Christopher era disposto a pagare anche il doppio. Si voltò, fece il saluto e se ne andò.

Christopher finì di compilare le scartoffie per il trasferimento di Breitner al fronte e si appoggiò contro lo schienale della sedia. Friedrich avrebbe dovuto aspettare, ma il Rapportführer non lo avrebbe più infastidito, non dopo quell'episodio. Gli c'erano voluti dieci minuti per convincere il segretario di Himmler a scrivere la lettera. Quante altre volte lo aveva già fatto per altri ufficiali che avessero abbastanza soldi per risolvere i loro problemi? Presto sarebbe finito tutto. Il segretario lo sapeva. Christopher sollevò la cornetta. La segretaria di Herz fece finta di non conoscerlo, anche se le aveva mandato dei fiori la settimana prima. Era in gamba. Herz rispose con un colpo di tosse.

«Confido che sia andato tutto bene, stamattina», esordì Christopher.

«Sì, sì, il camion è arrivato in orario. L'autista li ha portati nei loro nuovi alloggi».

«Eccellente, sono felice che sia filato tutto liscio».

«Questo è tutto?»

«Per il momento, Herr Herz, ma si aspetti di sentire di nuovo mie notizie, e presto». Christopher agganciò il telefono.

L'uomo arrivò alla fine della giornata di lavoro. Era alto, più robusto di Schultz, con ampie spalle che ancora sostenevano qualche muscolo. Il suo nome era Markus Klaczko. Era il capo dell'unità di Sonderkommando, il sostituto di Schultz. Klaczko si sedette davanti a Christopher.

«Mi ha fatto chiamare, Herr Obersturmführer?», disse.

«Sì». Christopher si appoggiò allo schienale e guardò fuori dalla finestra la neve, il filo spinato e gli alberi oltre esso. «Dica agli altri prigionieri che le esecuzioni sommarie stanno per finire. Se si presenta qualsiasi problema con i kapò, le guardie, o persino con gli ufficiali, voglio che lei venga da me». Klaczko annuì lentamente, con cautela. «Farò del mio meglio per proteggervi. La avvertirò ogni volta che verrò a sapere qualcosa, ma è tutto ciò che posso fare per voi. Vorrei poter fare di più».

«Lo so».

Capitolo 39

New York, settembre 1954

«Ora vorrei parlare con lei di quel giorno straordinario a Dachau, il giorno in cui le donne del Canada salvarono la *sua* vita». Christopher si sistemò le cuffie e avvicinò il volto al microfono. «Cosa pensa di ciò che fecero i soldati americani a Dachau quel giorno, giustiziare un numero imprecisato di soldati delle SS, che si aggirò tra i cinquanta e i cento, in occasione della liberazione del campo di concentramento nell'aprile del 1945?».

L'intervistatore gli fece cenno di parlare. «Forse se avessero visto quante persone erano state uccise negli anni precedenti, quei soldati non avrebbero pensato che altri morti potessero essere la risposta giusta. Posso capire perché lo fecero. Fu il solo atto di giustizia che quei prigionieri videro dopo anni di torture, fame e morte. Credo che avrei fatto la stessa cosa al loro posto. Ma non ero al loro posto». Christopher si guardò intorno per cercare Hannah, anche se sapeva che non era lì.

«Perché non si difese quando i soldati circondarono le SS? Perché non disse che era diverso dagli altri?»

«Credo di essere stata la sola guardia che non ha tentato di farlo». Sorrise.

«Ma le altre guardie non avevano fatto ciò che aveva fatto lei, salvare 342 bambini da morte certa nelle camere a gas, proteggere la vita di più di seicento donne che si trovavano sotto la sua responsabilità».

«Come fa a dirlo con certezza? Non conoscevo le loro storie, e loro non conoscevano la mia. La verità è che ero esausto. Rebecca era morta. Dopo che suo padre mi disse che era stata giustiziata ho continuato a cercarla, ma non ho ne mai trovato alcuna traccia. E chi dice che non meritassi di morire insieme alle altre guardie per ciò che ho fatto? Ho consegnato alle ss centinaia di migliaia di dollari, sterline, marchi, qualsiasi moneta le venga in mente».

«Le prigioniere che le hanno salvato la vita non pensavano che meritasse di morire».

«No, non lo pensavano». Christopher si appoggiò allo schienale della sedia, ripensando a quel giorno. Rivide il giovane soldato americano che gli andò incontro sollevando il fucile con mani tremanti, i suoi occhi marroni erano iniettati di sangue, le labbra serrate come una cicatrice sul volto. Il soldato puntò al petto. Christopher chiuse gli occhi, e si aspettava di non riaprirli mai più. Il fucile sparò. Fu una strana sensazione, accettare la morte e avere salva la vita. Martina Kocianova lo salvò. Quando riaprì gli occhi, la vide aggrappata al collo del soldato, che prendeva a pugni le sue spalle. Il colpo destinato a lui era volato sopra la sua testa. Alcune donne del Canada lo portarono via e lo protessero con il loro corpi. Altri spari riecheggiarono nell'aria, e quando si guardò indietro, tutte le altre ss erano morte.

«E per quale motivo lei e le altre donne del campo sotto la sua responsabilità finiste a Dachau, quando tutti gli altri che si trovavano ad Auschwitz furono portati a Bergen-Belsen?».

«Avevo sentito parlare dell'epidemia di tifo che era scoppiata a Bergen-Belsen. Il gran numero di prigionieri provenienti dai campi orientali mi aveva fatto capire che era diventata una trappola mortale. Ho usato gli ultimi soldi che avevo sottratto dalla cassaforte per corrompere gli ufficiali giusti, e sono riuscito a far trasferire me e le donne del Canada, insieme ai pochi Sonderkommando sopravvissuti, a Dachau».

«Erano gli stessi soldi che aveva usato per corrompere gli ufficiali in modo che i bambini fossero fatti scendere dai treni e dirottati verso lo stabilimento dove avrebbero incontrato suo padre?».

«Provenivano dalla stessa fonte, sì». Christopher si sentì rabbrividire, e invadere da un senso di solitudine. Pensò di nuovo ad Hannah.

«E che ne è stato di quei soldi?»

«Andati in fumo, molti anni fa. Se sta cercando di insinuare che possa averli messi da parte per me, si sbaglia di grosso. Ho usato quei soldi per un unico scopo».

«Com'è riuscito a farsi una ragione del fatto che i soldi che ha dato a quegli ufficiali, a quei criminali nazisti, potrebbero averli aiutati a scappare, visto che molti ci sono riusciti?»

«All'epoca sono stato costretto a fare una scelta. Dovevo affrontare la situazione che vedevo davanti ai miei occhi ogni giorno. Se non avessi fatto nulla, molto probabilmente le persone che si trovavano sotto la mia responsabilità sarebbero morte, di certo lo sarebbero stati i bambini che facemmo scendere dai quei treni. Mi rincresce molto che molti di quegli uomini siano scappati».

«Passiamo al processo per crimini di guerra che ha dovuto affrontare in Polonia nel 1946. Lei aveva dalla sua parte la testimonianza di venti ex internati, e il suo avvocato difensore sostenne che c'erano più di duecento persone che desideravano avere la possibilità di parlare in suo favore. Alcuni erano disposti a venire dalla Francia, dagli Stati Uniti, persino da Israele».

«Si è documentato».

«Allora, nel 1947 lei ha testimoniato contro molti dei suoi ex superiori nei procedimenti che si tennero in Polonia e che coinvolsero gli ufficiali di Auschwitz. Ha aiutato a far condannare a morte Arthur Liebehenschel e il suo diretto superiore, Uwe Friedrich, per il ruolo che avevano avuto nei crimini di guerra che furono perpetrati nel campo. Cos'ha provato quando si è trovato a testimoniare contro i suoi ex colleghi?».

Ancora una volta il conduttore gli fece cenno di parlare, per evitare quei silenzi di cui avevano parlato prima che l'intervista cominciasse. «Contro alcuni ufficiali è stato più facile che contro altri. Ho pensato che certe cose, certe immagini e incubi, mi avrebbero abbandonato dopo che l'avessi fatto». Christopher alzò gli occhi e guardò lo studio di registrazione dalle pareti grigie. Il produttore era in un angolo, con le cuffie addosso, e Christopher vide il nastro su cui veniva incisa ogni sua parola. Si sentì di nuovo sotto processo. Pensò alla sua famiglia, e a Jersey, e si chiese perché avesse acconsentito a fare una cosa del genere. «Lo dovevo a chi era morto, dovevo fare ciò che potevo in nome di tutti loro». David Adler, dell'American Jewish Committee, il comitato ebraico americano, stava fumando una sigaretta dall'altra parte del vetro dello studio. «Le cose che succedevano in quei campi, le cose che ho visto io stesso, erano mostruose, ed ero... felice di assicurare alcuni dei responsabili alla giustizia».

«Ci sono guardie con cui lavorava che ancora non sono state arrestate?»

«Ci sono migliaia di guardie che lavoravano ad Auschwitz che sono libere di passeggiare per strada come se niente fosse. Persone con cui ho lavorato? Sì, credo che il mio compagno di stanza, Franz Lahm, sia ancora latitante, anche se non ho mai assistito a nessuno dei crimini che ha commesso». C'era una donna dietro il vetro, che parlava con David. Si mosse verso Christopher. Aveva lo sguardo fisso su di lui, e Christopher si sentì raggelare. Non poteva essere. Aveva sognato quel momento milioni di volte. Era in piedi accanto a David, con una mano sulla bocca mentre rideva. Era impossibile. Come poteva essere? David stava parlando con lei. I suoi capelli castano chiaro ricadevano sulle spalle del vestito a fiori. La sua bellezza lo sbalordì, annullandogli tutti i sensi. Si ritrovò in piedi, anche se non ricordava di essersi alzato, e si tolse le cuffie. Si infilò un dito nel colletto e lo smosse per allentarlo. Si sentiva sudato, e gelido, eppure il suo cuore era in fiamme. Corse verso la porta.

«Molto bene, signore e signori, siamo con Christopher Seeler, ex guardia delle ss, l'uomo che chiamano l'"Angelo di Auschwitz", ma adesso lasciamo spazio agli annunci commerciali. Torniamo tra poco». L'intervistatore lanciò un'occhiataccia a Christopher. «Cosa diavolo c'è che non va?».

Christopher corse verso la porta e si ritrovò nel corridoio. Lei si girò per guardarlo in faccia.

«Rebecca?», disse Christopher.

«Christopher?». Una lacrima le scivolò lungo la guancia. Christopher la strinse tra le braccia. Rebecca si ritrasse prima di quanto Christopher non volesse. Era più vecchia, ma Christopher non la vedeva da undici anni. «Non posso credere che sia tu! Sono passati così tanti anni», disse lei piangendo.

«Sono undici anni, Rebecca, quasi undici anni e mezzo», ribatté lui senza fiato. Il suo volto era affilato, quasi quanto l'ultima volta che l'aveva vista a Jersey, ma era ancora perfetto, assolutamente perfetto. «Sei bellissima. Dove sei stata negli ultimi nove anni? Credevo fossi morta».

«Credevo fossi un nazista. Ho saputo che eri una guardia ad Auschwitz. Sono tornata a Jersey per cercarti, ma la casa era vuota. Nessuno sapeva dove fossi. Ho scoperto chi eri davvero quando ho letto di te sul giornale».

«Ma tuo padre mi ha detto che eri morta».

«Pensava che lo fossi, ma sono stata trasferita in un altro campo». Si asciugò le lacrime con il polso e Christopher vide la fede.

«Vuoi andare da qualche parte? Non conosco troppo bene la città. Non ci sono mai stato prima». Christopher si voltò verso David. «David, lei è Rebecca, la donna di cui ti ho parlato».

«È un piacere, un vero piacere».

«Adesso devo andare, David. Rebecca, vivi qui?»

«No, tornerò in Israele domattina». I suoi movimenti risvegliavano ogni ricordo.

«David, l'hai sentita. Devo andare». Erano appena passate le sei del pomeriggio. «Non abbiamo molto tempo». Il conduttore lo folgorò con lo sguardo attraverso il vetro, indicando l'orologio.

«Christopher, ti capisco, ma questa intervista è la ragione principale per cui sei qui. È quasi finita, manca appena mezz'ora. È importante. Potrai passare tutto il tempo che ti resta con questa giovane signora dopo che avremo finito. Vi resterà tutta la sera. Questa è una trasmissione in diretta».

«Posso aspettare», disse Rebecca. «Voglio dire, devo partire domattina presto, ma posso aspettare fino a stasera. Fa' ciò che devi fare».

«Non lo so».

«Ti prego, Christopher, finisci l'intervista. Possiamo stare insieme dopo».

«Va bene, lo farò, ma possiamo parlare almeno qualche minuto? Lasciateci un'ora e poi finirò l'intervista».

«Vedo cosa posso fare», rispose David prima di rientrare nello studio.

«Allora, come stai?», chiese Rebecca. Si voltò verso di lui e Christopher fece un passo verso di lei, ma tutt'a un tratto si ritrovarono troppo vicini, e Rebecca indietreggiò.

«Sto bene. Non riesco a credere che tu sia qui. Hai un aspetto magnifico, davvero magnifico».

«Grazie. Trovo molto bene anche te».

David fece capolino dallo studio. «Sono riusciti a trovare un vecchio programma da trasmettere. Hai un'ora, ma poi torna qui per finire l'intervista».

«Grazie, David», disse Christopher, e si voltò verso Rebecca. Indicò l'ascensore con un cenno. «Andiamo?».

Capitolo 40

«È passato così tanto dall'ultima volta che ti ho visto, sento quasi di dover dire solo cose intelligenti o importanti», disse Christopher.

«La vita reale non funziona così, eh?»

«No, di solito no». Christopher schiacciò di nuovo il pulsante dell'ascensore. «Come mi hai trovato, e che ci fai qui a New York?».

«Sono qui per affari».

«Oh, cosa fai per vivere?»

«Lavoro nel settore commerciale per un'azienda di Tel Aviv, dove vivo. Ho letto di te sul giornale di lunedì. Ho chiamato il giornale e ho parlato con il giornalista che ti aveva intervistato, che mi ha detto che avresti fatto questa intervista radio, ed eccomi qui». Si strinse nelle spalle. «Non posso credere di non aver mai sentito parlare di te, dopo tutto quello che hai fatto».

«Non ero mai stato intervistato. E non ero mai finito sui giornali prima di questa settimana. Non sarei neanche qui, se l'American Jewish Commitee non mi ci avesse portato».

«Come hanno saputo di te?»

«Uno dei bambini che ho fatto uscire dai campi ha scritto al comitato». Christopher s'interruppe, e la guardò con occhi incantati. «Sono così felice che tu sia venuta». L'ascensore arrivò. «Sono così felice che sia viva, ero convinto che fossi morta. Non posso crederci».

L'ascensorista chiese a che piano dovessero andare.

«Al piano terra, per favore», disse Christopher. «Il parco è a pochi isolati da qui. Potremmo raggiungerlo a piedi».

«Va bene». Il suo volto sembrò rattristarsi.

«Cosa c'è che non va?».

Rebecca scosse la testa. «Ti ho odiato per tutti questi anni, dalla fine della guerra. E poi ho scoperto cosa avevi fatto, e che la ragione per cui ero fuggita da te era una menzogna».

«Come potevi sapere? Avrai creduto a ciò che ti avevano detto, o a ciò che i fatti ti hanno lasciato pensare. Come hai scoperto che ero nelle ss?», chiese Christopher. L'ascensorista inarcò un sopracciglio e li guardò di sbieco.

«Ho incontrato mio padre in un campo per rifugiati dopo che hanno liberato Buchenwald. Mi ha parlato di te. Ha detto che lavoravi ad Auschwitz».

«Certo». Si concesse un ghigno ironico. «Avrei dovuto capirlo. Dov'è tuo padre, adesso?»

«Vive nel Surrey, per quel che ne so, ma non lo vedo dal '51. Ho provato a cercare mia madre dopo la guerra, ma è rimasta uccisa durante i bombardamenti su Londra».

«Mi dispiace». Christopher allungò una mano verso di lei.

Rebecca gli sorrise, ma non strinse la sua mano. «Grazie, è molto carino da parte tua. Mio padre si è trovato un'altra donna dopo che ha scoperto che lei... non c'era più».

«Non gli sono mai piaciuto, eh? Immagino che alla fine sia riuscito a realizzare il suo sogno».

«Ricordo ancora il momento in cui mi disse di te. Non potevo crederci, e all'inizio non l'ho fatto. Ho pianto per giorni. Ero debole. Pesavo trenta chili. Credevo che sarei morta, quando scoprii che fine avevi fatto».

«Non sei tenuta a dirmi nulla...».

«No, invece. Devo farlo».

«Va bene, ti ascolto».

«La vita nei campi è stata dura, più dura di quanto non potessi mai immaginare».

«So quanto dev'essere stata dura».

«Non hai passato quello che abbiamo passato noi, come prigionieri».

«No. Assolutamente no».

«Tu eri la sola cosa che mi faceva tirare avanti, il pensiero che un giorno saremmo stati di nuovo insieme. E quando sono stata liberata, non mi tornava il fatto che l'uomo che eri solo pochi mesi prima potesse essere diventato uno di loro. Sono tornata a Jersey per cercarvi, nell'aprile del '46, ma la casa era deserta».

«Ero in un campo di prigionia, allora. La mia famiglia era ancora in Germania. Persino Tom era andato a Berlino per poter stare con Alexandra. Non posso credere che tu sia tornata e io non fossi lì».

«Nessuno sapeva dove foste. Avrei dovuto continuare a cercare, ma non avevo soldi, e restare a Jersey era troppo doloroso senza di te. Ci ho provato. Ho chiesto in giro. Alcuni dicevano che eravate collaborazionisti. Ci ho messo molto per accettare quella che ora si è rivelata solo una menzogna. Ho dovuto farlo. Era il solo modo per andare avanti».

«Mio padre è stato il primo a tornare, ma solo dopo diversi mesi che tu eri stata lì». Christopher si appoggiò alla parete della cabina, sfiancato dalla frustrazione. «Ora sai chi sono. Ci sono voluti nove anni, ma sai chi sono».

L'ascensore arrivò al piano terra e Christopher si fece da parte per lasciar passare Rebecca. L'ascensorista continuò a guardarli quando uscirono dall'edificio, sulla Broadway.

«Dovrebbe essere da questa parte», disse Rebecca mentre svoltavano verso il parco. Era un pomeriggio caldo, le strade erano affollate di passanti.

«Allora, Rebecca, cos'è successo? Dov'eri? Tuo padre mi ha raccontato che eri stata uccisa, che avevi colpito una guardia».

«Quest'ultima parte è vera. Ma abbiamo già parlato della mia famiglia, che mi dici della tua? In questi anni ho pensato a loro così tanto».

«Stanno bene, Rebecca, ci arriveremo, ma ti prego, rispondi alle mie domande, sono un tarlo che mi tormenta dall'istante in cui ti ho vista».

«Sicuro che non preferisci parlare del magnifico tempo che abbiamo trovato qui?». Christopher si voltò verso di lei, e per poco non andò a sbattere contro una grossa signora di mezz'età, che lo fulminò con lo sguardo appena la evitò. Rebecca tese un braccio verso di lui e lo prese sottobraccio prima di riprendere a parlare. «Dopo aver colpito la guardia, sono stata portata davanti al Kommandant del campo. Avevo già avuto modo di parlare con lui, a nome di altre prigioniere. Ero sicura che mi avrebbe fatto giustiziare, ma non lo fece. Per qualche ragione gli piacevo, e decise di farmi trasferire, invece che uccidermi».

«Posso immaginare perché gli piacessi», disse Christopher con una voce roca che tradiva le sue emozioni, nonostante si sforzasse di celare i suoi sentimenti, di capire. Ma lei non lo guardò, continuò a parlare, e Christopher ne fu felice.

«Sono stata trasferita a Westerbork, in Olanda. Westerbork era un centro di raccolta, un posto in cui radunavano ebrei, zingari e prigionieri politici prima di mandarli a morire nei campi di concentramento. Molte delle persone che ho intravisto a Westerbork sarebbero state trasferite ad Auschwitz». Christopher ricordò gli ebrei olandesi che aveva visto arrivare. Due delle sue lavoratrici erano olandesi. «Sono rimasta lì per qualche mese prima di essere spedita a Buchenwald. Sono arrivata lì verso la fine dell'inverno, nel febbraio del 1944. Ci sono rimasta fino al marzo del '45, quando mi hanno trasferita insieme a migliaia di altre persone. Ci hanno messo su un treno. Ci stavano prendendo per gasarci, per ucciderci quando ancora potevano, ma sono riuscita a scappare dopo qualche giorno, durante una sosta. Mi sono nascosta nella boscaglia finché alcuni soldati britannici non mi hanno trovato. Era l'aprile del 1945».

Ripensò a dove si trovasse allora, era detenuto a Dachau nonostante le proteste dei prigionieri, che mandarono una delegazione che parlasse con gli ufficiali americani in suo favore. Gli apparve l'insegna della Cinquantottesima Strada. Columbus Circle e il parco erano davanti a loro. «Com'era Buchenwald? Quanto era orribile?». Stavano attraversando la strada quando glielo chiese.

«È difficile parlarne per strada. Voglio raccontartelo, Christopher, voglio raccontarti tutto. Ma è difficile».

«Capisco». Attraversarono Columbus Circle fino all'ingresso del parco e proseguirono in silenzio. «Perché non sono riuscito a trovarti? Sono sicuro che le persone cui avevo chiesto di cercarti abbiano controllato i campi in cui sei stata».

«Il Kommandant di Biberach mi aveva fatto cambiare nome perché non potessi essere rintracciata dai suoi superiori».

«Gli piacevi davvero?». Più di una volta gli era capitato di vedere ufficiali che prendevano in simpatia alcune prigioniere del campo.

«Immagino di sì».

«Che nome hai assunto?»

«Rebecca Klein. L'ho scelto a caso. È stato questo il mio nome per tutto il resto del tempo che ho trascorso nei campi, non che il nome di un prigioniero avesse importanza».

«Quindi quando ho fatto trasferire tuo padre ad Auschwitz, pensava davvero che tu fossi morta?»

«Sì, presumo di sì. Il Kommandant di Biberach mi fece trasferire quella notte stessa. Voleva che anche le guardie pensassero che fossi stata giustiziata. Non vidi più nessuno dei prigionieri che si trovavano lì, fino alla fine della guerra, almeno». Ora camminavano più lentamente, i loro passi erano indolenti e distratti tra la folla intorno a loro. «Christopher, tutto quello che hai fatto ad Auschwitz, organizzare la liberazione di quei bambini, corrompere gli ufficiali, far scappare i bambini, avevi mai paura?»

«Ero terrorizzato, tutto il tempo, avevo paura dall'istante in cui aprivo gli occhi la mattina a quello in cui li chiudevo la sera». Gli alberi del parco li avvolgevano. «La cosa peggiore era non avere alcun alleato, qualcuno con cui parlare, poter dire a qualcuno la vera ragione per cui mi trovavo lì. Dopo un po' i Sonderkommando e le donne del Canada hanno capito chi fossi, ma non ho mai potuto confidarmi con loro. Era troppo pericoloso. Dovevo tenerli a distanza. Se ero spaventato? Sì, lo ero. Il fatto di avere la possibilità di rivedere la mia famiglia ogni due settimane è stato ciò che mi ha salvato. Non credo che ce l'avrei fatta senza il loro sostegno».

«Sì, come sta la tua famiglia? Ho pensato a loro tutto il tempo».

«Non a me, no?».

«All'ufficiale delle ss?». Sorrise. «No, ho cercato di dimenticarti. Non sapevo cosa pensare».

«Ma ora lo sai. Sai chi sono. Non riesco a credere che il mio piano, tutto ciò che ho fatto per trovarti, sia stato ciò che ci ha allontanato».

«Come avresti potuto saperlo? Hai fatto ciò che pensavi fosse giusto allora».

«Ora sai chi sono, vero? Devo sentirtelo dire».

«Sì, lo so, ma dimmi della tua famiglia». La vecchia scintilla maliziosa che le illuminava gli occhi era ancora lì, o almeno una versione più matura di quella che c'era un tempo.

«È bello vedere che gli anni non ti hanno cambiata, che... tutto quello che è successo non ti ha cambiata».

«Non ho mai detto che la mia esperienza non mi abbia cambiata». Rimasero in silenzio per qualche secondo. «A ogni modo, come sta la tua famiglia?».

«Sì, la mia famiglia. Stanno benissimo. Sono tornati tutti a Jersey».

«Tutti quanti?»

«Sì, alla fine sono tornati tutti, chi prima chi dopo. Sì, be', adesso sono tutti lì. Alexandra è tornata a vivere con Tom, dopo la guerra. Abitano poco fuori Saint Helier. Hanno sei figli».

«Sei figli?»

«Sì, sei. Si potrebbe dire che si stiano rifacendo del tempo perduto. Sembra che quando arriva questo periodo dell'anno Alex aspetti sempre un altro bambino. Credo che a Tom basti guardarla per metterla incinta. Ma se lo meritano, per tutto quello che hanno passato».

«Sono persone magnifiche. Non sai quanto vorrei rivederli. Che mi dici di tuo padre? Mi è mancato così tanto in questi anni. Rompere con te è stato ancora più difficile, per causa sua. Il pensiero di non rivederlo più lo ha reso ancora più doloroso».

«Non mi ero accorto che avessimo rotto. Credevo stessimo ancora insieme dopo tutti questi anni». Christopher si girò verso di lei, aspettando una reazione. «Lo so. Pensavi fossi un nazista», aggiunse. Quando vide il suo sorriso continuò. «Mio padre sta benone. L'ho visto la scorsa settimana. Viviamo insieme, con mia figlia e mio cugino Stefan».

«Aspetta, hai una figlia? L'articolo di giornale non ne parlava».

«Non ho voluto che scrivessero di lei, che la coinvolgessero in questa cosa».

«Quanti anni ha? Come si chiama?»

«Si chiama Hannah. Ha undici anni. È a Jersey con mio padre e i suoi cugini. Ho parlato con lei ieri sera, per telefono». Sentiva ancora la voce di Hannah nella testa. Gli scaldò il cuore.

«Ha undici anni?»

«Sì, è adottata. L'ho portata via dal campo. Klaczko, il capo dei Sonderkommando di allora, me la portò la sera prima di uno dei miei soliti viaggi a Berlino. L'aveva portata via dal crematorio, nascosta in un vecchio cappotto». Sorrise al ricordo della bambina nel cappotto, una cosa che non era mai successa prima. Klaczko sapeva che non avrebbe approvato, ma gliela portò lo stesso. Scosse la testa ripensando a quell'incredibile atto di coraggio. «La mattina dopo la portai fuori dal campo in macchina, e la lasciai a mio padre a Berlino».

«Com'è possibile che sia rimasta zitta mentre uscivi dal campo?»

«Hannah era solo una neonata, aveva meno di un anno all'epoca. Le ho dato un po' di vodka, roba davvero buona. Non ha fatto un lamento».

«Bella pensata».

«Era troppo piccola per andare nelle case sicure o nell'orfanotrofio che avevamo organizzato, così l'ha tenuta la mia famiglia. Hanno pensato loro a lei in quei primi mesi. Era l'ottobre del '44. Hannah è stata l'ultima bambina che ho portato via da Birkenau. Poi l'intero campo andò a rotoli».

«Cosa sai di lei? Hai mai scoperto da dove venisse?».

«È ungherese. Abbiamo cercato la sua famiglia, dopo la guerra, ma non siamo riusciti a trovarla. Non so molto altro». Immaginò la figlia da bambina, con la famiglia che avrebbe dovuto crescerla. «Non c'erano registri che riportassero quale fosse la sua famiglia, o come si chiamasse. Alex la portava con sé quando veniva a trovarmi al campo di prigionia, dopo Dachau. E quando mi hanno liberato, quando Alex è tornata a Jersey, ha lasciato Hannah con me. L'ho adottata come fosse figlia mia. È tutto per me, è la mia salvatrice. Non credo che ce l'avrei fatta se non fosse stato per lei».

«Cos'è successo al prigioniero, Klaczko?»

«È morto. Assassinato dalle ss». Lui e i Sonderkommando con cui aveva lavorato erano tutti morti. Sentirlo nominare gli causò una fitta di dolore.

«Mi piacerebbe incontrare Hannah, un giorno».

«Sono sicuro che anche lei sarebbe felice di conoscerti. Ha sentito parlare così tanto di te. Probabilmente penserà che tu sia un fantasma».

«Chi ti dice che non lo sia?».

Christopher le toccò la spalla con l'indice. «No, non sei un fantasma».

Rebecca fermò un giovane con un abito blu. «Mi scusi, sa dirmi l'ora?». Erano le 18:45. Rebecca lo ringraziò e si voltò di nuovo verso Christopher. «Dovremmo rientrare. Hai un'intervista da finire».

«Dobbiamo davvero?»

«Sì, davvero». Si girò e s'incamminò verso l'uscita del parco. Christopher rimase immobile, a guardarla da dietro mentre si allontanava e il suo vestito frusciava nella tiepida aria della sera. Gli alberi ai lati della strada formavano una galleria di rami intrecciati sopra le loro teste, e i raggi del sole d'autunno filtravano scintillanti tra le foglie. Rebecca si voltò. «Devo trascinarti di nuovo lì?»

«Temo di sì». Ma riprese a camminare mentre lei lo aspettava immobile.

«Non riesco credere che tu abbia una figlia».

«Tu hai bambini? Ho notato la fede».

«No, non abbiamo figli». Stava affrettando il passo, adesso, verso la fine della stradina che conduceva all'uscita. «Mi manca Jersey. Non faccio che pensarci. Tel Aviv è meravigliosa, il Mediterraneo, le spiagge, le onde, proprio come Jersey, ma le manca qualcosa...».

«Io?».

«Chi, il criminale nazista? No, non penso proprio».

«L'ho fatto per te, Rebecca».

«Lo so, ora lo so», disse, e tese il braccio per prendergli la mano. Era una sensazione meravigliosa. Gli strinse il palmo e lo liberò, lasciando che la sua mano pendesse lungo il fianco. «Devo dire che gli anni sono stati clementi con te, Christopher, hai solo qualche capello grigio sulle tempie», disse sfiorandole con le nocche, «ma ti trovo davvero bene. Io come ti sembro?».

«Splendida».

«Quando ero nei campi, mi tornava spesso alla mente il giorno in cui mi trovasti nella siepe dietro la casa dei miei genitori. Buffo, no? Non avevo molto tempo per fermarmi a pensare, quando ero lì. L'unica cosa che occupava i miei pensieri, a parte te e Jersey, era il cibo. Non la guerra, né cosa avrei fatto dopo, né come avrei potuto assicurare alla giustizia i mostri che mandavano avanti i campi. Solo queste tre cose. Ma comunque non ho mai pensato a te quanto a un tozzo di pane, o a una patata».

«La mia esperienza non è niente in confronto a quello che hai dovuto passare tu».

«È una strana, orribile sensazione avere sempre fame, sempre freddo.

Una mia amica, Emily Rosenfield, mi lasciò il suo cucchiaio quando morì. Disse che mi avrebbe salvato la vita. Portavo quel cucchiaio con me ovunque andassi, per essere sempre pronta». Christopher avrebbe voluto dire qualcosa, ma nulla sembrava appropriato. «Ho mangiato di tutto, legno, foglie, erba. Avevo imparato a cercare i fili d'erba più buoni, quelli più "succosi". Adesso sembra a stento possibile».

La sua voce sembrava vuota mentre parlava, come se non fosse lei a raccontare quelle cose, ma un pallido riflesso della donna che conosceva. «È ironico, ma credo che non ce l'avrei mai fatta se avessi avuto quella che le persone chiamano "una famiglia normale". I miei pessimi genitori mi hanno preparato a sopravvivere nei campi». Rebecca si avvicinò, intrecciò le braccia intorno al suo e sussurrò: «Non ti ho mai ringraziato per quello che hai cercato di fare, che hai fatto, per me. Grazie, Christopher».

Christopher sentì il calore del suo corpo contro il suo. «Non avevo scelta. Come potevo lasciarti lì? Dovevo fare quello che ho fatto. Non potevo fare altro».

Capitolo 41

Il sole della sera si rifletteva sui finestrini delle macchine, e Christopher sentì una goccia di sudore freddo scivolargli lungo la schiena. Si sbottonò il colletto della camicia, si accese una sigaretta e ne offrì una a Rebecca. Lei scosse la testa e continuarono a camminare per le strade trafficate della città finché non tornarono sulla Broadway. Non parlavano da un minuto, forse più. Avevano troppe cose da chiedersi e da dirsi.

«Quindi sei sposata? Cos'è successo a Jonathan Durrell?»

«È morto nel '47, in un incidente d'auto sull'isola. Non l'ho più visto dopo la mia partenza. Ma non parliamo di lui. È storia antica, ormai». Si passò una mano tra i capelli e li lasciò ricadere su una spalla. Christopher sentì il cuore sprofondargli nel petto. «Non ti sei mai sposato? Cos'è successo, Christopher? Avrai avuto una fila di donne da Saint Martin a Saint Helier davanti alla porta di casa. Nessuna di loro è riuscita ad accalappiarti?»

«No. Non era facile essere all'altezza, sai?». Aspirò un'altra boccata di sigaretta. Il silenzio che calò tra loro si fece tutt'a un tratto insostenibile, e decise di romperlo. «Ci sono state altre donne, ovviamente, ma mai una davvero speciale. Avevo una figlia, e con il piccolo Stefan in casa io e mio padre ci siamo ritrovati a crescere due bambini. Volevo una madre per Hannah, lo voglio ancora, ma non volevo far finta di averla trovata. Non potevo». Desiderò che Rebecca cambiasse argomento. «Ci ho messo tanto a elaborare la tua assenza e ad accettare che fossi morta. Credo di non esserci mai riuscito, in realtà».

«Non sono morta, Christopher».

«Lo vedo, ma ancora non sono certo che tu non sia davvero un fantasma». L'intervista sarebbe ricominciata tra meno di dieci minuti. Gettò a terra la sigaretta.

«Non sarei dovuta venire qui».

«Che cosa stai dicendo?».

«Le cose andavano così bene negli ultimi tempi, ero convinta che la mia vita avesse preso una svolta. Ero così felice, finché non ho letto l'articolo su di te. Tutto ciò su cui ho basato la mia vita negli ultimi nove anni si è rivelato un errore. Sono sopravvissuta ai campi, ma mi sono buttata alle spalle gran parte della mia vita. Quando finalmente ho cominciato a credere che fossi un'ss, l'ultimo frammento della mia innocenza è morto. Il tuo ricordo era la sola prova che l'amore esistesse davvero, e che c'era una vita che valeva la pena di essere vissuta, che poteva essere un tributo per tutte le persone che avevo visto morire». Le lacrime inondavano il suo volto, adesso. Si fermarono per strada. Christopher le cinse le spalle con un braccio e le baciò la testa. «Ho tentato di vivere la mia vita come un tributo per quelle persone. Per questo ho vissuto così da allora. È stato solo per loro. Adesso sono venuta qui per incontrarti, e tutto ha assunto una nuova luce. Sapevo che non sarei mai dovuta venire. Avrei dovuto lasciare le cose come stavano».

«No, Rebecca, ti sbagli. Scoprire che sei viva è la gioia più grande che abbia mai avuto».

«Scoprire che sono viva e sposata? Sono sposata, Christopher».

«Lo so, ma il solo pensiero che tu sia felice e viva mi basta».

«Davvero? Il pensiero che mi crogiolo nel mio matrimonio perfetto ti basta per essere felice fino alla vecchiaia, nonostante la donna per cui sei diventato un'ss di Auschwitz si sia rifatta una vita a Tel Aviv con il marito?».

«No, certo che no, ma sta a me costruire la mia felicità. Non posso contare su di te per farlo, non più. Forse potrei venire in Israele, alcuni bambini che ho salvato vivono lì adesso. Mi scrivono spesso, per invitarmi...».

«Sì, mi sembra un'ottima idea. Così potresti vedere me e Ari che giochiamo a fare la famiglia felice. Se sei fortunato potresti anche incontrarlo e fare due chiacchiere con lui».

«Sa chi sono?»

«No, se Ari scoprisse che stavo con un ufficiale delle ss… Non lo so. Magari non gli importerebbe», disse voltandosi. «Rientriamo, devi finire la tua intervista».

«Non m'interessa».

«A me sì. Tornerai lì dentro». Si avviò a grandi passi verso lo studio di registrazione.

Christopher rimase immobile, mentre le parole di Rebecca continuavano a fluttuare nella sua mente, e per un secondo contemplò l'idea di lasciarla andare, di non vederla mai più. *So che è viva. Mi basta?* S'incamminò dietro di lei. Dovette affrettare il passo per raggiungerla. «Non sto dicendo che quello che ho passato sia minimamente paragonabile a quello che hai dovuto affrontare tu, non lo farei mai, ma dopo la guerra anch'io ho dovuto rifarmi una vita. Non avevo pensato ad altro che a cercarti, e alla vita meravigliosa che avremmo trascorso insieme. Ma quando ho scoperto che eri morta, è morta anche ogni mia speranza. Ho fatto quello che ho fatto perché pensavo che tu avresti voluto così».

«Non è colpa mia. Ciò che è successo dopo la guerra non è colpa mia».

«Questo lo so, e non ho mai pensato che lo fosse. Non pretendo nulla da te. Come potrei? Solo un'ora fa pensavo che fossi morta. Ho ancora il sospetto che da un momento all'altro mi sveglierò e capirò che è stato tutto un sogno».

«Non è un sogno, credimi, è tutto vero».

«Allora, raccontami di tuo marito. Quando vi siete sposati?». Il marito era il suo cuscinetto, ciò che poneva un limite alle sue speranze. Era meglio mettere dei paletti.

«Ci siamo sposati il 9 aprile del 1950. Ma davvero, non voglio parlarne».

«Parlare con me di tuo marito non significa essergli infedele».

«Va bene, cosa vuoi sapere? Se è sopravvissuto anche lui ai campi?». Christopher conosceva così bene ogni suo modo di fare. Gli sembrava quasi di essere di nuovo in quell'appartamento di Saint Helier.

«Sarebbe un inizio. Dove vi siete conosciuti?»

«Lavoravamo insieme. L'ho conosciuto nel '47».

«Cos'hai fatto dopo la guerra? Come sei finita in Israele?». Le parole venivano in fretta, adesso. Per qualche ragione era tutto più facile.

«Non abbiamo il tempo per parlarne, la tua intervista ricomincia tra cinque minuti».

«Non m'interessa. Questo è molto più importante».

«No, tutto questo non ha senso. Non sarei dovuta venire qui. Stiamo solo riaprendo vecchie ferite». Erano davanti al palazzo dello studio di registrazione. «Tu sei stato bene senza di me, e io sono stata bene senza di te. Siamo sopravvissuti».

«Rebecca, il solo fatto di sapere che ce l'hai fatta, che sei sopravvissuta ai campi, mi rende infinitamente felice. Per tutti questi anni ho pensato di essere un fallito, e che l'unica cosa che ero andato a fare era l'unica cosa che non ero riuscito a fare».

«Tu, un fallito? Tutte quelle persone sono vive grazie a te».

«Questo non ha reso più sopportabile il dolore di averti perso per sempre. Non ha alleviato il mio senso di colpa».

«Oh, Christopher, no».

«Non saresti mai stata deportata se non fosse stato per me. Saresti stata al sicuro in Inghilterra. La sola ragione per cui sei rimasta a Jersey era stare con me».

«Se c'è una cosa al mondo di cui sono certa, e Dio solo sa quanto sia difficile essere sicuri di qualcosa di questi tempi, è che non mi pento di essere rimasta a Jersey con te. È stato il periodo più bello della mia vita. Mi hai dato tutto. Non sono mai stata più felice. Ora vai, ti aspettano su», disse. I suoi occhi erano di nuovo bagnati di lacrime.

«Lo farò solo se resterai. Non rientrerò lì dentro senza di te».

«No, Christopher. Non posso». Scosse la testa. «Sono sposata».

«Non sto cercando di sedurti. Vieni dentro. Non andrò se tu non sarai con me. Stavolta non ti lascerò andare».

«Va bene, verrò su con te, ma solo perché ti sei unito alle SS per cercarmi», gli disse con un sorriso.

«Mi sta bene». Entrarono nell'edificio. L'ascensore arrivò in pochi secondi e lo stesso addetto li guardò entrare. «Devi restare dove posso vederti, dall'altra parte del vetro».

«Sissignore».

David gli andò incontro appena le porte dell'ascensore si aprirono.

«Sapevo che saresti tornato. Gli altri non erano altrettanto fiduciosi, ma io ne ero certo».

«Grazie, David. Quando andremo in onda?».

David guardò il suo orologio. «Oh, tra circa quindici secondi». L'intervistatore si sbracciò verso Christopher, che corse nello studio e si mise di nuovo le cuffie. Si piegò sul microfono e alzò lo sguardo verso Rebecca, dietro il vetro, mentre aspettava la domanda successiva.

Capitolo 42

L'emozione che provava nel vedere il suo volto gli dava quasi le vertigini. Nessuna foto avrebbe mai potuto catturare lo scintillio nei suoi occhi azzurri o la forza che percepiva quando la sentiva accanto a sé. Rebecca si tirò indietro i capelli e li legò mentre lo guardava. I minuti che Christopher dovette trascorrere nello studio di registrazione furono un'agonia. Guardava l'orologio di continuo, ma fece ciò che doveva fare, ciò per cui l'American Jewish Committee l'aveva portato lì. Mancavano cinque minuti alla fine della trasmissione quando alzò di nuovo lo sguardo verso di lei, ma non la trovò più. David era ancora dall'altra parte del vetro, sembrava tranquillo. Tentò di trarre conforto dal suo volto, ma i secondi si trasformarono in minuti, e Rebecca ancora non si vedeva. Il programma finì e in qualche modo l'intervistatore si mostrò soddisfatto.

«Ha fatto davvero una gran cosa», disse mentre stringeva la mano di Christopher.

«Sì, grazie», rispose, e alzò di nuovo lo sguardo verso il vetro dello studio di registrazione. David sembrava preoccupato. Uscì dalla stanza. «Dov'è Rebecca, David?»

«Non lo so, ha detto che doveva andare in bagno, cinque minuti fa».

Christopher sapeva che se n'era andata. La cercarono in bagno, ma non era lì. Corsero verso l'ascensore e fuori dall'edificio, nel via vai di passanti. David sollevò una mano e la posò sulla sua spalla. Christopher si accese una sigaretta. Il sole stava tramontando sulla città, i palazzi di Times Square erano inondati di arancio, rosso e oro, ogni finestra rifletteva un colore diverso, come lingotti impilati uno sopra l'altro. Avrebbe dovuto di nuovo elaborare quella perdita. David tornò dentro. Christopher scrutò i volti delle persone che gli passavano accanto, ma nessuno lo guardò di rimando, come se non fosse lì. Finì la sigaretta, la gettò a terra e rimase lì, immobile.

«Scusa, Christopher. Non ce la facevo a restare ancora lì. Pensavo sarebbe stata la cosa migliore per noi, per la tua famiglia, per tua figlia...», sentì dire alle sue spalle.

Christopher si girò e la strinse tra le braccia. «Credevo di averti persa... di nuovo». Rebecca schiuse le labbra per dire qualcosa, ma poi scosse la testa e si abbandonò contro il suo petto. Rientrarono nell'edificio insieme, per salutare David e gli altri della radio.

Pochi minuti dopo erano di nuovo per strada, insieme. «Il sole sta tramontando, dove possiamo andare?», disse lei.

«Hai mangiato?»

«No, ma mi piacerebbe bere qualcosa. Direi che ce lo meritiamo entrambi», rispose.

«Possiamo fare entrambe le cose. Credo di conoscere un posto dove andare. Vieni».

Attraversarono e s'incamminarono sulla Cinquantaduesima Strada. «C'è una cosa di cui non abbiamo ancora parlato e che vorrei chiederti», disse Rebecca. «Ma non so se voglio conoscere la risposta».

Quella strada secondaria era quasi tranquilla in confronto alle avenue, e non dovettero schivare i passanti come avevano dovuto fare prima. «Cosa? Puoi chiedermi ciò che vuoi».

«Riguarda Uli. Cosa gli è successo?»

«È morto nel giugno del 1944. È stato ucciso in Russia».

«Non dobbiamo parlarne per forza».

«No, va bene, è successo dieci anni fa ormai. Ho avuto il tempo di superarla. L'ultima volta che l'ho visto è stata verso la fine di gennaio del '44, durante uno dei miei viaggi a Berlino».

«Sapeva cosa stavi facendo?»

«Sì, lo sapeva, e ne era felice. Aveva visto troppi morti. Ho parlato con lui solo un'ora, quel giorno, ma fu subito chiaro che era cambiato. Lo eravamo tutti, suppongo». Uli era diventato l'ombra dell'uomo di un tempo. Gli sembrava quasi ingiusto nei suoi confronti ricordare l'Uli che aveva incontrato nel '44, la barba grigia gli copriva le guance scavate, gli occhi erano spenti e senza vita. «La luce che risplendeva dentro di lui non c'era più. Non gli importava della guerra, né di chi l'avrebbe vinta. Non gl'importava di Hitler o dei suoi obiettivi. Voleva solo tornare da sua moglie e da suo figlio, voleva solo riportare a casa sani e salvi i suoi uomini. Ma non c'è riuscito. Avrei voluto sapere che era l'ultima volta che lo vedevo. Forse mi sarei fermato a parlare con lui più a lungo».

«Ci sono stati così tanti morti, e così pochi addii».

Christopher tacque e aggirò un senzatetto sdraiato per terra con i piedi in mezzo alla strada. L'uomo li guardò con i suoi occhi marroni sul volto incrostato di sporco e si attaccò alla bottiglia che aveva in mano mormorando parole senza senso. Per un istante Christopher pensò di infilare una mano in tasca per dargli qualche spicciolo, ma poi cambiò idea e proseguì. «Negli ultimi mesi in Germania c'è stato il caos, scappavano tutti verso ovest. Sono riuscito a far arrivare i bambini che avevo portato via da Auschwitz in alcune case sicure a Francoforte, al riparo dai sovietici. Alexandra è andata con loro, insieme ad alcune suore del convento. Mio padre è rimasto a Berlino con Karolina e Stefan, perché era già stato reclutato nella Volkssturm».

«Cosa?».

«La Volkssturm, la milizia che i nazisti crearono per difendersi. Arruolarono ragazzi e anziani. Mio padre era al comando di uno squadrone di sedicenni».

«Era lì quando arrivarono i sovietici?»

«Sì, era a Berlino, a cinquant'anni suonati, a combattere contro i carri armati russi che sfilavano per le strade. Sapeva che se avesse cercato di disertare lo avrebbero impiccato. Karolina provò a prendere Stefan e a scappare, quando i carri armati sovietici arrivarono. La Gestapo la catturò e l'impiccò a un lampione per strada». Imboccarono la Quinta Avenue, e s'incamminarono verso nord, verso il parco. «La Gestapo riportò il piccolo Stefan a casa del cugino Harald. Impiccarono sua madre, ma si assicurarono che il piccolo Stefan tornasse a casa sano e salvo».

«Mi dispiace. È orribile».

«In qualche modo mio padre riuscì a sopravvivere e tornò a casa, dal piccolo Stefan. Quando la battaglia finì e Berlino capitolò, usò gli ultimi soldi che gli avevo dato per corrompere alcuni soldati russi perché lo facessero uscire dalla città. Arrivò fino a Francoforte, dietro le linee americane. Poi portò Stefan a Jersey. Sono tornati sull'isola nell'ottobre del '46, qualche mese dopo che eri venuta a cercarci. Non ho mai saputo come sia sopravvissuto, la maggior parte della Volkssturm fu annientata».

«Mi dispiace per Uli, Christopher, e per Karolina, per tutto».

Il giorno stava svanendo e i lampioni presero vita. «Stefan è un ragazzo meraviglioso. Ha quattordici anni, ormai, e assomiglia tanto al padre. È davvero un bel tipo».

Una giovane coppia passò loro accanto, sottobraccio. La donna sussurrò qualcosa nell'orecchio del suo innamorato. Rebecca rimase in silenzio per qualche secondo. «Faccio così fatica a pensare che Uli potesse far parte dell'esercito tedesco».

«Non era un'ss. Io ero l'ss. Siamo stati noi a commettere quelle atrocità».

«Tu non hai commesso alcuna atrocità. Non eri uno di loro, Christopher».

«Ero un ufficiale delle ss. Posso mostrarti il tatuaggio che ci hanno fatto. È ancora con me, lo sarà sempre».

Rebecca lo afferrò per un braccio. Si fermarono. Erano davanti a una panetteria. Le torte appena sfornate nella vetrina illuminata da lucine colorate si riflettevano nei suoi occhi mentre parlava, e il profumo di pane fresco che usciva dalla porta invase le loro narici. «Tu non eri uno di loro, Christopher. Lo so. Eri lì per me. Ti sei arruolato nelle ss per me».

«Siamo quasi arrivati. Hai detto che eri affamata, vero?».

Christopher provò a proseguire, ma la stretta di Rebecca si fece ancora più forte. «Non eri uno di loro. Indossavi la loro uniforme e avevi il loro tatuaggio sulla pelle, ma non eri uno di loro».

Si ricordò di Anka, la vide nel suo ufficio e vide il suo esile corpo accanto a Schultz, nella neve. «Sapevo che non eri morta», disse. «Non so come, anche se non ero riuscito a trovarti, anche se tutto lasciava pensare che lo fossi davvero. Qualche mese fa sono stato a Londra, mi è sembrato di vederti camminare sotto un ombrello nero, con una bambina per mano, e ti ho inseguito. Ho posato la mano sulla spalla di quella donna. Quando si è girata, dopo che mi sono scusato con lei, mi sono sentito male, un profondo senso di nausea ha invaso tutto il mio corpo. Ti vedo e ti penso quasi ogni giorno. A volte mi sembra di impazzire, di parlare sempre di te con i ragazzi, e a volte parlo davvero di te con Hannah. È come se ti conoscesse, ormai. Ma adesso cosa le dirò? Che ti ho incontrato a New York, che abbiamo cenato insieme, che sei viva, felicemente sposata e vivi in Israele?». Rebecca tacque. «Sento che non dovremmo farlo, come se non fosse giusto, in un certo senso, come se stessimo dando vita a qualcosa che non dovrebbe avere una fine».

«Credi che esista altra fine che non sia la morte? Entrambi abbiano combattuto con tutte le nostre forze per sopravvivere, per essere qui. E se non ti rivedessi più, se tu te ne andassi adesso e mi impedissi di far parte della tua via, questa non sarebbe la fine. Non sarebbe la fine di nulla. Continuerei ad andare avanti, e anche tu faresti lo stesso, ma non è questo che voglio. Non è per questo che sono tornata da te oggi».

«Perché sei tornata da me?»

«Non lo so. Non lo so davvero. Posso solo dirti che quando ho sentito chi fossi, chi fossi davvero, e perché ti eri unito alle SS, sono dovuta venire. Era tutto ciò che volevo».

«Non mi devi nulla. Non devi sentirti in obbligo di fare nulla…».

«Questo lo so, e credimi, non è quello che provo. Tu eri il centro della mia vita, il fulcro del periodo più felice che abbia mai vissuto. Dovevo tornare. Non avevo altra scelta».

«Non avevi detto di aver fame? Be', possiamo parlare di tutto questo seduti a tavola. Sarà tutto più semplice a stomaco pieno».

«Sì, andiamo». Si voltarono per proseguire sulla strada che li avrebbe condotti al Plaza Hotel, dove David e altri membri dell'American Jewish Committee lo avevano portato la prima sera che era stato in città. C'era un bar più avanti. Christopher sbirciò all'interno mentre camminavano. Era quasi pieno, le note delicate del complesso jazz trapelarono dal locale e li seguirono per strada.

«Allora, com'è essere sposati? Non mi hai detto molto di tuo marito».

«Cosa vuoi sapere? Ari è un brav'uomo», disse con tono secco, come se Christopher si fosse avventurato in una proprietà privata.

«Credo che sarei felice di conoscerlo», rispose lui, cercando di immaginarlo.

«Dici davvero?». Il suo tono esasperato mise a tacere ogni altra domanda, e Christopher capì di non volere davvero parlare di lui.

«Pensi mai ai nostri giorni a Jersey?».

«Mi sembrano un sogno di una vita precedente, come se li avessi visti accadere senza viverli in prima persona». Stavano attraversando la strada quando riprese a parlare. «Tutti cambiano con il passare degli anni. Non bisogna essere sopravvissuti ai campi per capire che le nostre esperienze ci rendono diversi ogni anno che passa».

«E tu sei diversa adesso?».

«A causa dei campi?».

«O per l'altro motivo».

«Lo siamo tutti. Non siamo le stesse persone che eravamo quando vivevamo insieme a Jersey. I campi hanno solo accentuato questo fatto. Per molti anni mi sono sentita segnata da quella cicatrice, come se non fossi più in grado di amare. Forse avevo ragione, non lo so ancora. Mi sentivo in debito con tutte le persone che sono morte lì, avevo come l'impressione che se fossi morta li avrei incontrati di nuovo, e mi avrebbero chiesto cosa avevo fatto per loro, e per cosa erano morti. Sento di essere in obbligo nei loro confronti, per il resto della mia vita».

«Pensavo che gli incubi, le visioni che ho, sarebbero svanite col tempo, ma non è successo. I ragazzi ormai ci sono abituati, si aspettano di sentirmi urlare nel cuore della notte. Hannah entra nella mia stanza quando mi sente, s'infila sotto le coperte accanto a me, e mi abbraccia finché non riprendo sonno. Ma non tornerei sui miei passi. Pur sapendo che non ti troverei, tornerei a Birkenau. Hannah non sarebbe viva se non fossi stato lì, e questo mi basta». Sentì la mano di Rebecca nella sua. «E gli altri bambini, e le donne del Canada... Ricevo cinque, sei, a volte quindici lettere al mese. Sono sparsi in tutto il mondo, anche a Tel Aviv. In questi giorni ho incontrato alcuni di loro, qui a New York, con le loro famiglie. Quindi non posso pentirmi per ciò che ho fatto, per le decisioni che ho preso. Eppure, mi sembra ancora così poco...».

«Mi sembra quasi ingiusto che loro sapessero chi eri davvero e io no, e alcuni erano proprio a Tel Aviv, la città in cui vivo».

Continuarono a camminare in silenzio per un minuto o più. «Ancora non hai risposto alla mia domanda», disse Christopher.

«Quale domanda?».

«Com'è la vita da sposati».

«Perché, sei fidanzato? Vuoi il parere di un'esperta?». Christopher non l'assecondò. «Ari è un brav'uomo, molto devoto alle cause per cui combatte. Israele ha bisogno di persone come lui. È onesto e sincero, determinato». La sua voce era come la fiamma di una candela che tremolava nella brezza.

«Sei felice con lui?».

«Vuoi sapere se sarei più felice con te?»

«No, non intendevo questo». *Davvero?*

«Nella mia mente l'ho sempre paragonato a te. Mi sentivo come se avessi dato a te tutto l'amore di cui ero capace, e non potessi più riaverlo indietro. Come se non ne avessi altro. Credevo che i campi mi avessero cambiata, che avessi perso la capacità di amare, come se l'esperienza dei campi la avesse in qualche modo consumata».

«Non è vero, Rebecca, sei ancora la donna amorevole che eri un tempo. Certo, sei cambiata. Lo siamo tutti, e saremmo cambiati anche se i campi non fossero mai esistiti. Non puoi vivere la tua vita tenendoti tutto dentro. Devi donare tutta te stessa».

«L'ho già fatto. Ho donato tutta me stessa a te».

«E questo è quanto? Tutta la tua vita ormai è irrecuperabile? A causa mia e per quello che c'è stato tra noi?».

Attraversarono la strada all'angolo con la Cinquantottesima e si avvicinarono al Plaza. Christopher non disse nulla, aspettava ancora che Rebecca rispondesse alla sua domanda, ma lei rimase in silenzio mentre entravano nell'hotel.

Capitolo 43

Il maître sembrò riconoscere Christopher dalla sera prima e li condusse attraverso il ristorante verso un tavolo d'angolo. Christopher lo ringraziò appena si sedettero. Si erano parlati a stento negli ultimi minuti. Erano l'uno di fronte all'altra. Rebecca non lo guardò quando si sedette. Christopher ordinò del vino.

«È meraviglioso». Per un istante, gli sembrò di nuovo bambina.

Ci saranno stati una quarantina di tavoli nella sala da pranzo affollata, apparecchiati con tovaglie bianche e scintillanti posate d'argento. Le tende erano marroni, come la moquette sotto i loro piedi. Molti degli avventori erano in abito da sera. Christopher si era abbottonato il colletto della camicia mentre camminavano verso il loro tavolo, ma lei non aveva neanche accennato al fatto che non fossero vestiti in modo adeguato.

«Ti ho sempre portato nei posti migliori».

«Sinceramente credo che questo ristorante sia una spanna sopra al Red Lion di Saint Helier. Direi che fanno entrare meno pescatori, qui».

«Già, non l'avrei mai detto». Christopher tacque, aspettando il momento giusto per riprendere a parlare. «Che ne è stato di te dopo la guerra, Rebecca? Non me l'hai ancora detto. Ci sono ancora tante cose con so».

«Devi proprio sapere tutto? Non sarebbe meglio passare sotto silenzio almeno qualcosa?».

«Ho pensato a te quasi ogni giorno in tutti questi anni, e tu eri lì fuori. Cosa facevi?»

«Tentavo di rimettere insieme la mia vita».

«Come? Dov'eri?». Christopher si portò il bicchiere alle labbra e sentì il vino rosso scivolare lungo la sua gola. C'era una coppia di anziani nel tavolo accanto al loro. L'uomo aveva folti baffi bianchi e li guardava di tanto in tanto mentre mangiava la sua grande bistecca sul piatto di raffinata porcellana.

Rebecca bevve un sorso di vino. «Sono stata in ospedale per un po'. Probabilmente sarei sopravvissuta ancora pochi giorni quando i soldati britannici mi trovarono. Provarono a nutrirmi con le razioni che avevano, ma non riuscivo a trattenere nulla. Il cibo che mi davano mi faceva sentire ancora più male. Per poco non mi hanno uccisa». Rebecca fissava il suo vino mentre turbinava contro le pareti del bicchiere. «Quando sono uscita dall'ospedale, mi hanno trasferita in un campo per rifugiati. Eravamo migliaia, tutti senza un posto in cui andare, né il modo per farlo. Lì ho incontrato mio padre. Alcuni prigionieri che avevano parlato con lui ricordavano che era di Jersey, e mi hanno portato da lui».

«Cosa ti ha detto di me?»

«Che eri un'ss. Che aveva sempre avuto ragione sul tuo conto. All'inizio non gli credetti, ma poi vidi la lista di nomi. E anche allora... ci ho messo tanto per accettarlo. Non mi ha mai raccontato cosa avessi fatto per i prigionieri, né se avessi fatto qualcosa per lui», continuò Rebecca. I suoi occhi fissarono quelli di Christopher. «Lo hai aiutato?».

«L'ho fatto trasferire nel campo per errore. Avevo chiesto un Cassin e mi mandarono lui. Strano scherzo del destino, eh?».

«Puoi dirlo forte».

«Sì, l'ho aiutato, per quel che potevo. Gli ho dato un po' di cibo in più, e ho fatto in modo che gli fosse assegnato un lavoro che lo mantenesse in vita». Rimasero entrambi in silenzio per alcuni secondi, che divennero minuti, quando guardarono i menu sul tavolo davanti a loro. Il cameriere arrivò appena Christopher stava per parlare. Era giovane, avrà avuto ventidue anni, ed era molto alto, superava il metro e ottanta, con una folta barba.

Il cameriere li lasciò e Rebecca riprese a parlare. «Siamo rimasti nel campo per rifugiati per settimane. Le autorità non avevano idea di cosa fare con noi, e anch'io non sapevo cosa fare di me stessa. Senza di te, non avevo niente per cui vivere». Quelle parole lo trafissero. «Sono andata dalle autorità britanniche all'interno del campo e mi sono offerta come tramite tra loro e il resto dei rifugiati che si trovavano lì. Ho incontrato alcuni ufficiali incaricati di raccogliere le testimonianze sui crimini di guerra, e ho cominciato ad aiutarli. Ho compilato una lista delle SS che avevo conosciuto e ho cominciato a chiedere agli altri di raccontarmi cosa ricordassero. Questo in qualche modo mi ha rafforzato. Mi ha permesso di scrollarmi di dosso tutto il resto. Non era vendetta. Non lo è mai stata. Era giustizia, solo giustizia».

«Hai parlato con molti prigionieri di Aushwitz?»

«No, mai. Ho sempre avuto a che fare con i campi che conoscevo, in cui ero stata. Immagino che le nostre vite sarebbero state molto diverse se l'avessi fatto».

«Immagino di sì».

«Ho raccolto liste e testimonianze e le ho passate alle autorità. Ma non era abbastanza. Sono rimasta in contatto con alcuni deportati che conoscevo. Mi sono trasferita a Vienna per continuare il mio lavoro».

«Perché Vienna?». Christopher pensò a quella città, e immaginò di incontrarla in un luogo qualsiasi di quel posto in cui non era mai stato. Ma l'immagine svanì appena Rebecca riprese a parlare.

«Era la città di Ari. Anche lui era un sopravvissuto. L'ho incontrato tra gli altri deportati». Il cameriere si avvicinò al tavolo, chiedendo se avessero bisogno di qualcosa. Sembrò pentirsene immediatamente, e si allontanò indietreggiando. «Abbiamo ottenuto risultati, e appena abbiamo conosciuto Simon Wiesenthal ci siamo subito messi a lavorare per lui. Sai chi è?».

«Il Cacciatore di Nazisti? A un'ex SS come me conviene sapere chi sia Mr Wiesenthal. Un giorno potrebbe venire a bussare alla mia porta».

«Abbiamo lavorato con lui per un po', prima di trasferirci in Israele».

«E vi siete sposati lì?»

«Sì».

«Sembra sempre che tu non voglia parlare di lui». Christopher cercava di immaginarlo. Per poco non le chiese di mostrargli una sua fotografia.

«Ari?»

«Sì, tuo marito. Ogni volta che ti chiedo di lui, eviti di rispondere».

«Vuoi davvero sentir parlare di lui?». Avvicinò il bicchiere alle labbra, tenendolo per lo stelo. Un pianista cominciò a suonare, e le note della melodia aleggiarono per il ristorante come coriandoli nel vento. «Poco fa hai detto che non volevi far finta di aver trovato la persona giusta, per poi accorgerti che non lo fosse». Sorseggiò un goccio di vino. «Il fatto che io e Ari siamo sposati non è... non è più importante come poteva esserlo un tempo».

«Cosa vuoi dire?».

«Ari è una splendida persona, è molto bravo nel suo lavoro e molto efficiente nel servire il suo Paese. Ma mi sembra quasi che siamo colleghi di lavoro, più che marito e moglie. È attento e...». La sua voce si affievolì. «Non è stato facile per lui essere all'altezza, sai? Ora credo di essermi messa con lui per reagire alla tua assenza. Forse non avevo la forza per restare da sola, e io e Ari avevamo la stessa determinazione, lo stesso obiettivo. Il matrimonio è sembrato un passaggio logico, ma tu non mi hai mai lasciato. Anche se non pensavo a te durante il giorno, di notte ti sognavo mentre mi venivi incontro e passeggiavamo sulla spiaggia di Jersey. Allungavo un braccio per toccarti, ma tu scomparivi, e Ari mi chiedeva sempre perché mi svegliassi madida di sudore».

«Ho sempre fatto più o meno lo stesso sogno».

«Ma la devozione che sento per il mio Paese e il mio popolo è più importante di qualsiasi cosa. Devo restare dove mi trovo adesso. C'è ancora tanto lavoro da fare, tante ferite da rimarginare, per molti di noi. Non potrei mai lasciare il mio Paese, non ora che ha così bisogno di me, ed essere sposata con Ari mi permette di servire il mio Paese e il mio popolo. Ora la vita che hai tu mi sembra perfetta. Hai tua figlia, tuo padre, e il figlio di Uli. Alexandra e Tom sono lì con te con i loro figli, e hai questa rete di amore sparsa in tutto il mondo nelle persone che hai salvato».

«Perfetta? È una parola grossa, Rebecca. È vero ciò che dici. Sono stato molto fortunato che mio padre e mia sorella siano sopravvissuti alla guerra, e il giovane Stefan è una gioia, ma a volte mi sento in colpa per Hannah. Ha troppe responsabilità per una bambina della sua età. Pensavo che con il passare del tempo non sarebbe più dovuta entrare nella mia stanza e dormire con me, ma non è successo. La notte scorsa mi sono svegliato nella mia camera d'albergo, sul pavimento, urlando. Pregavo che fosse lì con me, ma non c'era, così sono tornato a letto e sono rimasto a tremare sotto le coperte finché non è suonata la sveglia». Il ristorante era pieno, ma nessuno prestava attenzione a loro. «Sogno di essere io a sparare ai prigionieri, di riempire le fornaci con i loro corpi, di fare gli esperimenti e le selezioni».

«No, Christopher, non eri tu. Non hai fatto nessuna di queste cose mostruose. Tu sei la sola ragione per cui centinaia di persone sono vive». Quelle parole gli fecero bene, ma solo come un bicchiere d'acqua versato sulle fiamme di un incendio.

«È quello che mi dicono tutti. Vedo ancora Anka, tutto il tempo. Era la prima bambina che ho tentato di salvare, e le hanno sparato davanti ai miei occhi. Vedo ancora il suo corpo accasciarsi nella neve. E lei torna da me, a volte ha l'aspetto di una ragazzina, a volte della giovane donna che sarebbe potuta diventare, e io non sono riuscito a salvarla, ho tentato, ma non ci sono riuscito...». Christopher provò a trattenere le lacrime. Non voleva piangere lì, davanti a lei, ma era troppo doloroso. Rebecca si alzò in piedi, girò intorno al tavolo, e lo strinse a sé.

«Oh, Christopher, hai fatto tanto. Non potevi salvare tutti, non potevi».

Christopher le cinse la vita con le braccia, ma tutt'a un tratto si ricordò dove si trovavano e si alzò. La baciò sulla guancia e s'incamminò verso il bagno. Pensò ad Hannah e alla sua famiglia, a Jersey, e sentì la calma diffondersi dentro di lui, i battiti del suo cuore rallentarono mentre raggiungeva la toilette. Aprì il rubinetto e si rinfrescò le mani sotto l'acqua gelata, poi se le portò al viso. Ripensò a ciò che Rebecca gli aveva detto di Ari. Guardò il suo riflesso nello specchio e ritenne di poter tornare al tavolo. I loro piatti erano già arrivati quando lo raggiunse.

«Ti senti meglio, Christopher?», chiese lei. «Ciò che hai fatto è stato importante. Non dovresti mai pensare di aver fallito. Le tue azioni sono state apprezzate, persino in Israele. Non hai alcun motivo di sentirti in colpa, o di vergognarti per quello che hai fatto. Dovresti essere orgoglioso di te come lo sono io». Allungò una mano sul tavolo e la posò sulla sua. Avrebbe dovuto essere una sensazione meravigliosa.

Christopher trasse un profondo respiro e schiuse le labbra per parlare, ma non riuscì a dire nulla. La fissò per qualche secondo. «Cosa ci fai davvero qui a New York? Perché sei venuta qui da sola, senza tuo marito?».

«Te l'ho già detto. Sono qui per affari».

«Lavori nel settore commerciale, no? Quando hai smesso di dare la caccia ai nazisti? Come fai a sapere cosa pensano di me gli israeliani?».

«Di cosa stai parlando?», sussurrò Rebecca.

«Sono io? Sei venuta per indagare su di me? Da quanto tempo sai di me, di quello che ho fatto davvero?».

«Non so di cosa tu stia parlando, ma preferirei che la smettessi».

«Cosa ti hanno detto di me i servizi segreti israeliani? Perché non mi hai contattato se sapevi?». Christopher sentì che gli tremava la voce. «Tu non lavori nel settore commerciale, vero?».

«Smettila».

«Rispondi alla mia domanda».

«Non è così, Christopher, affatto. Ho saputo di te solo pochi giorni fa. Sono voluta venire qui, per vederti». Tese il braccio sul tavolo per prendere la sua mano. «Non sono qui... in quella veste. Sono qui solo perché volevo venire... Gli israeliani...».

«Il Mossad», la corresse lui.

«Non sono qui come agente del Mossad. Sono qui per te. Ho sempre desiderato vederti, parlarti. Ho come l'impressione che non ci sia mai stato un momento nella mia vita in cui non mi sia mancato tu e quello che abbiamo vissuto insieme, e che oggi mi sembra quasi un sogno».

«Cosa può volere il Mossad da me?».

«Pensavano che sarei riuscita ad avere qualche informazione da te, che tu potessi sapere qualcosa degli altri. Dopo quello che hai fatto, hanno ritenuto che fossi una fonte preziosa, che potessi essere utile alla nostra causa. Ma i miei superiori non erano del tutto convinti che non fossi davvero un criminale di guerra, così qualcuno doveva venire a indagare su di te. Non lo sapevo neanch'io. Mi dispiace, ma quando ho scoperto che eri un'ss non sapevo cosa pensare».

«Così sei venuta per spiarmi. Per avvicinarti a me e capire se il Mossad si potesse servire di me?».

«Sapevano che siamo entrambi di Jersey, e che potevo avvicinarmi a te».

«E tu? Tu cosa sapevi?»

«Sapevo che ti amavo, che eri stata la persona più importante della mia via, ma eri diventato un'ss. Ho letto il tuo dossier, e ciò che diceva sembrava vero. Eri stato scagionato da ogni accusa. Sapevo che se ti avessi incontrato, avrei scoperto da sola la verità. Dovevo scoprirla da sola».

«Be', quindi immagino che il tuo lavoro sia finito». Christopher gettò il tovagliolo sul tavolo. *Come posso andarmene così? Lei è Rebecca.*

«No, no. So chi eri, e chi sei. So cos'hai fatto in quel campo e dopo. Sei una persona meravigliosa. So che l'hai fatto per me, anche se pensavi fossi morta». I suoi occhi erano colmi di lacrime. Sembravano sincere. «Devi credermi. Ogni mio sospetto è stato spazzato via ore fa, forse prima ancora che ci incontrassimo. Le cose che hai fatto sono straordinarie».

«Come hai saputo della mia missione? Facendo ricerche?».

«Ari mi ha passato il tuo dossier quando ha scoperto che eri di Jersey».

«Non gli hai mai detto di me?».

«Dire ad Ari che l'amore della mia vita era una guardia delle ss ad Auschwitz? No, non gliel'ho mai detto». Il tono era asciutto, mentre parlava, e distolse lo sguardo.

«Com'è possibile che tu non abbia saputo di me in tutti questi anni? Indagavi sui criminali nazisti. Possibile che il mio nome non sia mai saltato fuori? Più di venti persone hanno testimoniato a mio favore durante il processo».

«Ho sempre avuto a che fare con i campi in cui ero stata. Non ho mai raccolto o condiviso informazioni sulle ss che erano lì. C'erano altri agenti che se ne occupavano. Non avevo mai sentito parlare di te fino alla scorsa settimana. Ci sono migliaia di ss, e migliaia di dossier. Non avevo mai visto il tuo. Avrei voluto che fosse successo. Avrei voluto sapere di te, sono sicura che sarebbe tutto diverso, adesso».

Quelle parole placarono e trafissero il suo cuore allo stesso tempo. Rebecca sorseggiò il vino rosso dal bicchiere che stringeva in mano. Si alzò, si congedò, e si avviò verso la toilette. Stava per telefonare al marito, o magari al suo superiore? Che senso aveva, e come poteva sapere se Rebecca gli avesse raccontato davvero la verità? Ma cosa poteva volere il Mossad da lui? Non avrebbe potuto raccontargli nulla di diverso da quello che aveva già detto ai processi dei suoi superiori tanti anni prima, e i dossier che dovevano avere su di lui di certo contenevano le testimonianze delle persone che lo avevano difeso al processo. Per quale altro motivo Rebecca avrebbe dovuto trovarsi lì, al Plaza Hotel di New York? Doveva fidarsi di lei. Quella probabilmente sarebbe stata l'ultima volta che l'avrebbe rivista. Christopher prese coltello e forchetta e si costrinse a mangiare. Pensò ad Hannah, al giovane Stefan e a suo padre, e pensò a Rebecca. *È la stessa persona che ho incontrato sulla spiaggia di Jersey?*

Il pianista all'angolo della sala era giovane, forse non aveva neanche vent'anni. Le note della sua melodia fluttuarono nell'enorme sala da pranzo. C'era una piccola pista da ballo davanti al lungo pianoforte a coda. Alcune coppie stavano danzando. Rebecca stava tornando da lui con un mezzo sorriso sul volto. Tese una mano verso di lui. «Mi concede questo ballo, signore?».

«In teoria avrei dovuto chiedertelo io».

«Vuoi ballare con me o no?».

Christopher sollevò una mano e Rebecca la strinse, conducendolo tra i tavoli verso la pista. Lo faceva sentire così bene stringerla tra le braccia, come se il calore del suo corpo riuscisse a diffondersi dentro di lui. «Quindi sei una spia?».

«Non molto brava, a quanto pare», rispose lei. «No, non sono una spia. Ho solo continuato a cercare i nazisti insieme al governo israeliano». Molte persone, sedute ai tavoli, li stavano guardando, ma Christopher era sicuro che non potessero sentire cosa si dicevano.

«Ed eccoti qui, a danzare davanti a tutti con un ex ufficiale delle ss».

La canzone finì, e le altre coppie sulla pista da ballo si separarono per applaudire il pianista, ma Christopher continuò a tenerla stretta a sé. La fissava, negli occhi azzurri, quando la musica ricominciò e ripresero a ballare. La mano sul suo fianco registrava ogni minimo movimento del suo busto, e con gli occhi non si staccò un istante dai suoi. La confusione di poco prima era svanita, e tutto sembrava di nuovo normale.

Ballarono per una decina di minuti o più in totale silenzio, poi tornarono al tavolo, dove Rebecca trovò il suo piatto ormai freddo. Lo mangiò come se niente fosse. «Non riesco più a mandare indietro un piatto, mai», disse infilandosi la forchetta in bocca. Erano passate le nove di sera.

«Quando parti?», le chiese Christopher.

«Il primo volo è alle sei di domani mattina». Posò coltello e forchetta. «Non m'importa, voglio solo restare qui».

«Dove dormi?»

«Da amici a Brooklyn. E tu?»

«In un hotel qui a Manhattan». Già le mancava. Il senso di perdita si era già impossessato di lui, anche se poteva ancora allungare una mano e toccarla dall'altra parte del tavolo.

Quando finirono i piatti, la guardò mangiare il dessert. Si accese una sigaretta. Erano quasi le undici, ormai. Sembrava che il loro tempo insieme fosse già finito, come se la scena cui Christopher stava assistendo fosse un ricordo, e non davanti ai suoi occhi in quel momento. Si piegò verso di lei quando Rebecca cominciò a parlare.

«Le cose vanno molto meglio negli ultimi tempi, i ricordi, le sensazioni che provo».

«Quali sensazioni?».

«Anch'io ero tormentata come lo sei tu», rispose. «Gli incubi perseguitavano anche me. Uno o due anni fa ero a Parigi, e ho sentito alcune persone parlare in tedesco. Sono impietrita all'istante. Non riuscivo a muovermi. Il terrore che provavo, solo sentendoli parlare. Ero di nuovo nel campo, sentivo le guardie. Sono scappata via e mi sono infilata in un vicolo per vomitare». Allontanò il piatto ormai vuoto. «Conosco quel terrore, il senso di colpa che provi. Per questo ho cominciato a dedicarmi al lavoro che faccio. Pensavo che se avessi assicurato quegli animali alla giustizia mi sarei sentita meglio, che almeno sarei riuscita a dormire la notte».

«Ha funzionato?»

«No, non del tutto. Ho ancora gli stessi sbalzi di umore, la stessa fobia dei cani e della lingua tedesca. È stata una grossa soddisfazione vedere quegli assassini in prigione, o condannati a morte, ma non basterà mai. Ce ne sono così tanti a piede libero. Credo di essere pronta a lasciarmi tutto alle spalle. Non posso farlo più. Non posso vivere nel costante ricordo del periodo peggiore della mia vita». Alzò leggermente la voce. «Ora che ti ho visto, so che il tempo che abbiamo passato insieme non era un sogno, e che la felicità esiste ancora, persino in un mondo che può creare Buchenwald, Belsen, Auschwitz...».

«Sì, forse sì».

«È così facile odiare. È quello che hanno fatto loro. Ho tentato di scacciare l'odio dal mio cuore per perdonare i nazisti per quello che mi hanno fatto».

«E ci stai riuscendo?».

«Non volevo più essere una vittima, non un giorno di più. Ero impotente, come vittima. Le ss, i loro cani, i dottori con i cappotti bianchi, mi tenevano ancora in pugno, anche se li stavo mettendo in prigione. Ho scoperto che perdonandoli, avevo un potere assoluto su di loro, e il dolore mi ha finalmente dato tregua. Ora so che quello che hanno fatto a me e alle persone che ho conosciuto non può più ferirmi, e la mia vita, la mia felicità, sarà un tributo per tutte le persone che visto morire». Christopher si sentì di nuovo scaldare il cuore. «Dimenticare ciò che è accaduto loro, di questo ci si dovrebbe sentire in colpa, non di vivere la propria vita, di viverla pienamente».

«Quindi stai pensando di lasciare il Mossad?».

«Ci sto pensando da parecchio. Ne ho parlato ad Ari, ma... Lui è una splendida persona, e merita di meglio». Rebecca bevve un altro sorso di vino. «C'è ancora così tanto dolore. So che lo senti anche tu. Il solo modo per contrastare questo dolore è guarire, e il solo modo per guarire è liberarsi dell'odio e perdonare. Ho sentito l'insostenibile peso della sofferenza sollevarsi dalle mie spalle quando mi sono liberata dell'odio che incendiava la mia anima. Adesso posso dire con certezza che provo pena per le persone che ci hanno torturati e uccisi in quei campi. Ma non odio, non più, se n'è andato».

«Sono così orgoglioso di te». Poi tacque, prima di sussurrare: «Puoi perdonarmi?».

«Non ho nulla da perdonarti. In te vedo lo stesso dolore che provo io, e lo stesso senso di colpa per coloro che siamo stati costretti a lasciarci alle spalle. Devi liberarti di tutto questo. Meritiamo tutti di vivere nel modo migliore possibile».

Le luci che rischiaravano la città a mezzanotte li circondavano, quando uscirono dall'hotel e si ritrovarono in strada. Nessuno dei due aveva più detto nulla da quando avevano lasciato il tavolo, come se avessero entrambi paura di parlare di ciò che sarebbe accaduto. Christopher la guardò, crogiolandosi in quella visione, perché sapeva che avrebbe evocato e rievocato quell'immagine negli anni a venire. I lampioni illuminavano la sua pelle abbronzata e scintillavano nei suoi occhi. Parlarono ancora di Jersey e delle loro famiglie per qualche minuto mentre vagavano per le strade della citta, senza mai accennare a dove andare, o al fatto che lei sarebbe partita tra meno di sei ore. Christopher piegò indietro il collo per alzare lo sguardo sui palazzi intorno a loro. Camminarono per quattro, cinque, sei, sette isolati, poi Christopher si fece coraggio.

«Come pensi di tornare a casa, o per lo meno dagli amici che ti stanno ospitando?».

«Sai una cosa? Non ci ho neanche pensato».

«Magari se non ne parliamo non ci dovremo separare, e questa notte potrà durare per il resto della nostra vita. Magari non finirà mai».

«Magari». Attraversarono la strada verso un nuovo isolato. «Sarebbe più facile se me ne andassi adesso o se aspettassi qualche ora?».

«Chiedimelo tra qualche ora». Continuarono a camminare. Le domande che gli frullavano per la testa premevano per uscire, e finalmente si decise. «Allora, verrai a trovarmi a Jersey? Magari potresti fermarti per un po', almeno qualche anno». Sapeva che Rebecca poteva vedere il sorriso triste sul suo volto. «L'ultima volta che ci siamo visti, sulla banchina di Jersey, undici anni fa, mi dicesti che quando ci saremmo incontrati di nuovo, quando ci saremmo rivisti, sarebbe stato per sposarci».

«Sarebbe meraviglioso, ma sai che sono già sposata con un altro».

«E questo dovrebbe trattenerti?»,

«Io... Io non lo so, Christopher. Chi lo sa se siamo ancora fatti per stare insieme?».

«Fatti per stare insieme? Che significa? Pensavo non credessi nel destino. Te l'ho chiesto anni fa».

«Me lo ricordo. Sembra sia successo cinque vite fa».

«Non ho intenzione di convincerti. Adesso sai chi sono. E sai cosa vuoi. Solo tu puoi decidere cosa fare. Non posso forzarti, e di certo non lo vorrei».

«Non posso tornare a Jersey stanotte ed essere una moglie per te e una madre per tua figlia».

«Il matrimonio si addice più a te che a me, Rebecca. Non dobbiamo sposarci per forza». Sorrise, e vide che anche lei sorrideva, ma fu solo per un istante.

Camminarono in silenzio per un intero minuto, il più lungo che potesse ricordare.

«Ora è meglio che vada. Si è fatto davvero tardi», disse mentre un taxi le passava accanto.

Christopher guardò l'orologio. Era quasi l'una di notte, ma rimise la mano in tasca senza dire nulla. Rebecca sollevò un braccio per fermare un taxi, e lui capì che sarebbero stati insieme solo pochi secondi.

Rebecca si voltò verso di lui. «Andar via è l'ultima cosa al mondo che vorrei, ma devo farlo. Devo andare». Christopher le si avvicinò e la prese tra le braccia. La strinse come se cercasse di imprimere il corpo di Rebecca dentro al suo. «Ti amo, Christopher, ti ho sempre amato. Non ho mai smesso e non smetterò mai». Christopher le cingeva il collo con le dita. Si scostò da lui e sollevò di nuovo un braccio per fermare un taxi, che accostò lungo il marciapiede.

Rebecca lo abbracciò ancora, e Christopher si sforzò di non cedere ai sentimenti che turbinavano nella sua anima e lo imploravano di baciarla. Lei lo fissò, la portiera del taxi era aperta. Si guardarono negli occhi per pochi secondi. Rebecca gli prese la mano, poi la lasciò e salì sul taxi. Christopher teneva aperta la portiera. Si chinò su di lei e la baciò su una guancia. «Ti aspetterò, Rebecca», disse, e chiuse la portiera. Il taxi si allontanò, e il suo volto girato verso il lunotto scomparve nella notte.

Il cielo era argenteo, la cupa luce di novembre filtrava attraverso le tende quando Christopher si svegliò da solo nel letto. I suoni di Hannah e dei due Stefan che facevano colazione al piano di sotto penetrarono attraverso le assi del pavimento, mescolati a quello del vento che fischiava tra i rami degli alberi. Erano le nove di un sabato mattina, e fu l'ultimo ad alzarsi. Si trascinò fuori dal letto. Era andata meglio negli ultimi mesi, da quando aveva rivisto Rebecca. Gli incubi erano meno frequenti. Si avviò verso il bagno e si guardò allo specchio. La barba ispida era punteggiata di grigio. Rise e scosse la testa. Ogni giorno che passava, assomigliava sempre più a suo padre. Dieci minuti dopo era al piano di sotto, in cucina, con il padre, il cugino e la figlia, e fu lei a salutarlo per prima quando entrò.

«È arrivato qualcosa per te stamattina, consegnato a mano». La lettera era al centro del tavolo della cucina. «Volevo aprirla per te, ma il nonno mi ha detto di non farlo».

Christopher strappò la busta ed estrasse il foglio ripiegato a metà. C'erano scritte solo sette parole.

«Di chi è?», chiese Hannah. Il padre di Christopher era in un angolo, preparava il tè. Il giovane Stefan era seduto al tavolo a fare colazione. Christopher guardò fuori dalla finestra sul retro, verso la vecchia casa sull'albero. Il suo cuore era un mare in tempesta.

«Di chi è quella lettera?», domandò il padre.

Christopher gli tese il foglio. «Voglio che veniate tutti con me. Voglio che ci andiamo tutti». Il padre lesse la lettera e la lasciò ricadere sul tavolo appena finì. Hannah la sollevò.

«Che vuol dire?», chiese. «*Gunde de viznay bin Butterfly's Table nuen?* Che lingua è? Significa qualcosa?».

«Significa che lei è qui, che è tornata a casa», rispose Christopher.

Quando girarono l'angolo verso la spiaggia, dove il mare color peltro ribolliva avanti e indietro, dove la sabbia lasciava il posto ai ciottoli, videro apparire le rocce della Tavola della Farfalla, e lei era lì, una silhouette contro il cielo grigio, e si voltò verso di lui, con un profondo sorriso sul volto e il vento nei capelli.

Gradi militari tedeschi e definizioni

Führer: Adolf Hitler, Capo e Cancelliere del Reich tedesco
Hauptsturmführer: grado delle ss equivalente a quello di capitano
Kapò: prigioniero privilegiato cui era affidata la supervisione di una baracca o delle squadre di lavoro all'interno di un campo di concentramento nazista
Lagerführer: ufficiale delle ss responsabile della disciplina all'interno del campo
Lagerkommandant: comandante del campo di concentramento – ad Auschwitz, Rudolf Höss (1940-1943), Arthur Liebehenschel (1943-1944) e Richard Baer (1944-1945)
Obersturmführer: grado equivalente a quello di primo tenente
Rapportführer: ufficiale di collegamento specifico del sistema gerarchico e organizzativo dei campi di concentramento, il cui ruolo era quello di supervisionare gli ufficiali che avevano un contatto più diretto con i prigionieri
Reich: l'Impero tedesco, in particolare il Terzo Reich, esistito dal 1933 al 1945 sotto la guida del partito nazionalsocialista di Adolf Hitler
Reichsführer: Heinrich Himmler, comandante in capo delle ss
Sonderkommando: unità speciale di prigionieri dei campi di concentramento nazisti, composta quasi interamente da ebrei, costretti sotto minaccia di morte a eliminare i cadaveri delle vittime delle camere a gas
ss: corpo paramilitare d'élite del partito nazista che, fondato come guardia personale di Hitler e dei membri del partito stesso, divenne con il tempo un'armata composta da più di un milione di soldati altamente addestrati che furono i soli responsabili della conduzione e supervisione dei campi di concentramento

Standartenführer: grado equivalente a quello di colonnello

Sturmmann: soldato dei reparti d'assalto, l'equivalente di un soldato dell'esercito regolare

Untersturmführer: grado equivalente a quello di sottotenente

Wehrmacht: forze armate tedesche, non coinvolte nella conduzione dei campi di concentramento

Ringraziamenti

Scrivere *I fiori non crescevano ad Auschwitz* è stata un'esperienza emozionante e spesso molto sofferta. È stato un viaggio incredibile, che è cominciato al mio arrivo negli Stati Uniti e prosegue ancora oggi nelle meravigliose email e recensioni che ricevo da parte di lettori di tutto il mondo. Non posso fare a meno di ringraziare alcune persone, persone che mi hanno aiutato lungo la strada credendo in me, incoraggiandomi o anche solo sopportandomi. Innanzitutto mia moglie, Jill, che mi ha donato tutto l'amore e l'appoggio di cui avevo bisogno. Voglio ringraziare i miei splendidi suoceri, Carol e Ed McDuell, il cui costante sostegno è stato inestimabile, soprattutto quando ero disoccupato e vivevo con loro durante la prima stesura del romanzo. Grazie infinite a Dan Gallagher, Kevin Strunk, Susan Robbins, Brett Carty, Chet Czulada, Floyd Johnson e Jason Fischer del gruppo di scrittura di Ambler, Pennsylvania, che per quasi diciotto mesi hanno seguito con me ogni settimana le vicissitudini di Christopher e Rebecca. Grazie al mio agente, Byrd Leavell, per tutto il lavoro che ha fatto, e a William Callahan, che mi ha scoperto. Grazie infinite anche a Jodi Warshaw, la mia fantastica editor della Lake Union Publishing, che mi ha trovato e ha lavorato in modo meraviglioso con me, così come Thom Kephart, che mi ha permesso di offrire questo libro a un pubblico di lettori. Persone come Chelsea e Brian Barrish, Betsy e DJ Frimmer, Jackie Kosbob e Kate Brandon sono sempre stati al mio fianco e mi hanno aiutato a superare ogni difficoltà. Grazie mille a Emmy Sponseller e ai membri del gruppo di lettura di St. Croix, che hanno avuto il coraggio di leggere una delle prime stesure del romanzo. Il mio amore e la mia gratitudine vanno tutti a Orla e Anne Dempsey, ad Eileen e Brendan Balfe, Mick Dunphy, Nicola Hogan, Shane Mitchell, Jack Layden, Yvonne Cullen, Yvonne Cassidy,

Gerry Mitchell e a tutti coloro che leggono i miei libri dal 1999. Il vostro sostegno nel corso degli anni è stato impagabile, e mi ha enormemente aiutato lungo il percorso che spero mi porterà a diventare lo scrittore che ho sempre voluto essere.

Indice

I volti della storia

Sonya e Yury Winterberg, *I diari segreti dei bambini sopravvissuti alla grande guerra*
Max Boot, *L'armata invisibile. Soldati e guerriglieri che hanno cambiato la storia*
Raffaele D'Amato, *La battaglia delle Termopili*
Gianni Bisiach, *Il Presidente*
Tim Clayton – Phil Craig, *Diana*
N. Bannister – Denise George – Carolyn Tomlin, *Il mio diario segreto dell'Olocausto*
Peter Hart, *La grande storia della prima guerra mondiale*
Giorgio Albertini, *I giorni che hanno cambiato la storia d'Italia*
Gian Luca Margheriti, *I personaggi più misteriosi della storia*
Simon Pearson, *Un eroe in fuga*
Gianluca Scagnetti, *Waterloo. La disfatta di Napoleone*
Claudio Rendina, *Storia segreta della Santa Inquisizione*
Andrea Accorsi – Daniela Ferro, *I personaggi più malvagi della storia di Milano*
Heinrich Luitpold Himmler, *Heinrich Himmler. Il diario segreto*
Bernard Benyamin – Yohan Perez, *La profezia dell'Olocausto*
Giuseppe Staffa, *I grandi condottieri del Medioevo*
Caroline Moorehead, *Un treno per Auschwitz*
Christo Brand – Barbara Jones, *Mandela. L'uomo che ha cambiato il mondo*
Mike Rossiter, *La spia che cambiò il mondo*
Andrew Nagorski, *Hitler. L'ascesa al potere*
Felix Weinberg, *Bambino n° 30529*
Solomon Northup, *12 anni schiavo*
Robert Marshall, *In fuga dai nazisti*
Andrew Borowiec, *Il ragazzo di Varsavia*
Raffaele D'Amato, *Le grandi dinastie che hanno cambiato la storia*
Eric Carter - Antony Loveless, *La missione segreta che ha cambiato la seconda guerra mondiale*

Peter Duffy, *Il piccolo villaggio dei sopravvissuti*
Simone Di Meo, *L'impero della camorra*
Elena Percivaldi, *Gli antipapi. Storia e segreti*
Cinzia Giorgio, *Storia erotica d'Italia*
Stefano Ardito, *Le grandi scalate che hanno cambiato la storia della montagna*
Andrea Frediani – Sara Prossomariti, *Le grandi famiglie di Roma antica. Storia e segreti*
John Wilcox, *I soldati che cambiarono la Grande Guerra*
Klaus P. Fischer, *Storia dell'Olocausto*
Denise Kiernan, *Le donne che cambiarono la seconda guerra mondiale*
Marco Rizzo, *Storia segreta di Che Guevara*
Angelica Artemisia Pedatella, *Le donne più malvagie della storia d'Italia*
Selwyn Raab, *Le famiglie che hanno creato la mafia*
Suzy Zail, *Il bambino di Auschwitz*
Nigel Cawthorne, *L'enigma di un genio*
David Rohl, *Exodus. Il testamento perduto*
Giuliano Da Frè, *Le grandi battaglie della prima guerra mondiale*
Giuseppina Mellace, *Delitti e stragi dell'Italia fascista dal 1922 al 1945*
Marco Lucchetti, *Le armi che hanno cambiato la storia*
Lorenz S. Beckhardt, *L'ebreo con la svastica*
Marco Lucchetti, *Le armi che hanno cambiato la storia*
Akiko Mikamo, *Sopravvissuto alla bomba atomica*
Sarah Helm, *Il cielo sopra l'inferno*
Giuseppe Staffa, *I grandi imperatori*
Jon E. Lewis, *Sulla cima dell'Everest*
Michael Jones, *Dopo Hitler*
Ingrid Von Oelhafen, Tim Tate, *I figli segreti di Hitler*
Mark Evans - Andrew Sharples, *Code Black. Circondato*
Eugene Davidson, *Gli imputati di Norimberga*
David Gardner, *I segreti della Massoneria*
Caroline Moorehead, *La piccola città dei sopravvissuti*
Richard L. Thompson, *Michael A. Cremo, Archeologia proibita*
Eugene Davidson, *La disfatta di Adolf Hitler*
Ludovico Gatto, *La grande storia del Medioevo*
Claudio Rendina, *I Papi. Storia e segreti*
Claudio Rendina, *Il Vaticano. Storia e segreti*
Cristiana Barandoni, *I misteri dell'archeologia*
Jonathan Dimbleby, *La battaglia decisiva della seconda guerra mondiale*
Damien Lewis, *Cacciatori di nazisti*

Rhodri Evans – Brian Clegg, *I dieci geni che hanno cambiato la fisica e il mondo intero*
Frank McDonough, *Gestapo. La storia segreta*
Richard Parks, *Oltre l'orizzonte*
James Wyllie – Johnny Acton – David Goldblatt, *Il libro dei viaggi nel tempo*
Guido Caldiron, *I segreti del Quarto Reich*
Eoin Dempsey, *I fiori non crescevano ad Auschwitz*
Ludovico Gatto, *Gli imperi del Medioevo*